永遠なるもの

歴史と自然の根底

大峯　顯
Akira Omine

法藏館

永遠なるもの——歴史と自然の根底——＊目次

装幀　山室謙一

永遠なるもの

歴史と自然の根底

I　現代の運命

ヨーロッパ精神の運命
—技術の問題のために—

一　技術の時代

今日の世界が次第にヨーロッパ化されつつあるということは誰の眼にも明らかである。また世界のこのようなヨーロッパ化ということが、地球全体をおおうごとき規模をもった科学技術の支配という形で推進されているということも疑えないであろう。しかしこの事実を十七世紀のはじめにフランシス・ベーコンが『新アトランティス』の中で描いた理想の島への道と考えるような単純なオプティミズムは今日ではもはや不可能となった。もちろんこれと逆に、技術化の果てに人間存在の解体と文化の崩壊を見ようとするロマン主義的なペシミズムにも、われわれは賛成できない。地球の技術的支配の将来に何があるかについては誰も軽々しく断言できない。ただ確実なことは、今日、科学技術の形をとって展開しているヨーロッパ的なるものが、もはや偉大と栄光ではなく、多少とも不気味さをはらんだ生きた可能性そのものになったということである。

ここで「ヨーロッパ」というのは、近代の西欧（Abendland）のことであり、近代とは今日までのヨーロッパの歴史の最後の時期をさしている。この西欧的近代、ヨーロッパ的なるものの本質は何だろうか。これがわれわれの問題である。

ハイデッガーは「世界像の時代」(Die Zeit des Weltbildes, 1938) と題する講演において、近代の本質的な出来事として五つのものをあげている。すなわち、近代科学、機械技術、美学の視圏へ芸術が移されたこと、人間の行為が文化として捉えられたこと、神々の退場の五つである。これらの諸現象はもちろん根本では一つであり、いずれも「近代一般の本質」につながっている。ところで近代一般の本質とは、普通に言われるように、人間が自己自身へと自らを解放することによって、中世的なもろもろの束縛から解放されたということにあるのではない。このそれ自身としては正しい見方は、ハイデッガーによれば、近代の本質的根拠を捉えることを妨げ、近代の本質というものの射程を測定することを妨げるのである。では近代の本質を決定するところのものは何か。それは人間が主体 (Subjekt) となり、同時に世界が主体としての人間の前に立つ客体 (Objekt) すなわち像 (Bild) となったということである、とハイデッガーは言う。「人間が従来のもろもろの束縛から自己自身を解放するということが決定的なことではなくて、人間が主体となることによって、人間の本質一般が変化するということが決定的なことなのである」[1]。このように主体となった人間は、あらゆるものを自己の前に立てる (vorstellen)。つまり、表象作用によって世界を対象化する。世界はリルケの言う「開かれたもの」(das Offene) としての全体性を失い、たんに人間に対してのみある対象となる。このように世界が像となることと、人間が存在するもののすべての中で主体 (根柢的なもの) となることとは、二つの別々のことではなく、まったく同一の出来事であり、そこに近代一般の本質がある、とハイデッガーは言うのである。それゆえ、近代とは「世界像の時代」なのである。

それではこの世界像の時代とはもっと本質的な層においては何であろうか。ライナー・マリーア・リルケの没後二十年の記念講演「何のための詩人か」（Wozu der Dichter?）においてハイデッガーは、それが技術（Technik）の時代であることを明らかにしている。それは近代的人間の主体性の本質を意欲（wollen）としてとり出すことによってである。

表象作用によって、世界を自分の前に対象的に立てる近代の人間は、同時にこの対象化された世界に作成（Herstellen）を計画的に行なう。世界もしくは自然を自己の前に置く（vor-stellen）ということは同時に、それを自己に向かって置き、自己の方へ置く（her-stellen）ことである。しかるに世界を自らの方へ置くということは、意志する（wollen）という態度である。「ここで言う意欲とは、こちらへ置くこと（Her-stellen）であり、しかもそれは対象化の作用を計画的に自己貫徹するという意味においてである[2]」。ここに表象作用による世界の対象化を行なう主体の主体性が意欲に他ならないことが明らかになる。世界を対象化する表象作用の根本には意志作用があるのである。主体性の本質は意欲、ニーチェのいわゆる「力への意志」（Wille zur Macht）である。ハイデッガーは言っている。「ここで言われる意欲とは自己貫徹のことであって、この自己貫徹の計画が世界をすでに、作成可能な全体として定立しておいたのであった。このような意欲が近世的人間の本質を規定しているのであるが、近世的人間はいまのところこの意欲の射程を知らず、また存在するものの存在としてのいかなる意志から、この意欲が意志されているかをまだ知ることができないのである[3]」。

近世における人間は、このような意志作用によって、自己を貫徹する作成の主体として立ち上がり、世界のうちなるすべてのものを（人間をもふくめて）、この意志的作成の素材とする。地とその空気は資源になる。動物は蛋白源になる。人間は企図された目的にあてはめられた人的資源となる。すなわち、世界は技術という根本体制によって支配されるのである。しかもこのことは技術の隠れた本質から由来するところの過程である、とハイデッガーは見ている。「近代において初めて、技術の本質が、存在するものの全体の真理の歴運（Geschick）として展開しはじめている。従来は技術の散発的な諸現象や試みが、文化および文明の広範な領域の中に組み込まれて隠れていただけであった[4]」。技術は今日においては、もはや人間の文化の領域の一部ではない。それは人間のあらゆるいとなみを貫く何か「巨大なるもの」（das Riesige）である。

だから今日の技術とはもはや普通に考えられるように、何らかの人間的目的に仕える手段のごときものではないのである。機械を使用したり、製造したりすることは、ハイデッガーによれば、技術的なもの（das Techinische）ではあっても、技術そのもの、つまり技術の本質（*Wesen* der Technik）ではない。それらのことは技術が使用する材料という対象的なものにおいて、技術の本質を組織するための適切な道具の一つにすぎない。技術とは機械を利用する当のものである。それは今日の人間にとっては、その本質を依然として隠したままの x というほかないものである。そういう x としての技術が、人間をふくめた一切を深層から規定しているのが近代である。それゆえハイデッガーは言っている。「のみならず、人間が主体になり、世界が客体になるということそのことがすでに、技術の自己組織的な本質からの帰結なのであって、その逆ではない[5]」。そういう巨大で不気味な技術の根本的統制下の世界の中で、人間はどうなってゆくのか。

近代の科学や技術の根本にあるものは意志であるという考え方は、もちろんひとりハイデッガーが専有する思想ではない。彼と同じくニーチェの影響を受けたマックス・シェーラーは、ハイデッガーのこれらの著作よりも早く、すでにこのことを指摘している。『知識社会学の諸問題』（一九二五年）に収められた「知識の諸形態と社会」（*Die Wissensformen und die Gesellschaft*, 1921）や「認識と労働」（*Erkenntnis und Arbeit*, 1926）などの論文においてシェーラーは、近代の科学や技術を動かしている主輪が、自然に対する支配の意志（Herrschaftswille）であることを論じた。いったい、近代のヨーロッパにおいて、機械技術と数学的自然科学とが結合したことは周知のとおりである。両者のこの内的な結合が、ヨーロッパの技術の成果を地球的な規模にまで拡張したのである。のみならずこの結合は、近代ヨーロッパの科学をそれ以外の文化圏（中国、インド、ギリシャ、中世ヨーロッパ）におけるすべての学問形態から区別すると同時に、近代ヨーロッパの合理的な資本主義およびその経済方式を、歴史上にあらわれたそれ以外のすべての経済から区別するゆえんのものである。科学と技術との結合によって、近代ヨーロッパの科学はギリシャ、インド、中国などの観想的な（kontemplativ）学問とはまったく性格を異にするものとなり、近代ヨーロッパの経済はたんなる欲望充足経済（Bedarfsdeckungswirtschaft）の形でなくなった。要するに、近代ヨーロッパという世界をそれ以前および同時代の他のすべての世界から区切るものは、科学と技術との結合という出来事なのである。

では科学と技術とは近代ヨーロッパにおいて、いかなる仕方によって結びついたのか。シェーラーは、近代技術は自然についてのそれ自身としては純粋に理論的な知識の実践的応用というものではない、と言っている。そうではなくて、自然を支配しようとする意志や衝動が最初の根源的なものであって、かかる実験的・技術的な経験がひそかに理論的認識を指導しているのである。科学は自然に対する形成作用や行為のうちにすでに遂行されているこれらの技術的経験というものを、後から明瞭化し形式化するにすぎない。科学の理論そのものが論理以前の技術的経験から規定されているのである。近代科学が使用する思惟形式や直観形式、方法や認識目標なども、実はこのような自然支配への意志、力への意志によって限定されている。シェーラーはつぎのように書いている。「技術はたんに真理の理念、観察、純粋論理学、純粋数学によって規定されているような純粋に理論的・観想的な科学のたんに後からの《応用》ではないということ、むしろ強弱の程度はあれ、すでに現存在のさまざまの領域（神々、心、社会、有機的および無機的自然など）に向けられている支配と管理の意志が、思惟および直観の方法ならびに科学的思考の目標を一緒に限定しているということ、しかもそれは個々の科学者の研究上の個人的な動機とはまったく無関係に、個人の意識のいわば背後から限定しているということ、このことを私は知識社会学が発言すべき最重要な命題の一つと考える」(6)。

何よりも近代科学の機械的自然観というものが、このような支配への意志の産物である。いったいシェーラーによれば、論理学や数学の純粋な認識意志はそれだけでは決して自然現象の機械論的な説明を帰結しない。このことは、近代的な自然像や世界像の基本をなすところの思惟形式や直観形式というものがどのようにして成立したかを研究するにつれていよいよ明白になるとシェーラーは主張する。例えばカントが『純粋理性批判』の中で呈示した時間・空間の形式やカテゴリーというものは、「理性についての一つの可能的な考え方」であって、決して理性それ自身、ではない。それらは人間精神の唯一の本質構造ではないのである。カントが提出したこれらの諸形式は、すでに一つの新しい価値の経験によって背後から指導されている。すなわちそれらの思惟形式は、自然に対する力への意志が世界について可能的ないくつかの経験の仕方の中から一つの可能的な経験の仕方としてとり出したものに他ならない。というのは、一般に世界についてのあらゆる知覚や思惟の態度に先立って、関心や価値の態度が根源的だと考えられるからである。このようにしていわゆる「機械論」（Mechanismus）というものが、その中で近代市民社会が事物の可能的な姿を受けとる先取的な図式となるのである。もし世界が一つの機械的性格のものでないとしたら、人間は世界を思いどおりに管理したり支配したりできないことは確実である。だから世界を支配しようとする人間の意志が世界を機

した社会が自然へ向けた新たな力の意志と労働の意志なのである」(7)。

近代における科学と技術との間に見られる相互関係（Wechselwirkung）の基礎をシェーラーは、この新興市民社会の意志、すなわち市民という新しい人間類型の衝動構造とエトスに見出そうとする。科学と技術とはシュペングラー（O. Spengler）の言うごとく、技術上の必要が新科学を一方的に制約するという関係に立つのでもなく、またコント（A. Comte）の見たごとく新しい科学が一方的に技術の進歩を条件づける関係に立つのでもない。両者は相互に他を制約するのである。そしてこの相互関係が成り立つのは、科学も技術も等しく根源的に、市民社会の新しい衝動構造そのものに根ざしているからである。自然支配への意志が、一方では自然の技術的支配という立場を、他方では自然の機械論的な見方という立場を同時に成立させる。それゆえ近代科学はすでにその本質において技術的なのである。

さらにもっと重要なことは、この近代的な自然支配の意志は、たんなる「利用の意志」（Nutzungswille）ではないというシェーラーの指摘である。近世的人間の自然支配という態度は、自然の秩序への愛情ある帰依の態度ではないのはもちろんのこと、また、たんに自然を人間的意図のために利用しようとする態度とも異なったものである。「《発明と発見》の偉大な世紀を鼓舞しているところのものは、自然に対する人間の力と人間の自由という思想および価値であって、決してたんなる利用の思想ではない」(8)。それゆえ「知は力なり」と言ったベーコンは、たんに近代の科学の本質を思い違いしただけでなく、近代技術の本質をもとり違えたのである。功利主義の射程は技術という立場の真の本質にとどかない。近代技術を導く根本価値とは何か。

それは前もってその有用性が予測されうる便利な機械をつくり出すというようなことではない。技術の本質は、そういう功利主義的な視圏をとっくに乗り超えてしまっている。すなわち、技術を導く根本価値とは、たんに特定の機械をつくり出すことではなく、一切の可能的な機械の作成を企て、この機械によって自然を人間の思いのままに指導しようとすることである。その場合、かならずしも有用性が目的とされているとは限らない。役に立つか立たないかは技術の本質にとっては第二次的なことである。自然を利用しようとする意志ではなく、自然を支配しようとする意志が、近代技術の本性である。あらゆる衝動に先立つ力への衝動、自然に対する人間の力という衝動の全面的な支配が技術という形で出現したのである。それは既存の自然力を一定の目的にたんに利用しようとする衝動、中世において特徴的であった観想する人間の態度とはまったく別なものである。

近代技術についてのハイデッガーやシェーラーのこれらの解釈に比べて、より合理主義的な見解はカール・ヤスパースの『歴史の起源と目標』(*Vom Ursprung und Ziel der Geschichte*, 1949)の中に見られる。ヤスパースによれば技術とは、人間生活の形式を目的としての科学的人間による自然支配のいとなみである。それゆえかかる技術の本質的性格として、手段(Mittel)、悟性(Verstand)が注目される。技術の原理は人間を自然状態への束縛から解放するために物質や力に対して加えられる合目的的な行為である。つまり技術とは人間の手になる合理化(Rationalisierung)の一部に他ならない。技術は悟性のはたらきに基づく手段である、というのがヤスパースの根本見地である。ハイデッガーとシェーラーが技術の本質を力への意志と考えるのに対してヤスパースはそれを悟性と見ているのである。そこからヤスパースは、かかる近代技術が人間と世界のうちにもたらした一つの断層を問題にする。科学技術による人間の自然支配は今や一つの重大な危機に直面した。それは人間が自然を支配するための手段である機械技術が反対に人間を支配するという逆作用を示してきたことである。科学技術が変えたところのものはたんに自然環境だけではない。労働が機械的労働となることによって、社会それ自身が一つの巨大な機械、人間生活全体を包括する組織に変わる。人間がこの巨大な組織の一部、その一機能になるとともに、何よりも人間の思考そのものが技術的なものになる。それは、人間の内部の自然、人間性にまで技術の支配が及ぶことである。要するに技術は地上の一切を拉し去る独立した暴力となったのである。

　ところでこのような技術の暴力は、全面的に見とおせない仕方で、いわばこっそりと進行する。暴力となった技術は決してその正体を現わさないのである。近代技術のこの性格こそヤスパースが「魔性」（Dämonie）と呼ぶところのものである。技術の魔性とは、技術が超人間的な魔（Dämon）や鬼神のしわざという意味ではない。むしろそういう魔神や鬼神などどこにもなくなったのが技術的世界である。技術の魔性とは、人間自身によって生み出されたものでありながら、しかも人間の手にあまるところのもの、人間に決して正体を現わさないもののことである。あらゆる魔や鬼が退場した透明きわまる技術的世界そのものの不気味な機械性を言うのである。今日いったい誰が、技術のこの透明な支配の範囲と深さを見抜いているだろうか。

　このようにきわめて深刻な世界の現状分析にもかかわらず、ヤスパースの結論は全体としてはそれほど悲観的なものではないように見える。技術という見とおしにくい出来事の地平は、しかしあくまでもそれを見とおすことによってしか克服されえない。そしてヤスパースは、技術のもたらす危険の原因はおそらく人間の手で制御しうるであろうと言っている。技術の地平は人間にとってたんに不可避的な宿命ではなくてあくまでも課題である。技術の禍いを技術的に克服しようとする考え方は、ふたたび技術の禍いとなり、そこに技術の支配の深さがあるであろう。それにしてもヤスパースによれば、現代から将来へかけての人間の課題は、人間を支配している技術を、人間が自分の手でいかにしてもう一度支配するかという形をとる。それは技術に対する人間の復権であり、そしてそれは技術をその本来のあり方、すなわち人間生活に対する手段というあり方へ還すことである。ヤスパースは書いている。「とにかくつぎのことは明らかである。すなわち、技術はたんに手段であって、それ自体としては善でも悪でもない。重要なことは、人間が技術から何をつくり出すか、いかなる目的で人間は技術を使用するのか、人間は技術をいかなる制約の下に置くかである。技術に支配されるのではなく、技術を支配するごとき人間とはいったい、いかなる人間であるか」。

要するにヤスパースの見るところでは、近代技術の「魔性」は近代技術それ自身の本質から由来するものではない。魔性は技術の現状ではあるが、技術それ自身には完成の観念も悪魔的な破壊の観念もふくまれていない。それは善でも悪でもない中立的な（neutral）手段、すなわち悟性の立場である。技術の危険な現状は、人間におけるもっと別な根源からやってきているのである。そこからヤスパースは、技術を手段というその本来の姿へ還す一つの根源を、悟性的思考の逆転としての理性的思考において見出そうとする。理性的思考とは思考における一つの転回（Umdenken）であり、自己が自己自身に対して露わになるところの「哲学すること」（Philosophieren）である。

しかしながら、ヤスパースのこのような技術の捉え方それ自身が、ハイデッガーの言う「意志」の立場をひそかに前提しているのではないだろうか。いったい、人間を支配している技術をもう一度人間の支配の下に置こうとすることは、いうまでもなく主体的意志の立場を意味する。しかし技術を支配しようとする人間の意志が技術によって裏切られているという現状は、要するに人間の意志はそれだけでは自己自身を支配できないということを物語っているのではないのか。もしそうとすれば、技術とは人間的意志の使用する手段であると言うヤスパースにとって自明な出発点それ自身が、疑わしいものになってくるようである。

いったい技術とは人間の手段や人間の行為なのだろうか。技術はその本質において何であるか。ハイデッガーはすでにヤスパースの著作よりも早くつぎのように書いている。「しかし何よりも技術それ自身が、技術の本質についてのあらゆる経験を妨げているのである。なぜなら技術が充分に展開してくると、それは科学において一種の知識を発展せしめるが、その知識は技術の本質領域に到達することができず、まして技術の本質の由来にまで思惟をさかのぼらせることなどできはしないからである」(9)。地球を隈なく支配した技術的なものが、何よりも技術の本質に対する人間の洞察を妨げているのである。技術は至るところに技術的なものとして出現しながら、しかも依然としてその正体を隠したままである。われわれはたんに技術的なものを見るだけで、決して技術それ自身を見ることができないのである。技術の本質は何であるか。

二　技術の本質

ハイデッガーは「技術への問い」(*Die Frage nach der Technik*, 1954) という講演を、技術と技術の本質とは同じものではないというテーゼでもって始めている。彼はつぎのように言う。「技術の本質はまったく何ら技術的なものではない。したがって、われわれがたんに技術的なものだけを表象したり追求したり、それで満足したりあるいはそれを回避したりしている限りは、われわれは決して技術の本質へのわれわれの関係を経験することにはならないのである。その限りでは、われわれがたとえ技術を熱烈に肯定しようが否定しようが、われわれはどこにおいても技術に不自由に縛りつけられたままである。もしわれわれが技術を何か中立的なもの（etwas Neutrales）として捉えるならば、われわれは依然としてもっとも忌わしく技術に引き渡されているのである。なぜなら、今日ひとがとくに好んで信奉しているこの考えが、われわれを技術の本質に対して完全に盲目にしているからである[10]」。

ここには技術は人間の行為であるとともに、目的のための手段であるという一般的な技術の定義に対する反対が表明されている。技術のこのような通常の定義は、正当（richtig）ではあるが真実（wahr）ではない、とハイデッガーは言う。「技術のこの正当な器具的定義は、したがってわれわれにまだ技術の本質を示していない[11]」。ハイデッガーの中心テーゼは、技術に対してわれわれの自由な関係を準備するということであるが、そのためには、われわれの現存在を技術の本質に向かって開放することが必要である。われわれが技術の本質に順応してゆくならば、われわれは技術的なものの限界を経験することができる、とハイデッガーは語っている。それゆえハイデッガーの考えは、将来の人間の運命は技術を手段として適切に掌握することにかかっているというヤスパースの考え方と異なる。従来どおりの価値観の助けを借りて技術を精神的に手中に収めようとする人間の努力は、ハイデッガーによれば、それ自身すでに技術の本質威力のあらわれである。そういう努力をする場合でも、われわれは実はもう技術的手段を用いているのであって、技術はすでにわれわれの内面に侵入しているのである。ひとは技術を人間の意志によって支配しようとする。しかるにハイデッガーは言うのである。「ところで今、技術が手段でないとしたら、いったい技術を制御しようとする意志はどうなるのか[12]」。

技術の本質についてはは多くのことが書かれてきたが、わずかしか思惟されていない。技術を手段とみる見方は、たんに技術的なものにとどくだけである。技術の本質は何であるか。すでに『ヒューマニズムについての書簡』の中にハイデッガーはつぎのように述べている。「技術はその本質においては、忘却のうちに沈んでいる存在の真理の、存在歴史的な歴運（Geschick）である。すなわち技術は、たんに名前の上でギリシャのテクネー（τέχνη）にさかのぼるだけでなく、本質歴史的にアレテイア（ἀλήθεια）、すなわち存在するものを露わにすることの一つの仕方としてのテクネーから由来する。真理の一つの型態として技術は形而上学の歴史に基づくのである[13]」。技術の本質についてのこの洞察をハイデッガーは「技術への問い」において一層立ち入って展開している。彼は言う。「技術とは開発（Entbergen）の一つの仕方である。技術は、そこにおいて露わに発《あば》くことと非隠蔽性（Unverborgenheit）が生起する領域、すなわちアレテイア、真理が生起する領域のなかに存している[14]」。

技術の本質を手段としてでなく発露（Entbergen）として捉える見方は一見奇異に思われるであろう。実際ハイデッガーもそのことを認めるのであるが、しかしまた奇異感にできるだけ長くとどまることが、技術とは何かを真面目に問うための前提だとも言っている。技術というヨーロッパの言葉が由来するギリシャ語のテクネーは、もともと船や家をつくり出す職人の手わざや技能を意味したが、次第に高度の技能や芸術についても言われるようになり、さらに医学や数学などの一般の学術までが、この言葉のもとに包括されるようになった。それは本来、現実を開示すること、露わに発くという意味である。そして近代技術もやはりテクネーのこの根源的な意味を備えている。近代技術もまた存在するものを露わに発くことである。しかし近代技術における発露はもはやギリシャ人がポイエシス（制作）と呼んだところのものと同じではない。近代技術の本質としての発露とは、自然に向かって、搬出され、貯蔵されうるようなエネルギーを供給せよという不当な要求を押しつける挑発（Herausfordern）なのである。

例えば、昔の風車にはかかる意味での挑発はない。風車の翼も風を使用するが、風のエネルギーを貯蔵するために、その気流を開発したり挑発したりはしない。これに対して石炭の出る地域は石炭鉱区として採掘のために挑発されるのである。田園もまた現代では様相を一変する。それはかつてのように農夫が耕作という手入れによって、作物の成長を看守っていた田畑ではない。耕作は今日では、自然に食品を引き渡すように要求する食品工業である。ラインの流れに水力発電所が立たされている。この水力発電所は、何百年間もライン河の両岸を結んできた昔の木橋のように立っているのではない。木橋はラインの流れに立っているが、今日のラインの流れはむしろ水力発電所の中に立たされているという方がよい。ラインは発電のための水圧の提供者としてのみそこに現われるからである。ひとはこれに反対して、ライン河は依然として昔と変わらぬ美しい風光の流れだと言うかもしれない。しかしそれは要するに、レジャー産業がそこに仕立てた旅行団のための観光の対象以外の何ものでもないのである。

このように近代技術の本質は、自然を水力や電力という人間の用に役立つもの（Bestand）として挑発的に仕立てるところの発露である。自然エネルギーの開発、変形、貯蔵、分配、転換はみな、そういう発露のあり方である。技術の支配する世界にあるものは、もはやわれわれに対立的に立つごときたんなる対象（Gegenstand）ではなく、挑発的に仕立てる技術の本質によって襲撃されている役立つもの（Bestand）である。「役立つもの」というのが技術的世界におけるあらゆる存在者のあり方である。例えばいま滑走路に位置しているジェット機は、やはり対象ではないかと言われるかもしれない。確かにわれわれはそれを対象として見ることはできる。しかしそのときには、そのジェット機が何であり、いかにあるかということはまだ隠されているのである。そのジェット機は輸送の可能性を確保するように仕立てられている限り、ただ役立つものとしてのみ、その本性を露わに発かれて滑走路に立つのである。そのためにはジェット機は、その全構造において仕立てられていなくてはならない。つまり、いつでも離陸できるように整備されていなくてはならない。

ところで問題はいったい誰が、このように現実を役立つものとして挑発的に仕立てるのか、ということである。それはもちろん人間である。しかしどこまで人間にこの発露が可能なのか。この問いはヤスパースの問わなかったハイデッガー固有の問いである。

確かに発露としての技術にたずさわる者は人間である。しかしそのことは発露が人間の行為であるとか、人間が発露の主体であるとかいう意味でないことをハイデッガーは注意している。技術において、あれこれと考えたり形成したり経営したりするのはもちろん人間である。しかし技術の本質領域そのものは人間が自分で作ることはできない。人間はむしろこの技術の本質領域に立っているのである。つまり人間は発露としての技術に参加する（teilnehmen）のであるが、発露の場それ自身を作り出すことはできない。ハイデッガーは書く。「人間は技術にたずさわることによって、露わに発くことの一つの仕方としての仕立てに参加する。しかし、仕立てることがその内部において展開される非隠蔽性それ自身は、決して人間の作りものではない(15)」。

技術は人間の参加を要求するが、それにもかかわらず人間の行為とか手段とかいうものではない。すなわち技術は存在の歴運（Geschick）である。近代技術はギリシャ人がテクネーもしくはポイエシスと呼んだところのものと根本的に別な様相を呈してはいるが、しかもなお本質においては似通っている。両方とも現実のものを露わにする仕方、アレテイア（非隠蔽性）もしくは真理のあり方である。そういう技術の本質が、近代の人間をして一切のものを役立つものに仕立てるように人間を挑発する。近代世界はかかる歴運としての技術の支配圏の中に入っているのである。

さてハイデッガーはこのような技術の本質を「立て-組（Ge-stell）」という語で呼ぶ。Gestellという語は普通には家具、例えば本立てのごときものを意味するから、そういう語を近代技術の本質に対する名とすることは、奇妙で大胆きわまる使用法だと思われるかもしれない。しかしかつてプラトンは、われわれの肉眼に見える日常の物の形姿を意味するエイドス（εἶδος）という語によって、超感覚的な事物の本質すなわちイデーを表現しようとする大胆さを敢行したのである。「立て-組とは、現実のものを役立つものとして仕立てるという仕方で露わに発くように人間を立たせる、すなわち挑発する、その立たせるということ（Stellen）を集めるところのものの意である」[16]。すなわち、立て-組とは存在するものを露わに発くことの仕方である。それゆえ、近代技術の本質はこの立て-組のうちにあるのである。そしてこの立て-組はそれ自身決して技術的なものではない。それは台とか容器とか構築とか、モンタージュとかいわれる技術的なものを挑発する当のものである。これらの道具は立て-組という技術の本質を実現する条件であって、立て-組それ自身ではない。かかるそれ自身としては決して技術的なものでも機械の類でもない立て-組といわれる事態が、近代技術の本質を貫通して起こっているのである。

技術の本質をかかるところまで追跡することによって、ハイデッガーは近代における科学と機械技術との相互関係といわれるところのものの根拠を明らかにしている。すでに述べたように、近代技術は数学的自然科学に基づくがゆえに、それ以前のいかなる技術とも異なることはもちろんである。しかし同時にまた、逆に近代物理学は実験物理学として、技術の装置や進歩に制約されていることも明らかである。物理学の進歩が技術に影響を与え、技術における新たな開発が物理学を発展させるという両者の相互関係は、ひろく承認されてきた事実である。すでに述べたように、シェーラーの知識社会学はこの歴史学的な事実の確立の根拠を、新興社会の衝動構造の本質をなす力への意志において見出そうとした。これに反して、ハイデッガーはこの事実の存在論的根拠を問うのである。すなわち、近代技術はいかなる理由によって数学的自然科学を使用せざるをえないのであるか。

近代技術の本質が「立て－組」のうちにあるからだ、とハイデッガーは答える。近代技術のこの本質はすでに、近代の数学的自然科学の理論を先駆的に支配しているのである。現実を役立つものとして仕立てるという態度は、十七世紀の自然科学のうちに早くも現われている。というのは、数学的自然科学にとっての自然とは実は「算定可能な諸力の連関」だからである。自然科学の立場の根本には、自然をそれがあらかじめ計算しうるような性格で現われるように挑発するという態度がある。そこでは算定できるものだけが存在するのである。自然はそれ自身の場を離れて、あらかじめ算定しうる対象になることをすでに強いられているのである。近代物理学は純粋理論としてすでにそういう挑発的な仕立てを自然に対して行なっている。したがって、近代物理学が実験的であるのは、それが自然の尋問のために器具を使うからなのではない。むしろ逆に、理論そのものがすでに自然を力の連関の場へ立たせるという意味において技術的な性格をもつからなのである。実験物理学が行なう実験は、いわば理論がすでにそういうふうに仕立てた自然が果たして申告してくるか、またいかに申告してくるかを尋問することに他ならない。だから実験とは近代物理学が自らの本質を確かめる仕方だと解することができよう。もちろん史実的にみれば、数学的自然科学は近代技術より約二百年も前に成立している。数学的自然科学をまたずして近代技術は出発できなかった。史学的(historisch)な見地からすればこれはあくまでも正当である。しかし歴史的に(geschichtrich)考えるならばそれは真理とは言えない、とハイデッガーは言う。重要なことは、科学と技術との相互関係という事実でなく、技術が数学的自然科学を使わねばならなかったことの存在論的根拠である。そしてそれは、近代科学が理論としてすでに、近代技術の本質たる「立て-組」を先取しているということにある。もちろん、近代物理学においては、この技術の本質はまだそれ自身としては完全に現われてはいない。近代物理学は、その由来においてはまだ知られていない「立て-組」の前兆である。それどころか、近代技術の本質は原子技術の今日においてすら依然として隠された*x*なのである。それにもかかわらず、この最後まで隠された本質は、もっとも早い時期からその支配を示すのである。ギリシャの思想家たちが語った、始源的なもの、もっとも早きものが人間には最後に至って初めて露わになる、という言葉は近代技術についても妥当する。だからハイデッガーは書いている。「近代技術の本質が立て-組のうちにあるがゆえに、近代技術は精密自然科学を使わねばならないのである。そのため、近代技術があたかも応用自然科学であるかのような、欺瞞的な外見が成り立つ。この外見は近世科学の本質の由来、さらには近代技術の本質が、充分に問い確かめられない限り、いつまでもまかり通ることであろう(17)」。

「立て-組」は技術の本質であるから、それはいわゆる技術的なものだけを支配するのではない。科学的研究、工業、経済、政治、教育、大学、これらのものは等しく、この力の支配の下に立つのである。近代科学と全体主義国家は、技術の本質からやってくる必然的な結果であるとともにそれの護衛者でもある。しかもこの「立て-組」は、人間の作ったものではない。「立て-組とは発露の仕方を言うのであって、それが近代技術の本質を統率しているのであるが、それ自身は決して技術的なものではない」[18]。

この「立て‐組」の圧倒的な支配が、全地球上に拡大されつつあるのが今日のわれわれの住む世界である。その支配権の展開はとっくに個人的見解や意見の範囲を踏み超えてしまっている。科学的認識や技術的発明の個々の局面もまた、この立て‐組の支配の法則性に属しているのである。この技術の力の支配の下で、人間はたんなる素材、対象化の機能となることによって、人間の本来的な独自性を喪失してしまうという大きな危険（Gefahr）にさらされている。それでは技術の時代において人間を襲撃するところのこの危険とは何であり、それはどこからやってくるのか。それから脱出する道はどこにあるのか。この問題に答えるには、この「立て‐組」の構造をもっと明らかにせねばならない。

三　技術主義の克服？

技術時代の人間がさらされている危険とはいったい何であろうか。ハイデッガーは講演「何のための詩人か」の中でつぎのように述べている。「よく口にされる原子爆弾が殺人機械として致命的なのではない。人間をすでに永い間死をもって、しかも人間の本質の死をもって脅かしているものは、すべてにおいて計画的に自己を貫徹するという意味での単純な意志の無制約性である。人間をその本質において脅かしているものは、自然のエネルギーの平和的な解放、変形、貯蔵、管理によって、人間が万人に対して人間存在を耐えやすいものとし、全体として幸福になしうるのだという意志的見解である。……意志作用が全体性となって初めて危険なのではなく、意志としてのみ認められた世界の中における、自己貫徹の形での意志作用そのものが危険なのである」[19]。同じことは「技術への問い」の中ではつぎのように表現されている。「人間にとっての脅威は、もしかすると殺人的に作用するかもしれない技術の機械や器具から、初めてやってくるのではない。本来的な脅威はすでに人間をその本質において襲っているのである。立て-組の支配は、人間にはより根源的な発露（Entbergen）へと立ち寄ることも、したがってより始源的な真理の呼び声を経験することも、拒まれるようになるかもしれないほどに、脅かしているのである」[20]。

つまりハイデッガーによれば、技術時代における人間にとっての危険とは、人間を外部から襲うごとき危険ではなく、人間の本質を直撃する危険である。その危険の出所は人間の外にあるのではなく、人間自身の本質の内にある。すなわち、世界におけるすべてを自己貫徹のための素材たらしめようとする意志にあるのである。「人間の本質を襲う危険は、この本質自身から立ちのぼってくる」[21]。

ところでこのような人間の本質的な危険とは、従来、ヨーロッパや東洋で行なわれてきた伝統的な人間存在の解釈、すなわち人間の理念なるものが崩壊しようとしていることの危険だけを意味するのではない。それももちろん含まれているが、それだけでは事柄の一半にすぎない。伝統的な人間理念の崩壊という危険よりもはるかに大きな危険が、技術時代における人間の本質的な危険である。それはどういう危険かといえば、人間が今日まで一度も実現できなかった人間の本来的な本質にゆく道が、もはやこれからの人間には拒絶されているかもしれないという危険である。人間における本来的な固有性、人間をして人間たらしめるところのものが、技術の本質たる立て-組の支配によって拒絶されている。それは人間をその本質の次元において襲撃している最大の危険である。それゆえこの危険は決してあれこれの危険、原子爆弾やミサイルが危険であるというような種類の偶然的な危険ではない。そうではなくて、人間存在がその本質において不可能になろうとする最大の危険、危険そのもの（*die* Gefahr）である。

この危険は技術の本質をなす立て-組からやってくるのであるが、それはつぎのような二重の仕方において出現するのである。

まず立て-組の支配の結果、世界はもはやリルケの言うごとき開放的全体でなくて、たんなる人間の対象となり、さらに対象ですらなくなり、もっぱら人間に役立つもの（Bestand）となる。世界の中には役に立つものだけが存在するのである。人間はかかる役立つものの仕立屋（Besteller）であるにすぎなくなるが、そのことは実は人間自身がもはや役立つものとしてしか理解されなくなるということである。人的資源とか病院の臨床例とかいう流行語はこのことを示している。技術的世界とは、役立つ人間と役立つ物とが存在する世界である。近代ヨーロッパ精神の骨格を表現するだけの長大な射程としてプラグマティズムを捉えたマックス・シェーラーの洞察は正しかったと思われる。それにもかかわらず、かくも危険にさらされている人間が、相変わらず地上の主人顔をして傲然と構えている。技術は人間的自由の証明であり、世界を支配しているものは人間の意志であるという視点が依然として通用しているのである。世界の中で出会われるところのものは、すべて人間が作ったものであるかのような見せかけが生じる。この幻影のために、人間は至るところで自分自身にのみ出会っているように錯覚する。W・ハイゼンベルクの言うごとく、今日の人間の眼には現実というものはそういうふうに映らざるをえないのである。しかしそれはあくまでも幻影の中での自己との出会いにすぎない。幻影の中の自分を本当の自分と取り違えるほど、現代人の自己喪失は深いのである。しかし真実には、今日の人間はもはやどこにあっても自己自身、すなわち人間の本質に出会うことはないのである。

技術の立て-組は、現実を挑発的に役立つものに仕立てるという仕方以外のすべての発露の可能性を許さないという危険をもっている。もちろん、世界を人間に役立つものに仕立てるということも、すでに見たごとく存在するものを露わに開示する一つの仕方なのである。しかしこの仕立てとしての発露が支配するところでは、それ以外の発露の仕方はことごとく拒まれるのである。とりわけそこではギリシャ人たちがポイエシスと呼んだ発露の出現が不可能になる。技術の挑発的な発露はポイエシスとしての発露と正反対の方向だからである。それだけではない。技術の立て-組は、このギリシャ人たちの場合の発露の仕方を不可能にするだけでなく、むしろ立て-組の本来の根本性格たる発露それ自身が現われることをも不可能にするのである。そのことをハイデッガーはつぎのように述べている。「立て-組は真理の輝きと統率を塞ぎ立つ。仕立ての中へとさしむける歴運はそれゆえ極度の危険である。技術は危険なもの（das Gefährliche）というようなものではない。技術の魔性（Dämonie）のごときものは存しない。そうではなくて、まさしく技術の秘密というものがあるのである。技術の本質は露わな発《あば》きの歴運として危険なのである[22]」。

それではこのような危険を逃れる道はどこにあるのだろうか。これについてのハイデッガーの意見は、はなはだ暗示的でかつ用心深いものであるが、それはヤスパース、ベルクソン、シェーラーのいずれの意見とも違っている。これに関するハイデッガーの難解な言葉を聞く前に、その準備としてわれわれはベルクソンとシェーラーの考え方を見ることにしよう。

ベルクソンは有名な『道徳と宗教の二源泉』（*Les deux sources de la morale et de la religion*, 1932）において、この問題を「機械主義と神秘主義」との総合という形で考えている。彼の考え方は全体として楽観的である。ベルクソンによれば、機械的なものは人間の生を根源的なものにする仕方と決して矛盾するものではない。

むしろ、根源的生の直観としての神秘主義に至る道は、機械的なものを通過せねばならないのである。現代の機械技術は人間の本当の利益というものに奉仕しない形で発展している。機械の精神は今日までのところ、たんに人間の新しい欲望を挑発するような方向にのみはたらき、人間存在にとっての不可欠の必要を充たす方向にはたらいていない。機械化のプロセスはこれまでのところ、たまたま不正なレールの上を進んできたのである。この不正な方向への進展の結果として起こった人間生活の機械化、生産物の画一化ということのために、機械的なものが一般に非難されるのである。この種の非難に対してベルクソンはむしろ、機械化のもたらす人間生活における「自由な時間」という大切な恩恵の方に注目する。労働時間の短縮によって生じる余暇が、いわゆるレジャーにでなく、もっと高次の別な人間的いとなみに使われるならば、労働者は知的進歩をなしうるはずである。のみならず、人間が創造的生それ自身と合一するという神秘主義の立場が全人類に拡大するためには、まず餓死の危険から万人を解放することが前提である。そしてこれこそ機械の役割である。ベルクソンはつぎのように書いている。「強力な機械装置が必要な支点を提供する場合にのみ、人間は地上的な事物の上に超え出るであろう。物資から逃れたいならば、人間は物資を支えとして使わねばならない。言いかえると、神秘的なものは機械的なものを召喚するのである(23)」。

ベルクソンは現代世界の抱えている困難な社会問題、政治問題、国際問題の根源が、機械の出現による身体と精神とのギャップにあるというふうに見ている。自然エネルギーの開発とは人間における身体の驚くべき肥大である。それに反して人間の心の方は依然として昔のままの状態である。それは巨大になった身体を導くには小さすぎるのである。それゆえ、今日の人類に必要なのは大なる精神的エネルギーの新しき蓄積である。機械化の時代にどうしても神秘主義が登場せねばならぬ。巨大になった身体はそれにふさわしい大きな魂を求める。かくしてベルクソンは言う。「機械化の起源には普通信じられている以上に神秘主義的なものがあるのである(24)」。

要するにベルクソンは、機械技術の本質の中に人間の本来的な生へ至る道が通じていると考えている。機械によって地上にしがみつくようにさせられた人間が機械化の果てにおいて、ほかならぬその機械を通して地上に立ち上がり、さらに天上を仰ぐようになる人類の未来をベルクソンは構想したのである。

シェーラーの『知識社会学の諸問題』はベルクソンの書物よりももっと幸福な時代に出たが、その中でのシェーラーの意見はより悲観的である。彼はすでに「ヨーロッパの技術主義」の将来の悲観的な運命を予測して、これと異質のアジア的な技術、内的生の技術（*innere Vitaltechnik*）との総合の必要性を説いている。「西欧的技術とアジア的技術（知識文化）との総合ならびに形而上学の再興」と題する一節の冒頭にシェーラーはつぎのように記している。「つぎの問いはなおまったく未解決のままである。それはヨーロッパ的・アメリカ的な文明の将来に、これまではただ偉大なアジアの諸文化のみが、その優勢な形而上学的（実証的・科学的ならざる）知識文化に対する技術的な相関概念として大なるスタイルにおいて展開してきたところの心の技術（*Seelentechnik*）、内的生の技術なるものが出現するであろうかという問いである。私はこの問いをヨーロッパ的な技術主義の最終的な運命にとって決定的なものであると考えている。なぜなら、最近の数世紀の西欧人は、その驚嘆すべき技術的偉業の輝かしい勝利によって、われわれが知っている人間歴史の中のどの人間にも見られないほど、自己自身と彼の内的な生、さらには体系的な魂の技術と生の技術による彼の自己の再生産に熟達するということをほとんど全面的に忘れてしまっているからである。その結果、今日西欧の民族世界は、全体として、もはやかつてのようには自らを統治できないように思われる(25)」。

シェーラーは人間の知識における三つの形態を考える。第一のものは、われわれ有限的存在における人格の解脱もしくは救済を実現するところの宗教的もしくは形而上学的な解脱知（Erlösungswissen）、第二のものは、われわれの精神の形成にあずかる哲学的な教養知（Bildungswissen）、第三は外的自然の変革と支配を目的とする科学的な支配知（Herrschaftswissen）である。この知識の三形態はいずれも他によって代行されえない独立性を本質とする。どの知が独占的な支配を要求しても、人間の全体的な統一性が崩れることになる。ところがこれまでの歴史を見ると、インド文化圏では解脱知が、中国とギリシャで教養知が、そして十二世紀初頭以来のヨーロッパ文化圏では支配知が、それぞれ一面的に発展してきたのである。この事態は人間存在の可能性にかかわる重大な事態である。いまや人間精神のこの三つの方向の比較と同時にそれらの全体化（Ergänzung）が起こるべき世界史的な時期が到来した、とシェーラーは説く。とりわけ近代ヨーロッパとアメリカの歴史を貫くものは、実証科学の支配知の独走である。そのためにヨーロッパの知的文化はたんなる「技術主義」へ転落しようとしている。ヨーロッパをこの危険から救うためには、アジア圏において発達を遂げた解脱知、とくにその「心の技術」もしくは「内的生の技術」を導入することが必要である、というのがシェーラーの考えである。

シェーラーが「心の技術」と呼ぶところのものは、意志の力の統制を心身の統一としての生命体の諸現象に最大限にまで拡張しようとする工夫である。偉大な形而上学者たちの認識にはつねにこのような心の技術が共存している。それはわれわれに現実の世界を与える作用（衝動）そのものを遮断する作用（*Akt der Ausschaltung*）であるとシェーラーは言う。例えば、仏陀、プラトン、アウグスチン、ベルクソン、フッサールなどの思想の根柢には、このような内的生の技術がはたらいている。しかしそれはとくに原始仏教が説く

「忍辱」（Duldung）と「無碍」（Nichtwiderstand）の徳においてもっとも明瞭である[26]。これは人間の現存在を襲う害悪に対する能動的な抗争の態度ではなく、この害悪の与える現存在の苦悩をそのまま受け入れようとする態度である。苦悩の外的原因を除くことを目ざすのではなく、苦悩の根拠たるわれわれ自身の衝動的抵抗そのものを滅尽することである。それによって、現存在の苦悩は苦悩のままで超えられる。それが無碍という根源的自由である。要するにシェーラーは、ヨーロッパの技術主義を克服する方途として、科学の外的技術に対するアジアの内的生の技術を提唱するのである。それは技術のもたらす危険と対決する場を、技術とたんに異なる原理（例えばキリスト教信仰）にではなく、あくまでも技術における固有の形態、心の技術という原理に見出そうとする考えである。技術主義の克服は技術に逆行する仕方においてでなく、あくまでも技術の進歩の方向に沿ってでなくてはならないという思想をシェーラーはベルクソンと共有している。

それではこの問題をハイデッガーはどう考えているか。すでに見たとおり、ハイデッガーによれば技術は人間の行為でなく存在の歴運というものである。それゆえこの技術のもたらす危険もまた、人間の主体的意志などによっては決して克服されえないのである。いかなる人間の行為や努力も技術を克服することはできない。もしこの危険から人間が救われる途があるとすれば、それは歴運としての技術がそれ自身の一層深い本質において変貌を遂げ、真理のうちに出現するという仕方以外には考えられない。「技術は人間の手で克服されるのではない。反対に技術の本質が、自らのまだ隠されている真理のうちへと転回されるのである[27]」。ハイデッガーは『ヒューマニズムについての書簡』の中で、「これまでのヨーロッパが次第にその中へ引き込まれてゆくところの危険は、おそらくかつてはヨーロッパの偉大さをなした思惟、ヨーロッパ的思考が、始まろうとしている世界歴運（Weltgeschick）の本質行程に追いつけなくなったことに由来する[28]」と書いている。それゆえ技術の問題との対決は、もはやこれまでのヨーロッパ的哲学の射程をもってしては不可能である。しかしまたそれは、ヨーロッパ哲学を離れることによって可能になるものでもない。この世界歴運は依然としてヨーロッパ的に規定されているからである。それゆえ、ヨーロッパ哲学の伝統に即しながら、それをもっと根源的な道にもたらすことが要求される。そこからハイデッガーの視線は、パルメニデス以前の古代ギリシャに向かうのである。

技術時代において人間を救うものがあるとすれば、それはどこに見出されうるか。ハイデッガーによれば、それは他ならぬ人間を危険にさらしている当の技術の本質それ自身のうちにおいてである。「しかし危険があるところ、救うものもまた生まれる」（ヘルダーリン）。リルケもまた、結局においてわれわれを護るものはわれわれの無防禦であることそのことだと言う。ハイデッガーによれば、そのことは危険そのものである技術の本質を沈思するとき、われわれの近傍に訪れるところの秘密に他ならない。ハイデッガーはつぎのように述べている。「この立て‐組の中にこそ、人間を仕立ての中へ引きずり込み、かくして人間の自由なる本質を放棄させる危険へ突き落とすところのこの立て‐組の中にこそ、まさしくこの極度の危険の中にこそ、もしわれわれが技術の本質を心にとめるというわれわれの役割を果たすことを始めるならば、請け合うものへの人間のもっとも内的で壊れることのない帰属性というものが姿を現わしてくる[29]」。「まさしく技術の本質が、救うものの発生を自らのうちに蔵しているにちがいない[30]」。

危険そのものがその中に、救うものを準備しているというこのような事態を、ハイデッガーは転回（Kehre）と名づけている。この場合二つのことが明らかにされねばならぬ。まずこの転回に際して人間にはいったい何が要求されているのか。つぎにこの転回自身はどういう仕方で起こるのであるか。

技術の本質は存在の歴運であるから、人間の意志によって左右しうるごときものではない。しかしそれは、技術が現代人にとってどうにもならぬ宿命（Schicksal）であるという意味ではない。歴運は人間の自由意志の次元を超えてはいるが、人間の本質的な自由と矛盾しないのである。自由の本質とはそもそも何であろうか。「自由の本質は根源的には意志に付属するものでもなければ、まして人間的意欲のたんなる因果性に付属するものでもない[31]」。近代ヨーロッパの哲学が自由の本質を主体性（意志）に見出したのに反して、ハイデッガーはかかる主体性が存在の真理に向かって自らを開放することが自由の本質であると言う。自由は人間の意志の性質ではなく、かえって存在の歴運の次元なのである。「自由とは、その都度露わに発くことをその途につかせる歴運の領域である[32]」。

それゆえ人間に要求されることは、たんに技術的なものにこだわるのでなく、技術の中に起こっている本質を思惟することである。技術に盲目的に没頭したり、反対に技術を一つの魔性とみてこれに反抗するような態度は、技術の本質を見ないで、いたずらに技術的なものにこだわることにすぎない。人間を支配してしまった技術をもう一度人間の手にとりもどすにはいかにすべきか、という現代に流行している発想ほど誤ったものはないことをハイデッガーは力説している。おそらくヤスパースを暗に念頭においたこの言葉にわれわれは注目したい。技術が存在の真理の一形態であるならば、人間は決して技術を支配する主人たることはできない。たとい原子エネルギーの管理に成功したとしても、そのことはただちに人間が技術の主人となったことを意味しない。管理が不可欠だということがすでに、人間の行為の無力を示しているからである。技術の本質を思惟すること以外に、今日の技術的世界の人間に残された道があるだろうか。技術の本質を思惟するとは、技術的進歩を肯定したり否定したりする圏域、人間と技術との主導権争いの圏域、要するに意志の地平から人間が脱却するということである。それはハイデッガーが至るところで言うように、人間が存在するものの支配者たることをやめて、存在の番人（Hirt）になるという転回の道に出ることに他ならない。

もう一つの問いが残されている。技術の本質における転回はいかなる仕方で起こるのであろうか。それは技術の危険が危険そのものとして全面的に出現するときである。ハイデッガーはヘルダーリンの詩句、

しかし危険のあるところ、
救うものもまた生まれる。

を解釈してそのように考えている。「救うもの」（das Rettende）は決して、危険と別にある何かではない。危険と別に救うものを考えるのは、危険がまだ真に危険になっていないからである。「もし危険がまさしく危険としてあるなら、その危険それ自身が同時に救うものなのである」[33]。それゆえ、危険から救いへの道はいかなる意味でも人間的なものではない。それは技術の本質そのものにおける出来事である。

そのことは、「救う」（retten）とは何を意味するかを明らかにすることによって示されるであろう。救うとは、技術によって没落寸前に追いつめられた人間を、危機一髪のところで従前どおりの状態に復帰せしめるということではない。そういう仕方では、人間存在は依然として危険の中にある。そこでは人間はまだ救われていないのである。救うとはむしろ意志的主体性という人間のこれまでの本質そのものを、新しい本質の中へと転回させることでなくてはならない。人間をその自己中心的な欲望から解放し自由にするところの「救うもの」は、それゆえ人間を照らし護るものであるだろう。「本来的に救うものとは、見護るものであり護持である」[34]。そしてヨーロッパ精神はおそらく、かかる転回の到来が前もって投げる影の中にすでに立っているのだろう、とハイデッガーは書いている。

註

（1） M. Heidegger, *Holzwege*, S. 81.
（2） M. Heidegger, a. a. O., S. 266.
（3） M. Heidegger, a. a. O., S. 266.
（4） M. Heidegger, a. a. O., S. 267.
（5） M. Heidegger, a. a. O., S. 268.
（6） M. Scheler, *Die Wissensformen und die Gesellschaft*, S. 93.
（7） M. Scheler, a. a. O., S. 198.
（8） M. Scheler, a. a. O., S. 125.
（9） M. Heidegger, a. a. O., S. 272.
（10） M. Heidegger, *Vorträge und Aufsätze*, Teil I, S. 5.
（11）（12） M. Heidegger, a. a. O., S. 7.
（13） M. Heidegger, *Über den Humanismus*, 1946, S. 27.
（14） M. Heidegger, *Vorträge und Aufsätze*, Teil I, S. 13.
（15） M. Heidegger, a. a. O., S. 18.
（16） M. Heidegger, a. a. O., S. 20.
（17） M. Heidegger, a. a. O., S. 23.
（18） M. Heidegger, a. a. O., S. 20.
（19） M. Heidegger, *Holzwege*, S. 271.
（20） M. Heidegger, *Vorträge und Aufsätze*, S. 28.
（21） M. Heidegger, *Holzwege*, S. 270.
（22） M. Heidegger, *Vorträge und Aufsätze*, S. 27.
（23） H. Bergson, *Les deux sources de la morale et de la religion*, p. 329.
（24） H. Bergson, a. a. O., p. 331.

(25) M. Scheler, *Die Wissensformen und die Gesellschaft*, S. 135.
(26) M. Scheler, *Späte Schriften*, S. 160.
(27) M. Heidegger, *Die Technik und die Kehre*, S. 38.
(28) M. Heidegger, *Über den Humanismus*, S. 28.
(29) M. Heidegger, *Vorträge und Aufsätze*, S. 32.
(30) M. Heidegger, a. a. O., S. 28.
(31) M. Heidegger, a. a. O., S. 24.
(32) M. Heidegger, a. a. O., S. 25.
(33)(34) M. Heidegger, *Die Technik und die Kehre*, S. 41.

聖なるものの復権のために

一　詩と哲学との不和

価値の多元化ということが、現代世界の状況を特徴づける言葉の一つになっている。これは、すべての領域に個性とか自立性とかを承認する態度であるが、同時に世界観としては一種の相対主義の主張だと言えるだろう。世界そのものよりも、私にとっての世界がリアリティーとなるわけである。価値観はさまざまだと言われると、何となく安心な気持ちになったりする。「価値の多元化」は、現代世界の生活や文明そのものの基礎に漠然と感じられている不安（定）の上で一定のバランスをとるための合言葉になっているところもある。そういう多様な価値観の並存がアナーキーに陥らないのは、それらを統合する原理がどこかにあるはずだからだが、それが何であるかがはっきりしないのである。むしろ、そういう原理への問いを出すこと自体が非常に困難になったのが現代である。

社会の中に生きるひとびとはさまざまな価値を見つけ、さまざまな価値観を抱く。これを価値の主観的な次元と呼ぼう。それは社会や文化の領域の内部で成立する価値である。それに対して、古来から真・善・美という名で呼ばれてきた価値がある。それは人間の文化という領域そのものを成り立たせるような根本的な価値である。真なるものや善きものや美しきものと関係することなくして、人間の生や文化というものは本来成り立たない。真・善・美は人間の恣意的自由の対象ではなく、むしろ志向すべき当為の対象という意味で、客観的な価値と呼ばれるべきである。それは社会や文化そのものの基礎を形づくるものである。真・善・美の価値のこのような客観的性格をもっともよく言いあらわした思想家は、言うまでもなくプラトンである。真そのもの、美そのもの、善そのものというイデーの直観なくして、真・善・美を愛する文化の生はない、とプラトンは教えている。

真・善・美が文化をして文化たらしめる規範もしくは文化価値として意識的にとりあつかわれるようになったのは西洋の近代になってからである。例えばヴィンデルバントは『プレルーディエン』（一八八四年）の第二版に附加した「聖なるもの」（一九〇二年）という論文の中で初めて、真・善・美の文化価値を分析し、これから独立した「聖」という宗教価値を問題にした。ヴィンデルバントよりも早く、カントやヘーゲルの議論も真・善・美の三分法に従っている。しかし、真・善・美や聖の問題は、このような価値の哲学の射程を超えて、はるかに深く人間の本質に根ざした問題である。いったい、このように真・善・美の価値の問題が近世哲学において論じられるようになったのは、すでに、この三つの価値を永い間一つに結びつけていた根本の次元に分裂が生じたためである。ヴィンデルバントをはじめ二十世紀に入ってからの哲学者たちが、聖の価値について発言するようになったのは、この分裂の状況がさらに進んだことを物語っている。

それ以前の時代においては、真・善・美は一つの全体として理解されかつ生きられていた。古代ギリシャ人の指導理念は美即善（kalokagathia）であり、プラトンがイデーの世界の太陽と考えた最高のイデーは、美そのものであると同時に善そのものである。『パイドロス』によれば、われわれが善・美なるものに対して抱く愛（エロス）は、われわれがこの世に生まれる以前に直観していた善・美のイデーを再認識しようとする魂の郷愁に他ならない。われわれが新しい美を認識することができるのも、われわれの経験したすべての美の彼岸にある美のイデーがわれわれの魂を引くからである。真や善の経験についても同様である。要するに、真・善・美の経験としての文化は超越的なイデーの世界によって根拠づけられるのである。ギリシャ人の考えた文化は、それ自身の内に一つの宗教性をふくんでいたと言ってもよい。その宗教性は文化そのものを超越したキリスト教的な宗教性ではなく、文化における宗教性である。ギリシャ人が美を近代の美学のように人間的主観の体験としてではなく形式という客観性の中に見出したのは、このような宗教性と結びついている。学問の神、芸術の神が、学芸に従事するひとびとによって祭られたのである。そして真・善・美の三つの価値は、このような超越的な次元で一つに合一させられたわけである。

しかしながら、なおくわしく見ると、真・善・美の統一はギリシャにおいても必ずしも完全であったわけではない。それを物語るものが、プラトンにおける詩と哲学との間の独特な緊張関係である。『パイドロス』のプラトンは、人間の仕事の最大のよきものは、分別的知性によってではなく、ミューズの女神たちの「狂気」に憑かれることに由来すると言う。未来を照らす予言や禍悪を祓い浄める密儀と同じく、詩や哲学は聖なる狂気なくしては生まれえない。その限り、美と真を求めるいとなみは、分別や利害打算に基づいている正常な世間生活に背を向けた立場として手を握り合うのである。しかるに、プラトンは『国家』第十巻の中で、彼の理想国から詩人を追放することを宣言している。その論拠は、感性界の事物をイデーの影と見る彼の存在論にある。プラトンによれば、現実の事物はイデーの影であるが、詩人の仕事とはそういう影にすぎない事物を言葉によって彩色することである。だから詩人や芸術家の作品は、じつは影のまた影の世界に属するのであって、真実もしくは事実からもっとも遠いところにある。空しい物まね（ミーメシス）の遊びしか知らない詩人たちを、真剣な国家の中に入れてはならない。「ホメロスが最も詩人らしい詩人であり、悲劇作家の第一人者であることも認めてやらなければならない。ただしかし、必ず心得ておかねばならないのは、詩の作品としては、神々への頌歌とすぐれた人々への讃歌だけしか、国のなかへ受け入れてはならないということだ。もしも君が、抒情詩のかたちにせよ叙事詩のかたちにせよ、快く装われた詩神（ムゥサ）を受け入れるならば、君の国には、法と、つねに最善である公に認められた道理とに代わって、快楽と苦痛が王として君臨することになるだろう(1)」（『国家』607A）。

プラトンは詩人をこのように告発することは、誰かを恋するようになった人がその恋が身のためにならぬと考えたとき、辛くとも身を引くようなものだ、と書いている。この詩人告発の議論を何度も自分自身に言い聞かせて、詩の魅惑に対抗する呪文としよう、とも言っている。要するにプラトンは、真・善・美の問題をめぐる詩か哲学かの選択において詩を捨てて哲学をとったわけである。聖なる狂気に由来する詩的超越のいとなみと言えどもなお、魂の不死と真理に至るための本当の道ではない。魂は哲学的知性の道をとってのみイデーの直観に至り、不死を実現することができると言うのである。

もっとも、プラトンがこのように詩よりも哲学に味方したということはただちに、美を愛し求めることそのことの意義を否定したことではない。そうではなくて、美しきものによって心狂わされるという人間のいとなみを哲学の内へとりこみ、それを哲学的認識の根本動力にしたということである。国家から追放された詩人は、プラトンの魂の内部にかくまわれたとも言えるだろう。哲学的思惟の明晰と想像力とイロニーとの比類なき仕方での合一をミュートスの語りの中に示したプラトンの精神の中で、詩の立場と哲学の立場とは、独特の緊張をはらんで共存している。哲学と詩（創作）との間には昔から仲違いがあったという事実を詩に向かって言い添えておこう、とプラトンは書いている。哲学と詩との間にある遠さと近さとの厄介な緊張は、昨日や今日に始まった問題ではない。それはヨーロッパ精神の初めからあって、今日に至るまでヨーロッパ的な思惟の全過程を張りわたしている問題である。そして、ヨーロッパの哲学的思惟が東洋の知恵の教説と対照的であるのもじつにこの点に由来するのであろう。

二　美の復権

しかし、その後の西洋の思想はプラトンのように詩（芸術）を哲学の下位に置くことに満足しなかった。哲学に対する芸術の地位の復権の運動は、一般に宗教的権威からの人間性や文化の解放という、もっと大きな動向に結びついている。それはルネサンス以来の西洋世界の出来事である。いったい西洋の近代になると、芸術の美は美学（Ästhetik）の立場から考えられる。美学においては、美とはアイステシス、つまりもっとも広い意味での人間の感覚もしくは快の対象である。人間と美との関係を美のイデーという形式に基礎づけたギリシャ人と違って、今や美は人間的主観の内部に基礎づけられ、芸術の本質は芸術作品についての人間の体験から規定される。ひとり作品の鑑賞だけでなく、制作もまた自我の体験という地平のことである。芸術の根柢は美のイデーではなく、人間の自由なる享楽として超越論的主観の能力となる。

カントからヘーゲルに至る哲学の展開の時期に、人間の真理探究という全体計画の中で芸術というものが占める優先席が用意された。周知のようにカントは、その『判断力批判』において、美の問題の体系的意味というものを定めた。美の趣味判断の主観的普遍性の中に、美的判断力が悟性や道徳に対して主張しうる権利要求を発見したわけである。それゆえカントにおいては、美は対象そのものの中に認められる性質としてではなく、主観的なものを通して証明せられる。すなわち想像力と悟性という二つの認識能力が調和的関係をなすとき、美という快楽が起こるのである。美の趣味判断は、認識ではないけれどもたんなる個人の恣意ではない。啓蒙時代の知性と道徳への偏向に対して芸術のアウトノミーを復権させたことはカントの大きな功績と言うべきである。しかし、このようなカントの美の理論は、その主観主義にもかかわらず、究極的には世界創造という神学上の観念に基礎をもつところの自然秩序の自明な妥当性というものを前提している。美はカントにおいてもなお、存在の秩序の包括的全体という地平を背後にもつものとして考えられているのである。

しかるにシラーによって初めて発言され、シェリングをへてヘーゲルの美学において完成されたドイツ観念論の美学は、このような客観的な存在秩序の地平の消失とともに始まる。芸術が規則に従わない天才のゲミュートの力という主観性に基礎づけられるとき、観念論の美学は極端な主観主義に踏み込んだわけであるが、それでもなお一つの新しい普遍的な存在論的地平というものを失ってはいない。ドイツ観念論の主体性の形而上学は、現実性とイデー、有限と無限との和解を成就する仕事を芸術に対して期待するのである。

近世の哲学者たちの中で、芸術に対してもっとも高い地位を与えたのは言うまでもなく、『超越論的観念論の体系』（一八〇〇年）におけるシェリングである。ブルノーやスピノザの生む自然（natura naturans）の直観をカントの『判断力批判』やフィヒテの『知識学』と結びつけたシェリングによれば、美的直観としての芸術は、主観的なものと客観的なものとの同一を捉える哲学者の知的直観それ自身が客観化された場合である。いったいシェリングによれば、精神もしくは自我というものの本質は、自己自身を客観化することにある。自我といういかにしても客観化できないもの、どこまでも主観的なものを客観するところに精神がある。つまり、精神の本質は自覚にある。哲学は精神のこの自己客観化のプロセスの全道程を目撃し叙述することを課題とする。言いかえると、哲学とは絶対的に客観されざるところのもの、すなわち知的直観そのものを客観化しなくてはならないのである。しかるにこの哲学の課題を解決するものが芸術に他ならない。シェリングは言う。「知的直観のこのような客観性は芸術それ自身である。なぜなら、美的直観とはまさに客観的になった知的直観だからである[2]」。「美的直観のみが客観的になった超越論的直観であるならば、芸術は哲学の唯一の真実でかつ永遠なるオルガノンと同時にドキュメントだということは明白である。それは、哲学が外的に呈示することのできないもの、すなわち働きと生産活動における無意識的なるもの、ならびにこのものと意識との根源的な同一というものを、つねに継続的に新しく表明するのである[3]」。

それゆえシェリングによれば、芸術は哲学者にとって最高のものである。なぜなら、人間のいろいろな文化のいとなみ、哲学的思惟や道徳的行為をもってしては到達できないところの、もっとも聖なるもの（das Allerheilichste）を芸術は開示するからである。哲学者が自然について人工的に作り出すところの見地が、芸術にとっては根源的でかつ、自然的な見地である。例えばすべての美しい絵は、いわば現実の世界と理念の世界とを区別するところの目に見えない隔壁がとりのぞかれることによって成立する。芸術はただ開け（Öffnung）である。現実の物の形を介してたんに不完全にしか見えないファンタジー世界の諸形態や領域が、そこにおいて全面的に出現するような「開け」である。芸術家にとって自然は哲学者にとってのように、不断の制限の下でのみ現われる理念的世界、あるいは哲学者の外にではなく内にのみ実存する世界の不完全な反射ではない。要するに芸術とは聖なるもの、絶対者を目に見える物にするという奇蹟（Wunder）なのである。

ヘーゲルの美学においても、美はイデーの感性的な顕現（Scheinen）と定義されている。感性的世界のただ中にイデーの世界が実現された場合が芸術である。芸術は主観と客観、自我と対象との対立を克服した立場であるという見解においてヘーゲルはシェリングと一致するのである。ヘーゲルの美学は、芸術作品の存在をたんなる主観性から捉える立場ではない。しかしそれにもかかわらず、そういう主客の対立を超えた地平を主観性に方向づけて捉えたところがある。なぜなら、芸術作品の存在は、自己意識的な思惟において考えられたイデーであり、そのイデーの感性的な表明が芸術作品だからである。それゆえイデーの思惟の中では、感性的顕現としての真理は全面的に止揚されることになる。真理は芸術の場合のようにイデーの感性的顕現という仕方においてではなく、概念的思惟という仕方において、真理本来の形をとるというのがヘーゲルの考え方である。芸術も哲学と等しく絶対精神の領域ではあるが、前者は後者へ向かって止揚さるべきものである。シェリングにあっては、哲学は芸術の立場へ向かって完成されるのに対して、ヘーゲルでは反対に、芸術は哲学の立場へ向かって完成されるべきなのである。それにしてもわれわれは、シェリングの美の理論とヘーゲルの美学の中に、今日までのヨーロッパが所有している芸術の本質についてのもっとも雄大な形而上学的考察を読むことができる。それは、美は善の感性的な顕現に他ならぬことを教えた『パイドロス』をはじめとするプラトンの思想が近代世界に実現されたおそらく最後の場合である。

しかし、芸術の将来の可能性についての見方に関する限り、シェリングとヘーゲルは正反対である。シェリングは『超越論的観念論の体系』の最終章において、哲学はいつの日かふたたび、自分がそこから生まれた母胎であるところの詩（Poesie）の立場へ帰ってゆくことが期待されるという考えを述べている。哲学はもともと詩の中から生まれ、詩によって養われてきた。そしてその哲学から生まれ育ち、独立したものが諸科学である。ところで、哲学者が主観的にしか呈示できない主観・客観の同一としての絶対者を目に見える形に客観化するものは芸術に他ならないことが示された。それゆえ、哲学ならびに諸科学はその完成のあかつきには、それらの母胎である詩の大洋へ、あたかも万川が流入するように帰ってゆくことが期待される。そしてシェリングは、このような詩の立場への学の還帰というものの中項として新しい神話（Mythologie）の出現を提唱している。神話が両者の中項となる理由は、詩と哲学とが分かれる以前に両者はやはり神話の中で一つに結ばれていたという点にある。もちろん、この新しい神話がいかにして成立するかということは今のところ問題ではあるけれども、それはおそらく、ただ一人の詩人を先頭とする新しき人類の創作であるとシェリングは言っている。このシェリングの考え方は、シェリング、ヘーゲル、ヘルダーリンの三人が関係したと推察される『ドイツ観念論の最古の体系プログラム』の中にもすでに見られる。真と善とは美において調和にもたらされうるというシェリングのこの主張は、ロマン主義的哲学者の若き日の空想にすぎないようだが、また人類のもっとはるかな未来への展望をふくんでいるようにも思われる。

一方ヘーゲルは、『美学講義』の中において、芸術は真理の現われる形式としてはすでに過去のものとなった、と主張している。「われわれにとって芸術はもはや、その内に真理が自らに実存を与える最高の仕方としては通用しなくなっている(4)」。「なるほど、ひとびとは、芸術がますます向上して完成するだろうということを期待できるかもしれない。しかし芸術という形式は精神の最高の必要であることをやめたのである」[5]。「このようなすべての連関からして、芸術はその最高の規定からして、われわれにはもはや過去のものにとどまるのである」[6]。ヘーゲルが主張するのは、これからの時代には優れた芸術家や作品が生まれなくなるだろうとか、芸術運動が衰退してゆくだろうとかいうことではない。つまり、芸術のいろいろな現象形態についての文明批評的な予言ではない。そうではなくて、芸術はその本質においてすでに、真理というものが露わになる仕方としては最高のものでなくなったという知見である。イデーの感性的顕現という芸術の立場はすでに、イデーの概念的認識という哲学の可能性によって凌駕されたというのがヘーゲルが言わんとするところである。それゆえ、これは時代の芸術の現状に対するヘーゲルの意見であるよりも、ヘーゲルがもともと持っていた芸術の見方を別な言葉で言い直しただけだとも言えそうである。

芸術は今なお真理が実存する本質的な仕方なのか、それとももはやそういうものでなくなったのかという問題は、ハイデッガーの言うように「真理」とは何かが明らかにされない限り結着しないであろう。ハイデッガーの意見では、このヘーゲルの立言の背後には、ギリシャ以来の西欧形而上学の思惟が立っているのであるが、この西欧の思惟は、存在するものについての、すでに生起した真理に対応している。それゆえ、ヘーゲルの立言に対する判定は、もしそれがなされるとしたら、存在するものについてのこの真理から、かつこの真理を超えてなされるのである。それまでは、ヘーゲルの言葉は有効である。だが、それだからこそ、ヘーゲルが言うような真理が果たして究極のものなのか、もしそうならそれはどういうものなのかが問われなくてはならない。いずれにせよ、伝統的な真・善・美の三分法が震動せざるをえないことは事実である。

三　聖の現象学

聖という概念についての哲学者たちの発言は、二十世紀に入ってから目立つようになる。これらの聖についての諸々の理論に共通する傾向は、聖がキリスト教の人格神の観念からしだいに離脱しようとしていることである。そのことはヴィンデルバントの論文「聖なるもの」（一九〇二年）を見てもすでに明らかである。というのは、ヴィンデルバントによれば、宗教哲学の対象はもはや神の存在や本質ではなく、聖なるものという価値もしくは規範であるからである。ヴィンデルバントと同時代人のニーチェとは、神の死というニヒリズムの状況を共有しながら、いわば背中合わせに立って別々な方角を見ているようなところがある。ヴィンデルバントによれば、真・善・美という価値は、それぞれ論理学、倫理学、美学という三つの基礎学においてとりあつかわれるのに対して、宗教哲学はこれから独立した聖という価値領域を対象にする。いったい、規範の意識はつねに意識の現実と矛盾する。この矛盾はヴィンデルバントによれば、意識の対象領域ではなく、意識そのものの根本関係である。われわれは真・善・美の価値を追求しながら、実際にはつねにそれらと反対のものに陥りがちである。意識の現実が自然必然的に反規範・反価値的にならざるをえないという、意識のこのアンチノミーが、良心に対して明らかになるとき、良心は真・善・美の経験を超えて、それよりも一層深い生の地平の存在に気づく。そういう超越的な生の地平が、聖という規範意識の地平である。「聖なるものとは、それゆえ超越的現実として体験された真・善・美の規範意識である」(7)。真・善・美の意識内在的な経験は、それ自身の中に含まれる自己矛盾を通じて、形而上学的な実在の経験へと超越せざるをえない。「宗教は超越的な生である[8]」とヴィンデルバントが言うとき、それはこのような聖の価値意識のことである。

しかしながら、ヴィンデルバントの聖の理論は、人間的理性に立脚する内在主義のもつ根本的な制限を示している。聖の価値は真・善・美の次元を超越するものであることが言われているけれども、その超越性とは理性的意識の立場から見られた限りでの超越性であって、理性的意識の立場それ自身に対する超越性ではない。そのことは何よりも、聖という価値は真・善・美の諸価値の総計（Inbegriff）である、というヴィンデルバントの言葉の中に露出している。周知のごとく、すでにカントは『実践理性批判』において、聖を超越的な神の述語の位置から道徳法の主体としての人間存在の述語の位置へ移している。例えばカントは言う。「道徳法則は聖（heilig）である。人間はたしかに聖ではないが、しかし彼の人格における人間性は彼にとって聖でなくてはならない[9]」。「諸目的の秩序の中で、人間（ならびに一切の理性的存在者）は目的それ自体である。すなわち、何人によっても（神によってすら）、決してたんに手段として、つまりこの場合に自ら目的であることなしには、使用されえないということ、したがってわれわれの人格における人間性は、われわれ自身に対して聖でなくてはならないということ、このことは今や当然の帰結として出てくる。何となれば、人間は道徳法則の主体であり、したがってそれ自体が聖であるところのものの主体であり、またそのためにかつそれと一致してのみ、一般に或る物が聖と呼ばれうるごときものの主体だからである[10]」。カントのこの考え方は、人間存在における聖の根源的な内在性の主張としてきわめて徹底的である。カントによれば、聖をして聖たらしめるゆえんのものは、人間の主体性それ自身の深みにしかありえない。主体性の深みから湧くもの、すなわち自由の自立のみが聖の名に値する。ヴィンデルバントが説く聖の超越性も、カントのこの徹底的な内在主義を克服してはいない。カントは聖への道は、真・善・美の中の善を通してのみありうると考えた。実践理性の優位にどこまでも徹底しようとする彼の考え方は、たんなる主知主義、合理主義を超えたところがある。これに比べると、聖を善をも超えた価値として主張するヴィンデルバントの理論の方が、かえって聖の経験にふさわしくない合理主義に陥っているように思われる。いわば、向こう岸へ跳び超えようとしてかえって此岸へはねかえされたようなものである。

それにしても、カントやヴィンデルバントにおける聖の概念は、聖という価値体験の独自性をその根源から捉えたものとは思われない。もし聖というものの経験が真・善・美のいずれの経験とも異なる独自なものであるならば、聖はどこまでも聖それ自身に根源するものとして捉えられなくてはならない。しかるにカントでは、聖は道徳法則の経験、つまり善の経験から考えられている。例えば、聖なる意志、義務の聖性、法則の聖性というようなカントの用語法は、道徳的経験の領域に出現した限りにおける聖を捉えたものである。聖が聖それ自身から発現する姿は、カントでは捉えられていない。同じことは、聖は真・善・美の諸価値の総計であるというヴィンデルバントの見方についても言える。聖をこのように捉えることは、要するに聖という価値体験が根源的であることを否定して、二次的に導来しようとすることである。それは要するに、聖の価値体験の固有性の否定に導かざるをえない。

聖という経験の固有性を明らかにしようとする努力は、現象学の立場に立つ哲学者たちに見られる。マックス・シェーラーが正しく洞察したように、真・善・美の総計をもってしても聖はなおそれ以上である。シェーラーによれば、いかなる真理をとらえた理論も、いかに美しい芸術作品も、いかなる道徳的な善行も、たんにそれだけでは決して聖なるものという印象を与えることはできない。聖という価値は、真・善・美の価値の総計をもってしては達せられない余剰というものを含んでいる。そしてまさしくこの余剰こそ、聖という価値の場所が、それ以外の価値とまったく別なところにあることを物語るのである。シェーラーはつぎのように書いている。「聖者とは、芸術的天才、賢者、善人、義人、仁者、偉大なる立法者を何らかの仕方で高めたような者のことではない。たとい、これらのすべてを一身に兼ねそなえた人間でさえ、なお聖者というものではない」[11]。おそらく美を善や真の上位に置いたであろうゲーテでさえ、「奇蹟を行なう像はほとんど拙い絵にすぎない」と告白している。聖の領域が美の領域とまったく別であることを言うのである。それでは聖をして聖たらしめるゆえんのものは何であろうか。

聖の現象の幾重にも屈折した深層の諸相を縦横に分析して見せたのは、R・オットーの著作『聖なるもの』（*Das Heilige*, 1917）である。この書におけるオットーは、聖の経験がそれ以外のいろいろな価値の経験をもってしても汲み尽くしえない余剰というものをもつことを強調している。セム語、ギリシャ語、ラテン語その他の言語においては、聖という語はもっぱらこの余剰だけを言いあらわしているのであって、近代語におけるように道徳的なもののモメントを言いあらわしてはいない、とオットーは言う。聖は決して完全なる善ではないのである。聖の概念にふくまれているこの余剰を析出することが、オットーの現象学的な本質直観の重要な仕事である。そうしてそれは、聖の概念に対していろいろな領域から附加されている合理的なモメントを除去して、すべての合理主義的な哲学ならびに宗教の立場からの把捉をも逃れ去る非合理的なもの（das Irrationale）を聖の現象の核心に目撃することに他ならない。

非合理的なものの精密な規定にオットーは力をついやしている。普通には非合理的というと、法則に対する事実的なもの、理性に対する経験的なもの、必然に対する偶然、超越論的なものに対する心理学的なもの、知性や認識に対する衝動、本能、反省や知的計画に対する下意識的なものの暗い力、さらにはオカルト的な諸力、といったものが考えられる。一般に非合理主義（Irrationalismus）というものが主張されたり反論されたりするのも、非合理的ということがこのように考えられているからである。しかしオットーによれば、このような意味での非合理的なものは、真の非合理的なものとは言えない。これらの非合理的なものは、まだ理性に服従しないもの、まだ合理化にもたらされていないものである。それは、合理的なものを規準にして、合理性の欠如態として捉えられたものである。つまり、合理性の平面の上で考えられた非合理的なものにすぎない。これに対してオットーの言う非合理的なものは、このような合理性の平面に対する垂直の次元、深みの次元のことである。それは概念化の光を当てられることによって消失するのではなく、概念化の光の届かない深みへ逃れ、そこに現存しつづける。

聖なるもののこの核心部をオットーはヌミノーゼ（das Numinose）という語で呼んでいる。ヌミノーゼは日本語の「カミ」にあたると言ってよい。『古事記伝』の本居宣長によれば、古代人が「迦微《カミ》」という名で呼んだものには、いわゆる人間以上の存在、天地の神々や社に祀られた御霊だけでなく、人間以下とされる鳥獣や草木、河山の類もふくまれる。何ものであっても、それらが尋常でなく、すぐれた徳があって、畏怖すべきものはみな迦微である。しかもたんに善きことや尊きことにおいて尋常でないものだけでなく、悪しきこと、奇しきことにおいて尋常でないものもやはり迦微（神）なのである。ヌミノーゼは一種の否定神学の方法によってしか捉えられないものであるが、それを構成するモメントをオットーは三つ取り出している。それは「戦慄すべきもの」（tremendum）、「魅するもの」（fascinosum）、「神秘」（mysterium）の三つである。ヌミノーゼに直面する人間は、自己存在の徹底的な空しさ、徹底的な無力感の中で、自己を戦慄させ、自己を拒絶すると同時に、自己を魅惑し、引き寄せるところのものの現前によって襲撃されるのである。われわれに対して、拒絶と吸引の力を同時に示すところのもの、われわれを同時に正反対の方向に引くところのものは、いかなる意味においても合理的なものではない。それはこの世のものならぬ「全き他者」(das ganz Andere)とも言われている。戦慄と魅力という正反対のモメントの共存こそヌミノーゼの経験の最深部であるというオットーの理論は、聖が真・善・美の領域のとどかない深淵であることを告知するものである。

オットーの著作が、哲学、神学、宗教学をはじめとするさまざまな分野に及ぼした世界的な反響は、現代ヨーロッパ人の宗教意識の深層に進行している一つの変化を物語っているように思われる。それは、人格的存在としての神の意識の代わりに聖なるものの経験が宗教への入口になったということである。マールブルクでオットーの同僚であったP・ティリッヒの宗教哲学は、そのもっとも顕著な例である。ティリッヒは一九六〇年に日本で行なった講義の各所で、宗教哲学は神は存在するかしないかという論議からではなく、聖なるものの体験の分析から出発すべきだ、と言っている。なぜなら、聖なるものの経験は、われわれの現存在にとってもっとも近傍にあるものだからである。神の存在証明は現存在にとって必ずしも必然的ではないが、聖なるものの経験は、現存在から切り離すことはできない。ティリッヒはかつてアテネのパルテノンを訪れたときのことを回想して、アテネの神が存在するか存在しないかというような種類の問いが無意味になってしまうような、圧倒的な実在の経験に襲われたと述べている。神の存在の肯定も否定も等しく、神的なもののこの直接経験の自己充足に何の変更をもたらすこともできない。たとえ神の存在を疑っている人間でも、聖なるものとの関係の中にある。というのは、その疑いが真剣で無制約的なものであるならば、そこに聖なるものとの関係があるからである。神の存在についての不信といえども、それが無制約的な性格をもつならば、決して無神論的でも非宗教的でもない。ティリッヒによれば、宗教とは存在する神を信じていることではなくて、聖なるものの直接経験である。聖とは究極的関心（ultimate concern）という形をとった現実のことである。何ものかが人間に対して絶対的な関心と真剣さの対象となるとき、人間は聖なるものに出会っているのである。そういう聖の経験において、「存在」（being）という伝統的な範疇は無効になることをティリッヒは力説する。「存在の範疇は神的なものの本性に適合しないのである[12]」。ティリッヒにおいて聖の経験の現象学的な分析と記述は、現代世界の中での宗教の基盤の再構築の問題となっているのである。

四　神々の退場と聖と詩

聖なるものをニーチェのニヒリズムもしくは「神の不在」の経験という立場で問題にしたのはハイデッガーである。いったい、これまでの聖についての理論はすべて、何らかの意味で神の概念を前提していたと言えるだろう。このことは、「存在」という述語は、神には適当でないと言ったティリッヒの場合も例外ではない。ティリッヒは人間における神の直接経験を決して否定していないからである。かつて無神論論争期のフィヒテも、真の神は「存在」や「実体」ではなくて、生きて働く世界の道徳的秩序そのものであると考えた。ティリッヒもフィヒテも「存在」という述語を破るような神性の直接的な所有経験に立っている。要するに、聖なるものの経験はもっとも広い意味での有神論の立場で語られているわけである。これに対して、ハイデッガーになると、神の不在（Fehl Gottes）の経験という形で聖なるものが問題になってくる。聖なるものは神の存在の証明ではなく、かえって神の不在の証明だ、というのがハイデッガーの考え方である。聖というものはもはや伝統的な形而上学や神学が考えてきたように神的なるものの性質ではなく、不在になった神もしくは神々が世界に残した痕跡（Spur）だ、とハイデッガーは言う。それゆえハイデッガーにおいて初めて、神的なるものと聖なるものとの従来的な関係が一変することになる。

ハイデッガーはヘルダーリンに従って、現代世界の状況を世界の夜（Weltnacht）の時代として捉えている。ヘラクレス、ディオニソス、キリストが世界から去って以来、世界はすっかり夜になってしまった。世界の夜とは神の不在というわれわれの状況のメタファーであるが、それはたんに神々や神が世界から去ったことを言うだけでなく、さらに、神性の輝きもまた世界から消えたという意味で言われている。例えば、太陽が地平線に沈んでも、残照はしばらく天空を染めるが、その残照もまた消えたのが夜である。残照があるあいだは、太陽が沈んだということ、神の不在は気づかれているが、夜の中では神の不在そのことも気づかれなくなる。われわれは神性の残照それ自身も消えてしまった暗黒の夜の中にいるというのがハイデッガーの見方である。ティリッヒがよりどころとした聖なるものは、いわば神性の残照であった。そのような神性の残照としての聖もまた消えたというハイデッガーによって、聖の思想は決定的に神学と形而上学の圏の外へ連れ出されるのである。

われわれの世界はもはや何ものによっても支えられていない。世界はどんな根柢（Grund）も持っていないという意味で、一つの深淵（Abgrund）の上に懸っているのである。いわば底が無いということを底にして成り立っているのが世界の現実である。しかし、底が無いことが底になっているということはどういう意味であるか。西田哲学が絶対無（矛盾の自己同一）という弁証法的概念によって捉えた事柄をハイデッガーはどこまでも解釈学的な思惟の視座から分析する。深淵とはすべてを蔵し、すべてを銘記するところのものであると言ったヘルダーリンにならってハイデッガーは、深淵の中には退場した神々の痕跡が蔵されていると考える。神々は何らなすことなくして世界を去ったのではない。神々はその退去とひきかえに、自分たちの痕跡を世界の底に刻印したのである。聖とはそういう退場した神々の痕跡である。痕跡とはたんなる空虚な無でもなければ、有の一つの仕方でもない。そうではなく、神は存在しなくなったという状況そのものの構造を言うのである。それは昼でもなければただの夜でもなくて、聖なる夜（heilige Nacht）である。神々が世界から去ったのに、それを知らないでいるような世界経験は、ハイデッガーの言う聖なるものの経験ではない。聖はそのような幻想的な昼の経験としてはもはや不可能になったのである。しかし、これと反対に、今日の世界をたんなる空虚な夜と見る者は、やはり世界を本当に見ていないのである。世界の夜の底に注意深く目を凝らすならば、世界の夜そのものが聖なるものを宿す場所であることに気づくだろう。聖とは退場した神々の痕跡である。

ハイデッガーにおいては、聖なるものが神や神々から考えられているのではなくて、反対に神や神々が聖なるものから考えられている。例えば、ハイデッガーは書いている。「存在（Sein）の真理から初めて、聖なるものの本質が考えられる。聖なるものの本質から初めて神性（Gottheit）の本質が考えられうる。神性の本質の光の中で初めて、「神」（Gott）という語が何を言っているかということが、考えられかつ言葉にもたらされうる」[13]。神もしくは神々、神性、神性の本質空間（Wesensraum）、存在の真理という四つの次元が区別されている。神性という神秘主義者の用語をハイデッガーは、神や神々がその中に住むところのエーテルという意味で使っている。神性なくして神や神々はない。しかし、神性を可能にするところのものは、神性それ自身ではなく、神性の本質という空間である。神性を初めて神性たらしめるところのこの本質空間こそハイデッガーの言う聖である。それゆえ、神性の本質それ自身は、もはや神的ではなくて聖なのである。「それゆえ、聖であること（Heiligkeit）は決して既成の神から借用された特質というものではない。そうではなくて、神的なものは、それが自らの仕方において聖であるから神的なのである」[14]。聖とは神的なものを初めて神的なものたらしめるような次元のことである。神とは何か、神は存在するか、神と世界とはどのように関係するかという問い、要するに伝統的な形而上学や神学の問いは、この聖なるものの次元を根本的に経験することなしには答えられないだけでなく、真剣かつ厳密な問いとして成り立つことができない。しかるに、まさしくこのような聖の次元が閉鎖されているのが現代という時代である。「現代という時代を特徴づけるところのものはおそらく、聖化（das Heilen）の次元が閉鎖されているということである。おそらくこのことが、唯一の災難なのである」[15]。そうして閉鎖されている聖なるものの次元をもう一度開示するためには、存在の真理のまだ経験されていない領域へ入ってゆく思惟、存在の思惟（Seinsdenken）が前提になる、というのがハイデッガーの見解である。それは、存在者の存在を問うてきた伝統的形而上学そのものの根柢へと還ってゆくような新しい根源的な思惟である。

ところで、思惟がもともとそれであるような本来的な姿に立ちかえるところのこの新しき思惟は、詩作（Dichten）と結びつくとされる。神無き時代の夜の底を通過する思惟の尖兵としての役目を、詩人に見出そうとするわけである。それゆえ、これは当然、詩の既成概念の変更ということをもふくんでいる。「芸術作品の根源」（一九五〇年）の中のつぎの文章がそのことを述べている。「すべての芸術は、存在するものの真理の到来を生起せしめるいとなみとして、その本質においては詩である」[16]。ここで言われている詩（Dichten）とは、絵画、音楽、彫刻などと並ぶ芸術の一分野としての詩（Poesie）のことではなく、芸術をして初めて芸術たらしめる本質を呼ぶところの名である。そういう意味での詩とは、すでに存在しているものの忠実なコピーを作ることでもなければ、想像力やファンタジーによって既存のものの変形を産出することでもない。詩とはむしろ、一つの企投（Entwurf）である。それは、存在するもののただ中に一つの開放空間（das Offene）を作り出すいとなみである。この開放空間の中で、すべての存在するものが以前とはまったく新しい光の下にもたらされる。むしろ、存在するものがもともとそれであったところのあるがままの姿にもたらされる。それゆえ、芸術作品とともに、世界の中にまったく新しき事件が入ってくるのである。芸術作品とはまさしく一つの衝撃（Stoß）という事件である。新しきものが日の下に起こることなくして、およそ芸術というものはない。芸術は存在するものが存在するものとして露わになるという意味での存在の真理が、われわれの世界に現実に生起する独自な仕方だからである。

それゆえ、ハイデッガーがここで言う真理とは、真・善・美の三分法の中の一領域のことではない。つまり、美とか善とかいう非理論的ないとなみの価値と区別された認識や学問の対象ではない。真理とは、ただ存在するものが存在するものとして露わになるということである。それゆえ、美はこの意味での真理と並んで別には成り立たない。真理が作品の中にかつ作品として現われること、そのことが美である。ここに、ヘーゲルやシェリングの場合と異なった真や美の概念が出ている。美が真理の内へ止揚される（ヘーゲル）のでも、真理が美として完成する（シェリング）のでもない。芸術の本質の深みには、そういう真と美との既成の二分法はとどかない。真と美とは芸術の本質において、相互に他の内へ帰属しているのである。美はいよいよ真に近くなり、真はいよいよ美に近くなる。それは現実でも非現実でもない不思議な光景である。そこに、芸術そのものが一つの謎（Rätsel）であることが知られるだろう。「芸術作品の根源」の「あとがき」

のはじめにハイデッガーは書いている。「この考究は芸術の謎、芸術自身がそれであるところの謎ととり組むのである。謎を解こうとするのでは決してない。謎を目撃することが課題なのである[17]」。

五　大乗仏教における聖

聖は言うまでもなく「俗」に対立する。聖（heilig, holy）という語は、ギリシャ語の**hagios**やラテン語の**sanctus**にあたる。両語とも、一つの境界づけられた領域を示す語である。**sanctus**の源は**sancire**（「限界づける」、「とり囲む」）という動詞である。セム族の言葉で聖を言いあらわす**kōdeš**という語にもやはり、「区分する」とか「分離する」とかいう意味がある。このように結界づけられた領域（fanum）の前もしくは外にあるすべての領域が**profanus**である。「俗」（profan）はこのラテン語に由来する。聖という概念の核心にあるところのものは、聖と俗とのきびしい区別である。カッシーラーが注意したように、聖は区別されたものではなく、どこまでも区別するものである。聖の概念の本質をなすところのものは、このような純粋区別の原理である[18]。

ところが、ハイデッガーが示した聖の理論は、聖の概念の中心に「区別」というものを定立するこのような伝統的な考え方に挑戦している。今まで見てきたような西洋哲学の芸術や道徳の考え方は、根本的には感性界と叡智界、現象とイデーを分けるプラトン以来の形而上学の二世界説に立っている。そしてこの二世界説は、聖の考え方において、もっとも鋭い形で現われるのである。聖と俗との区別は、真・善・美の三つの相互区別と同じ次元ではない。聖という宗教的観念には、真・善・美の文化価値そのものを「俗」として自分から区別する高次の区別がふくまれているからである。しかるにハイデッガーの挑戦は、まさしくこのような高次の区別の原理に対して向けられるのである。

ハイデッガーはヘルダーリンの詩句に従って、聖をソクラテス以前の古代ギリシャ人たちが知っていたフュシス（自然）に近いものとして捉える。「聖なるものは自然の本質である」[19]とハイデッガーは書いている。この自然は、ヘルダーリンが「諸々の時間よりも古く、西や東の神々に優るところのもの」と謳った自然である。その場合、自然が諸々の時間よりも古い、ということは、決して形而上学的な意味に受けとられてはならない、とハイデッガーは言う。すなわち、自然とは、すべての時間を超えたもの、プラトンのイデーとかキリスト教的に考えられた永遠なるもののことではない。むしろ、この自然は、もっとも古い時間である。もっとも古いということは、もっとも早くから、そもそもの始めから時間であるような時間という意味である。それは、何よりも時間的、もっとも時間的、底無く時間的である。そういう自然の本質としての聖は、時間と永遠との区別を超えるのである。つぎに、この自然が東西の神々以上だというのは、神々の領域の上方に（oberhalb）、それだけで存在する特別な領域、最頂上という意味ではない。そうではなくて、上方にあるという性格、在天という性質をもった神々の在り方を超えているという意味である。たんにわれわれの上方にだけあるところのものは、真に根源的な聖とは言えない。上方の神々は下方に存在できないという制限をもつからである。ハイデッガーは「上はエーテルから下は深淵に至るまで」というヘルダーリンの詩句に導かれて、聖なるものを上方と下方との位置の区別を超えた混沌（Chaos）として捉える。普通には混沌と言えば、区別のたんなる非存在、たんなる混乱のように見えるが、それは間接的な経験、つまり区別されたものだけに関わる経験に対してである。ここでの聖なる混沌とは、たんに区別がないことではなく、区別されたものに対して初めてそれら自身の固有の現存を保証するところのもの、すべての現実的なものの仲介者(Mittlerin)である。それ自身としてはいかなる区別や仲介をも絶しているがゆえに、すべてを媒介することができる。神の存在と不在、彼岸と此岸、上方と下方、時と永遠、神や神々と人間、これらの区別はすべて、このような聖なる混沌の地平において初めて成り立つのである。ハイデッガーは聖なるものの本質にそういう開かれた空地を探ろうとしているようである。

現代世界における聖の次元の閉鎖を打開しようとするハイデッガーの試みが、詩としての芸術の立場を尖端にしていることはすでに見たとおりである。聖なるものの次元へは、美の次元を通っていく以外にないという考え方である。しかし、聖の問題がこのように芸術や美の問題と結びつくのは、ハイデッガーだけでなく、ニーチェ以後のヨーロッパの思想の共通の傾向だと言ってよい。例えば、ドストエフスキーの『白痴』や『カラマーゾフの兄弟』においても、美は世界を救う根本原理としてとりあつかわれている。そして美にこのような力があるのは、まさしく、美というものの中で、二つの対立する次元、矛盾するものが一緒に住んでいるからである。美はたんに天上的な「マドンナの美」に限られない。美の広大な領域は悪魔や地獄の「ソドムの美」をもふくんでいる。美は、聖と俗、エーテルと深淵、天国と地獄の両方にわたって遍在するのである。ベルジャーエフも、芸術が超越的な他界のシンボルに満ちていることを言い、現実世界を聖化する尖端は美に他ならないことを主張している。

最後に大乗仏教の立場における聖の考え方に触れておこう。ハイデッガーが聖の伝統的概念の核心にひそむ「区別」を克服するために、詩の立場を手がかりにしているのに対して、大乗仏教の「空」の立場はもともと、聖と俗との区別の克服として出現している。例えば、すべての大乗経典の源泉である『般若経』には、

「色即是空」「空即是色」という有名な語句がある。現実世界とこれを超えた世界とを立てる西欧形而上学の二世界論と大乗仏教思想との相違点は、この簡潔な言葉の中に示されている。聖と俗という視点に戻って言えば、聖が俗と区別された特殊な立場を保守しようとする限り、それはなお真の聖の立場たりえないということである。俗の立場からたんに自分を区別する聖を考える立場は、聖という「もの」を実体的に考え、そのように考えられた聖にとらわれた立場である。しかし、そのような聖というものにとらわれ、聖に執着することは、じつは聖というものの本来のあり方を裏切ることだ、というのが大乗仏教の考え方である。本当に聖なるものは、聖であるということに執着しないところに初めて出現する。聖はそれ自身の意識と執着を捨てて初めて、真に聖である。つまり、聖が聖という自性（実体性）を否定して、自分と反対の「俗」の中へ入り、俗と一つになるという仕方で、自己をあらわすところに本当の聖がある。真の聖はこのような自己否定を介していつも俗と一つである。それは聖俗の無差別ということではない。聖はどこまでも聖、俗はどこまでも俗でありながら、しかも両者が自己同一だということである。聖の真相は「空」にある。

このような空としての聖という考え方は、『維摩経』や「浄土三部経」などにおける菩薩（bodhisattva）の概念や、浄土と娑婆との交流を説く往相・還相の廻向の思想の中にもっとも具体的にあらわれている。菩薩とは一般に、菩提（悟り）もしくは涅槃を求める衆生を指す名前である。菩提や涅槃がおよそ世界の内に存在するものの究極の根柢である以上、それを求めないあり方は不可能である。つまり、一切の衆生は、その可能性の側からは菩薩である。いわゆる「一切衆生悉有仏性」である（『涅槃経』）。しかるに、菩薩をして現実に菩薩たらしめるところのものは、彼の心中にあるところの誓願である。それは、一切の衆生が救われて成仏しない限り、自分は決して成仏しないという誓願である。自己の救いや悟りを後にして、自分以外の一切衆生の悟りを先にするところに、菩薩の本質がある。それは、徹底的な自己否定のはたらきに他ならない。菩薩は自らの清浄の肯定に安住せず、自己自身を煩悩に汚染された現実の生のただ中に沈め、煩悩の生を涅槃に転ずるという仕方で、自己の清浄無比を表現するのである。例えば『維摩経』にはつぎのように説かれている。

地獄の道を道としながら、しかも煩悩の塵をすべてはなれている。煩悩の道を道としながら、しかもまったく、それに染まることがなく、自らの本性においてはまた清浄である。

涅槃の道を道としながら、しかも輪廻の流れを捨て去ることもない。凡夫の境界でもなく、聖賢の境界でもない、これが菩薩の境界です。輪廻を境界とし、しかも煩悩の境界ではない、これが菩薩の境界です。涅槃を悟ることを境界とし、しかも決して完全な涅槃には入らない境界、これが菩薩の境界です(20)。

『仏説無量寿経』の根本思想は、罪悪の衆生をことごとく救う広大無辺な阿弥陀の誓願の不思議であるが、その阿弥陀仏は法蔵菩薩の成仏した姿である。永遠に煩悩や生死の境界を脱出することのできない絶望的な凡夫が、阿弥陀の本願を信ずることによって、その煩悩の身のままで浄土に往生して涅槃の悟りを得ることができる。阿弥陀の力を信じる人は、煩悩の身でありながら心はすでに如来と等しい、と親鸞は言っている(『末灯鈔』)。これは、煩悩を超える道はまさしく煩悩そのものの中にあるという思想である。浄土に往生した人が娑婆世界の只中に還って来て、苦悩の衆生を救うためにはたらくという「還相廻向」はこの思想をさらに具体的にした概念と言ってよい。

このような大乗の菩薩思想は、人間存在の根源的な可能性の原理というものを暗示している。いわば聖即俗、俗即聖と言うべき原理である。それは、一方に聖を考え、他方に俗を考え、それから両者を一つに結びつけた立場ではない。そうではなくて、両者の「即」という立場が、聖や俗がそこから初めて成り立つと考えられる原点だという意味である。聖と俗の即が、聖と俗の区別や無差別よりも一層根源的なのである。これまでの人類の人間観は、人間を人間以上の神（神々）とのつながりで見るか、人間それ自身に内在的な諸能力（理性、工学的知性、社会的本能、労働力など）から見るのかのいずれかであった。それに対して、菩薩は、そのような両方向へ分かれる以前の地点をどこまでも深く掘り下げたところに生まれた、人間存在の概念である。ハイデッガーがヘルダーリンの中に見た「詩人」の概念は、これとある種の類似をもっているようである。「詩人とは、自らの外へ投げ出された者――かの中間に（zwischen）、神々と人間との中間に投げ出された者である。しかし、ただこのような中間においてのみ、またこの中間において初めて、人間とは誰であるか、人間は何処に彼の現存在を移住せしめるかということが決定されるのである[21]」。ハイデッガーはこのように言っている。ハイデッガーの「詩人」の概念も大乗仏教の「菩薩」の概念も、人間についての既成概念の輪郭を震動させる力を秘めている。人間とはいったい誰かという根源的な問いの前に、改めてわれわれを連れ出すからである。

註

（1）藤沢令夫訳、岩波文庫、一九七九年。

（2）Schelling, *System des transzendentalen Idealismus*, SW III, 624.

（3）ibid., III, 628.

（4）Hegel, *Vorlesungen über die Ästhetik*, WWX, 1, S. 134.
（5）ibid., S. 135.
（6）ibid., S. 16.
（7）W. Windelband, *Präludien*, Bd. II, 9. Aufl. 1924, S. 305.
（8）ebenda.
（9）Kant *Werke Bd. V. Akademie-Textausgabe*, 1903–1913, S. 87.
（10）ibid., S. 131.
（11）M. Scheler, *Vom Ewigen im Menschen*, G. W. Bd. V, S. 312.
（12）『ティリッヒ博士講演集　文化と宗教』岩波書店、一九六二年、四一頁。
（13）M. Heidegger, *Wegmarken*, 2. Aufl. 1978, S. 348.
（14）M. Heidegger, *Erläuterungen zur Hölderlius Dichung*, 2. Aufl. 1951, S. 58.
（15）M. Heidegger, *Wegmarken*, S. 348.
（16）M. Heidegger, *Holzwege*, 2. Aufl. 1950. S. 59.
（17）ibid., S. 66.
（18）E. Cassirer, *Philosophie der symbolischen Formen, zweiter Teil*, 7. Aufl. 1977, S. 95.
（19）M. Heidegger, *Erläuterungen*, S. 58.
（20）長尾雅人訳『大乗仏教７・維摩経』中央公論社、一九四七年。
（21）M. Heidegger, *Erläuterungen*, S. 43.

生死の視角
—現代における死の問題—

一

「われわれは、人間が完全に全面的に問いに化した最初の世代である。人間はもはや彼が何であるかを知らない。しかし同時に彼はまた、自分がそれを知らないということを知っている」（M. Scheler, *Philosophische Weltanschauung*, 1929）。今から約五十年前、マックス・シェーラーは彼の哲学的人間学の出発点をなした問題状況をこのように述べている。これとほとんど同じ頃、『存在と時間』の著者は現存在の根本構造を「死への存在」という語で規定している。人間存在が人間存在にとって一つのxと化したということの中心には死の問題があることは明らかである。

それから約二十年後、ハイデッガーは、リルケ没後二十年の記念講演「何のための詩人か」（Wozu der Dichter?）の中で『オルフォイスに寄せるソネット』からつぎの一節を引用して、このことを指摘している。

　悩みはまだ知られず、

愛はまだ学ばれていない。

死の中にわれらから遠ざけられたものはまだそのヴェールをはずされていない。

ハイデッガーによれば、今日の時代が「乏しき時代」であるのは、ニーチェの言うようにたんに神が死んだからだけではない。それと同時に、何よりも死すべき者（der Sterbliche）であるところの人間が、死すべき身であるということをほとんど知らなくなっているからなのである。現代人は自分たちの苦悩や愛や死についてよく知らないままでいる。とりわけ死はもっとも知られないものとなった。この人間とともに古い死の謎が、今日ほど謎めかしいものになった時代はないであろう。なぜなら、今日われわれは死が謎であるということすら知らずに生きているからである。現代人は死をたんに忘れているのではない。死を忘れているということさえ忘れているのである。死の姿は今日、このような二重の忘却によって異常な屈折を受けていると言えるのではないか。

むろん死を忘れて生きるということだけなら、これはとくに現代人に限ったことではない。いつの時代の人間もほとんど死を忘れて生きてきたのである。死のこの単純な忘却は、昔も今も変わらぬ人間存在の自然的状態である。ある古いドイツの詩は、死を忘れて生きる自然的生の平穏と快活とをつぎのように謳っている。

私は生きている、
いつまでかは知らない。
私は死ぬ、
いつかは知らない。

私は行く、
どこへだかは知らない。
私をとりまくこの楽しさは何ということだ。

このような死のたんなる忘却は、人間がおそらく他の生き物と共有する合目的的な自然の計画に属するのであろう。もし死の明確な観念がつねにわれわれの意識の地帯に居坐って離れないとしたら、生きるためのすべての行為の意味は奪われるであろう。それゆえ、死を忘れるということは人間本性に与えられた生命の知恵である。人間は自然が贈ったこの忘却の技術によって生存をつづけてきたとも言える。生物としての人間存在の根柢には、この普遍的で正常な忘却があるといってよい。それはマックス・シェーラーが「形而上学的軽率」(metaphysischer Leichtsinn)というふうに名づけた人間の普遍的な自然状態である。そして「メメント・モリ」(死を忘るるな)というラテン語の知恵は、実に自然的人間のこの形而上学的軽率に対して休みなく語りかけられたのである。十九世紀の半ば頃までのヨーロッパ文明の基盤には、絶えずこの二つの立場の格闘が行なわれてきたといえよう。死を忘れた生存をつづけるか、それとも当面した死をつねに思い、死を超えた永遠の生を生きるか、ということは、そこでは輪郭のはっきりした問題であった。しかしその場合、真理はどこまでも、「メメント・モリ」と永生の信仰との側にあった。死を忘れた生は、多少ともうしろめたさを持った生、根本的には偽りの生であるはずであった。死のこのような忘却からの覚醒が、形而上学とキリスト教との名においてつねに促されてきたのである。このことは例えば、「賢者は生を思い死を思わず」と語ったスピノザの場合でも例外ではない。これがヘーゲル哲学の崩壊に至るまでのヨーロッパ精神の姿であったといえる。

死の問題に関するこのような古典的状況は、今日ではもはや消えているといわねばならない。現代人にとって死はたんに忘却の中にあるのではなく、忘却の忘却の中にあるのである。死がたんに忘れられている時代には、この忘却に隣りして永生と不死とがあった。「メメント・モリ」の声は、時としてこの忘却の鼓膜にもとどいたのである。そのとき死の忘却は同時に、永生を垣間見させるトランスペアレントな壁であった。しかるに今日の人間における死の二重の忘却は、死とわれわれとを隔てる不透明な壁である。現代人にとってはたんに不死や永生だけがないのではない。何よりもまず、死それ自身がないのである。死が忘却の忘却という屈折の中にあるということは、死のこのような不在を意味する。現代人が自分の死後の運命を問題にしなくなったのは、彼が死それ自身を問題にしなくなったことの結果にすぎない。永生や不死を語る言葉は、今日のひとびとにとっては、いわばパントマイムの俳優の仕草に似たものになっているのではあるまいか。

　ここに現代人におけるもっとも重大な問題があるであろう。死がもはや問題たりえなくなったということは、今日の人間が彼自身にとって一つの問題となったということである。死が人間の問題から消えてしまうということは、人間が彼自身から消えることに他ならない。死の問題は人間がその存在理由を問われる場面となった。ベルクソンも『心と身体』（*L'ame et le corps*, 1912）の中で、このことを率直に語るのを忘れなかった。われわれはいったいどこから来たのか。この世で何をするのか。われわれはどこへゆくのか。哲学がもしこの重大な問題に何も答えることができないとしたら、哲学とはいったい何だろう。もし哲学が、魂の不死の問題について、これまでのように肯定と否定との果てしない論争の場所以外でないとしたら、哲学とはパスカルの言葉を転用して言えば、一時間の労苦にも値しないだろう、とベルクソンは言っている。今日われわれの思索はこの問題をどうしても引き受けなくてはならないと思う。

それでは現代人にとっての死のこのような不在、死が知られていないという事態は、いったい、どこからやって来ているのであろうか。われわれは、これについてとりわけシェーラーの洞察に注目しよう。シェーラーは一九一一年頃に書いた遺稿の一つである「死と永生」（Tod und Fortleben）という論文の中で、現代ヨーロッパ人における死の意識の不在が、異常な抑圧（Verdrängung）に基づくことを明らかにしている。いったい十九世紀になってからのヨーロッパ文化圏の中では、それまで宗教や形而上学の基盤をなしてきた人格の不死（Unsterblichkeit）への信仰がしだいに衰えてきた。ところでこの原因は、いわゆる科学の進歩にあるのではなくて、一層深くヨーロッパ人の生活経験の構造そのものの変化にある、とシェーラーは言うのである。医学的唯物論や脳解剖学、脳生理学などは、不死の観念の殺害者ではなく、たんに埋葬者にすぎない。ベルクソンは心身関係の問題において、十八世紀の医学的唯物論の形而上学的独断を破ることに全力を集中したが、シェーラーは、そういう独断を採用するに至ったのは現代人の世界経験や生活体験の構造の根本的な変動だと考える。「現代西ヨーロッパ人」と呼ばれる人間類型をつくっている生体験のエレメントは、仕事（Arbeit）と金儲け（Erwerben）である。この人間類型は一切の生体験をこの二つのエレメントにおいて受けとる。十三世紀の末以来姿をあらわし、高度資本主義社会の中に明瞭な形をとるに至ったのは、このような新しい人間類型なのである。彼においては、仕事と金を儲けることとは、もはや生活のための手段というにとどまらず、それ自身が自己目的となっているのである。それらは無限な衝動の形をとって現われている。こうして目的となり無限な衝動となった仕事と金儲けとが、現代人をして今や死に対して新たな全体的態度をとらしめることになる。すなわち、死の観念の抑圧が始まるのである。

仕事のための仕事、儲けのための儲けという限りない衝動の渦中への顚落は、パスカルの言ったようにいかがわしい現代人の新薬である。それは現代人の前に、死なぞまったく存在しない不思議な世界の展望を開いて見せる。世界はもう愛や観照の対象ではない。それは計量され加工さるべき材料、そして根本的には挑戦と攻撃の対象である。しかもこの世界は無限に進歩する。この世界の中で人間は限りなく忙しくなる。しかしそれは彼の仕事に時間が限られているからではない。時間はいくらでもある。彼は死なないのだからである。彼のこの比類なき多忙には、目的も意義もない。多忙はむしろ現代人の生き甲斐のなさ、存在の深い無意味さの反射である。それは見せかけだけの多忙である。見せかけの意味として無限の仕事、仕事のための仕事が生まれ、新式の永生へのスローガンとして「進歩」がかかげられる。それは目的なき進歩であり、ゾンバルトの言ったように、進歩それ自身がそこでは進歩の意味なのである。

このような人間はもはや古代や中世の人間と同じようには死を怖れない。もちろん彼は死を絶えず計算に入れているし、何度も死を確認するであろう。それにもかかわらず死は彼に対して直観的に（anschaulich）は存在しない。彼は決して死に直面して生きていないのである。死は火災や水害のように、彼の判断の対象ではあるが、直覚の事実ではない。しかるに死とは本当は人間に直観的な確実性という仕方で与えられているものなのである。死を直覚的に知っているのが、人間の生である。シェーラーは直覚的な死の確実性（intuitive Todesgewissheit）の体験というものが、人間存在にとって本来的で正常な体験であることを強調する。そして「現代西ヨーロッパ人」とは、この正常な死の直観知を仕事と儲けとの衝動によって抑圧しているごとき異常な人間類型に他ならない。

死の直覚的な確実性とは何だろうか。死はおよそ経験知とは全然別な仕方で直接的に人間によって知られているものである。われわれは自分が死ぬときになって初めて死を知るのではない。死は生の終点で経験的に知られるのではなく、生の一瞬一瞬に、もとから知られているのである。現実の死は人間が平生からもともと持っている死のこの直覚知を確認する仕方として成り立つにすぎない。だからもし人間にこの直接的な死の確実性が成り立っていないなら、この人間はついに死を知らずに死ぬであろう。ついでに言うと、死のこの直覚的確実性の意識は、死を迎える人間の感情とは関係がない。例えば、死期の近い病人のもつ死の予感、恐怖、不安、もしくは期待とかいうものではない。それはかかる感情や気分よりも一層深い次元に存するものであり、それ自身としては何ら感情をともなわない。死が恐怖や不安や動転で迎えられるか、愛や渇望や静かな期待で迎えられるかは、個人の生活体験の条件に依存する偶然的な事柄にすぎない。死の直覚的確実性は人間存在の本質に属する根源的な自覚である。人間は本来、死をそういう直接的意識において持っているのである。

現代人において根本的に隠蔽されているところのものがこの根源的な直接意識である。死が生の中に住む本来的な場所が、異常な抑圧によって閉ざされ、死は人間の外に追われている。それゆえ、今や死はわれわれに対して外からやって来るのである。死は内面性をもたぬたんなる外部となった。死は今日では一切のシンボルをもたない。それは松明《たいまつ》を沈める若者でも運命でも骸骨でもなくなった。死は生の意味の充実者としてくるのではなく、破壊者、すべてを終わりにするカタストローフとしてくるだけである。死が不在である生を呑気に生きてきた現代人は、ある日突然もう生きる日が無くなっているのに驚く。死は人間をいきなり奪い去る姿なき暴力、野蛮性である。現代人はまるで壁に頭をぶっつけるように、見えない死に衝突するだけである。それは決して彼自身の死ではないのである。リルケはこのことを『時禱詩集』（一九〇三年）の中に謳っている。

主よ、それぞれの人間に彼自身の
死をあたえ給え。
愛と意味と苦難とに生きた彼の
あの生から死（Sterben）は
やって来なくてはならぬのだ。

なぜなら、われらは木の葉と表皮
にすぎぬ。
各自が自らの内部にもつ大いなる死が
大事な核なのだ。

われらの死（*unser* Tod）が実らぬから、
それが死をわれらになじみのない
重いものにするのである。
われらは成熟しない。それゆえ死は、
ただの終わりでしかない。
一斉にわれらを吹きとばす

一陣の野分なのだ。

死は存在しないということは、今日の人間を支配している最大のイリュージョンである。それはどこまでつづいているか見通せないような仕方で、現代の世界を蔽っている。しかしながら、このイリュージョンに挑戦して、それから人間を解放することが、真の思想に課せられた根本の責務ではないだろうか。

二

この困難な問題に近づくために、われわれはまず、死の理論における古典的な場合を回顧して見よう。プラトニズムやドイツ観念論の体系家たちには、不死もしくは永生に対する強い確信が共通していることは言うまでもない。シェーラーはカントとゲーテとを人格の永生を考えるための入口としている。もちろんヘーゲルの場合にはなお、つぎのような言葉が見られる。「有限的な事物の存在とはそれ自身、過ぎゆくことの萌芽をその自己内存在の中に持つということである。有限的な事物の誕生の時はその死の時である」。これはほとんどハイデッガーの「死への存在」としての現存在の捉え方に近い。しかるにフィヒテにおいてわれわれは、死を超えた生の力強い体験の表現に出会うのである。理性の哲学者たちの中でフィヒテほど大胆に、自己の永遠と死の軽さとを語った人はいないだろう。彼の『知識学』の魂は実に、深く大いなる生の直観なのである。では、フィヒテにとって死とは何であったろうか。

晩年の宗教論『浄福なる生への指教』によれば、生はすなわち浄福であり、真に在るところのものである。

浄福ならざる生という概念は自己矛盾にすぎない。存在はただもう、至るところ生である。けれども、この一なる生は二つの視点において現われるのである。すなわち真理の立場と仮象（Schein）の立場とから生は見られうる。それゆえ、真に生きている生（lebendiges Leben）と、たんに生きているように見えるだけの生とがある。この見かけだけの生は、じつは生ではなく死んだ生であり、死としての生である。「仮象の生は不断に死ぬことである。それは死につつ生きているにすぎない。死ぬということにおいて生きるにすぎない」。しかしかかる死んだ生すら、もしそれが真の生によって保たれ、生かされていないならば、そういうものとして存することもできない。ゆえに真の生は仮象の生、死せる生をも包むのである。すなわち、いわゆる死すら生である。「純粋な死というようなものはありえない」。それではそもそも、死とは何であり、それはどこにあるのか。「死は存在それ自身の内にあるのではなく、死せる観察者の生を見る力なき眼の中にある」。要するに死とはフィヒテにとって一つの仮象である。それはどこかにあるものではない。真に生きることのできない人に対してのみあるのである。死が人間を殺すのではなく、死せる人間、生きることができない人間が、死をつくり出すのである（*Die Anweisung zum seligen Leben*, 1806）。

『人間の使命』の中でフィヒテはもっと精しく、生が自然以上の領域であることを説いている。いわゆる自然的生命においてすら死というものは存しない。「自然における一切の死は出生であり、まさしく死ぬということにおいて生の高まりが明らかになるのである。自然の中には死の原理はない。なぜなら自然は徹頭徹尾ただ生だからである。死が殺すのではない。老いた生の背後に隠されていた一層生き生きとした生が始まり、自らを展開するのである。死と生とは、生が絶えずより明らかに自らにふさわしく現われんがために、生が自己自身となす格闘にすぎない。そして私の死（*mein* Tod）がこれより何か他のことであり得ようか」。

自然が私の生物的生をすら滅せないのは、私自身の本質は根源的で永遠なる生だからである。自然を超えたものである生が自然によって殺されると考えることは不可能である。「自然は私を殺すというまさしくそのゆえに、自然は私を新しく生かさねばならない。自然の中で自己を展開しつつある、私の高次の生だけが存在するのであって、この生の前に私のただ今の生は消失するのである。それゆえ、死すべき者が死と呼ぶところのものは、再生の可視的現象である」。われわれの自己は、もともと一切の自然を超えているのである。肉体的な苦や悩みや死は自然としての私を襲うのであって、私自身を襲うのではない。「私にとって死はもっとも軽きものである。私は決して私自身に対しては（für *mich*）死なないであろう。たんに他人に対してのみ、私との絆が断たれて後に残る者たちに対してのみ死ぬだけであろう。私自身に対しては、死の時は新しき一層輝く生への出生の時である」（*Die Bestimmung des Menschen*, Drittes Buch, 1800）。

このように、フィヒテの立場では、死は根本的には存在しないのである。死は生を外から見た姿、生の仮象にすぎない。それゆえフィヒテにおける生は、結局死をふくまぬ生、不死の生である。フィヒテは死を超えた不死を生の本質と考えたのである。

しかるに、生の本質に不死をでなく、かえって死を目撃する思想はドイツ・ロマン主義の中にその萌芽を見せている。例えばノヴァーリスは『頌歌』の中で、夜を「力強き子宮の啓示」と呼んだが、この夜の国の中心的位置を死に与えた。「死への憧憬」がノヴァーリスの作品を支配している。「汝は死である。汝が初めてわれらを健康にする」（Novalis, Schriften, hrsg. v. P. Kluckhohn）。死において一切の生命的個体はそれ自身の故郷へ還るのである。『断章』の中で彼は書いている。「生は死の始めである。生は死のためにあるのである」。

フィヒテにおいて生は死を消す光芒であったのに対して、ロマン主義の詩人たちにあっては、生はむしろ死が放つ輝きとなっている。生の深みに死が見られているのである。死はたんなる仮象ではなく、かえって生がそこから出てそこへ還るところの根拠である。生と死との内面的な結合の思想は、ロマン主義の特徴である。

死のこのような理解はジンメルの「生の哲学」の中に生き返っている。生の哲学者たちの中では、ジンメルが死をもっとも深く捉えたといってよい。これに比べてニーチェやディルタイには死は積極的な問題とはなっていないようである。ニーチェにおける根本語は「生」である。ハイデッガーも言うように、「力への意志」、「生成」、「生」、「もっとも広い意味での存在（Sein）」——これらはニーチェの用語法では同一のものを意味するのである（Nietzsche, *Wille zur Macht*, A. 582, A. 689）。ニーチェは書いている。「ひとがいかに死ぬかはどうでもよいことである」。「死ぬという行為は、一般的な畏怖が主張しているほど意味をもつものではない」。これに反してディルタイは、生の存在論の立場から死の現象の解釈を試みている。例えばハイデッガーが『存在と時間』の中に引いているディルタイのつぎの言葉が注目されよう。「そして結局、われわれの現存在の感情をもっとも深く一般的に規定しているところの連関は、すなわち生の死への連関である。なぜなら、われわれの生存が死によって限られていることは、生に関するわれわれの理解と評価とにとってつねに決定的なことだからである」（*Das Erlebnis und die Dichtung*, 1905）。しかしディルタイにとって死は、生の解釈によっては貫通しがたい不透明な所与であるにとどまる。「生きているものは死を知っている。しかしそれでも彼は死を理解できない」。「われわれの内なる生の感情は、死をたんに外的な事実性（Faktum）として受けとるけれども、これを現実的に把握することはできない」（*Gesammelte Schriften* VIII）。死の不可把捉性、死の謎を主張するこれらのディルタイの言葉は、理解を哲学の本来的な地平と見て、一切が理解の光の中にもたらされうることをひそかな前提としている彼の解釈学の立場のもたらす当然の帰結であろう。ディルタイの生の哲学にとって、死はつまりは外からやって来る見知らぬ訪客なのである。

ただひとりジンメルにおいて、生の哲学は例外的に死そのものに肉薄している。彼は、生の理解と死の理解とが別の事柄でありえないことを力説している。「われわれが生をいかに捉えるかということと、死をいかに捉えるかということ――このことは一つの統一的な根本態度のたんなる二つの局面にすぎない」（G. Simmel, Rembrandt. *Ein Kunstphilosophischer Versuch*, 1919）。死をその現実的な生の意味づけにおいて捉えることがジンメルの意図したところである。ゆえに彼は死を外的な運命と見る一般的な考え方、つまり死とは、これまで生として、そしてあくまでも生として長引いてきたところの生の糸が、特定の瞬間に一ぺんに「断ち切られること」である、という考え方に挑戦する（*Lebensanschauung*, 1918）。死は生に対して外から強制される偶然的な限界ではなく、生それ自身に内在的な限界である。ゆえに死は生の終わりにおいて初めて成立するのではなく、生の一々の瞬間にふくまれている。死は「もとからそして内側から死に結びついているのである」。「生のすべての瞬間において、われわれは死ぬであろうところのものである」。かくて死は、生をして生たらしめる「生の形成者」（Gestalter des Lebens）である。ジンメルのこのような思想は、死を生という絵を成り立たせる「額縁」、絵そのものに属しているごとき額縁にたとえたシェーラーの考え方とともに、すでに生の哲学の範囲を超えて、ハイデッガーの『存在と時間』の立場を準備していると言えよう。

ハイデッガーにおいて、死は純粋に死それ自身として固有な究明の場にもたらされた。現存在を「死への存在」（Sein zum Tode）として捉えたハイデッガーの説の詳細をここにくり返す必要はないであろう。ハイデッガーにおいても、死は生の終わりに初めて出てくる現象ではなく、生に初めからふくまれている人間存在の可能性である。すなわち、現存在の存在不可能という可能性である。死をそういう可能性として持つところに人間の現存在というものがあるのである。それ故ここには、現存在はその存在可能が否定されるごとき事態から、かえって可能にされているという構造が見られる。人間が生きているのはじつは死の根柢からだということが言われうる。生の底には不死や永生があるのではなく、かえって死がある。人間の生はこの死を可能性として初めて成り立っているのである。

ところで、このような「死の実存論的分析」におけるハイデッガーにおいては、現存在の根柢に死があるという方向は明るいけれども、この死から現存在の生へ還ってくるという方向は、かならずしも明るいとは言えないようである。これはハイデッガーにおいて「生」の概念が根本的なものと考えられていないためではないか。ハイデッガーでは、もっとも広い意味での死は生の一現象であるが、生の概念よりも現存在の概念が基礎的である。そして死はこの現存在そのものの存在不可能性という可能性として究明されるのである。それゆえ、「死の実存論的解釈は一切の生物学と生の存在論に先行する」とハイデッガーは言う。さらにまたこの解釈は、死を不死や永生との連関で捉える実存的な立場にも先行する。「死の分析は、それが死という現象をあくまでも、いかにこの現象が各々の現存在の存在可能性として現存在の内へ入り込んでいるかという点に注目して解釈する限りにおいてどこまでも純粋に「此岸的」にとどまる。……死の此岸的な存在論的解釈は、あらゆる存在的・彼岸的な思弁に先行する」(*Sein und Zeit*, § 49)。

しかし、このハイデッガーの主張は、死という現象があらゆる意味における「生」と切断して捉えらるべきだということを正当づけえないと思われる。生の概念は生物学や生の存在論におけるよりも一層深く考えられるべきである。人間存在の可能性に死が属する、その同じ次元に生もまた属するであろう。「世界内存在は、それの存在可能に対して、死以上の法廷《インスタンツ》をもち得ようか」というハイデッガーの主張は、レーヴィットなどによってしばしば非難されたものであるが、少なくとも一面性をまぬがれえないであろう。人間存在の根柢には、たんなる死でもたんなる生でもなく、両者の相互透入、仏教のいわゆる「生死」が目撃さるべきではなかろうか。フィヒテと反対にハイデッガーは、生の底に死を見たけれども、この死がいかにして現存在を生かしているかを見なかった。現存在の根柢たる死そのものの内部には何があるのか。死の底から本来的な生が湧くゆえんが、『存在と時間』においては明らかでないのである。死に面しての決断とか勇気とかの立場は、まだ死に対する根源的な肯定とは言えないだろう。死はそこではなお重きものである。死に対するプロテストの立場だからである。

三

死は存在しないという現代人のイリュージョンを破って、死を人間存在の本質領域として回復することが、われわれの課題であると言った。ではいったい、イリュージョンとは何であろうか。イリュージョンが思い違い（Irrtum）という現象と区別さるべきことを、シェーラーは力説している。例えば、街路が濡れているのを見て、雨が降ったと思い、後にこれが撒水車の通ったせいだと判った場合、これは思い違いである。しかるに、水中の棒が屈折して見えるということはイリュージョンである。すなわち、思い違いは間接的認識もしくは推論であるのに対して、イリュージョンはあくまでも直接的認識である。思い違いは正しい判断によって破れるが、イリュージョンは判断によっては破れない。水中の棒は本当は曲がっていないのだと判断しても曲がって見えるという現象は消えないのである。水中の棒が曲がっているという現象それ自身は決してイリュージョンではないであろう。それはどこまでも直接的に与えられた事実である。それではいったい、イリュージョンや錯覚はどこに成り立つのだろうか。それは曲がった棒を現実の棒だと見るところに現われる。すなわち、視覚に対して成立している現象を、視覚以外の領域たる触覚に対しても成立することを要求するところに現われるのである。つまり、水中の棒を手にとってみようとするとき現われる。しかるに、このような要求の根本にあるところのものは、現実の直接的事実（視覚現象としての棒の屈折）に対する憎しみである、とシェーラーは言う。イリュージョンの根柢は、目前の事実をそのままで肯定しようとしないわれわれの態度にある。存在への否定がイリュージョンをつくるのである。それゆえ、視覚に与えられた屈折現象を触覚に対しても要求することをやめて、この現象をそれが本来成立している視覚の場へつれもどして、この根源的な場においてこの現象を受けとるならばイリュージョンは消えるのである。これは、屈折して見える棒という現在の直接的事実をそのままで肯定する態度、愛と呼ばれてよい態度である（Scheler, *Die Idole der Selbsterkenntnis*）。

　われわれはイリュージョンに関するシェーラーのこの分析を、死は存在しないという現代世界のイリュージョンの問題を考えるときに採用してよいだろう。死は存在しないというイリュージョンは、今日ではすべての判断の間接性を凌駕する実感の直接性をもっている。魂の不死の信仰、永生の形而上学、さらには「死への存在」の実存論的分析という仕方においては、現代人のこの直接的な実感を破れないように思われる。それにもかかわらず、死の不在に関するこの実感は決して真理ではないのである。それはあくまでもイリュージョンである。というのはそれは、死は無いように見えるという事実そのものの承認にとどまらずに、死は実際にもまた無いのだということを要求しているからである。それゆえ、死の不在という現象の基礎にあるところのものは、死の現象に対する拒否や否定の態度である。したがって、死に関するこのイリュージョンから解放されるには、この否定の態度から解放されねばならない。それはあたかも無いかのように現代人のイリュージョンの中に現われている死そのものを肯定することを意味する。不在の中にさえ存在している死を直観することである。それは不死を観想することでも、死を一切の終わりと判断することでもなく、不在という形で出現している死そのものに対して肯定を言うことである。

死に関するこのような肯定の思想は、『ドゥイノの悲歌』や『オルフォイスに寄せるソネット』におけるリルケに見られるように思われる。リルケは一九二五年十一月十三日付の手紙に、つぎのように書いている。「『悲歌』においては生の肯定と死の肯定とが一つのものであることが示されています。その一方を他方なしに受けとることは結局、一切の無限なものを排除する限局であるということが、そこで経験され祝福されているのです。死とはわれわれに背を向け、われわれによって照らされていない生の側面なのです」（Briefe aus Muzot)。

このリルケの立場は死を生の一現象と見るディルタイやジンメルの生の哲学の立場と同じではない。死を生から見るのでも、生を死から見るのでもなく、両者を包む開放的全体、「開かれたもの」（das Offene）から両者を見る立場である。それゆえリルケはつづいて書いている。「われわれは、果てもない生と死の両方の領域に住し、この両者から尽きることなく養われているわれわれの現存在についての最大限の意識を遂行するように努めなくてはなりません」。リルケは存在の構造を球体として考える。月にはわれわれから見える面と見えない面がある。月の反面がわれわれに背を向けているように、死は生のそのような側面である。それはわれわれの側から見れば無いように否定的に見えるけれども、それ自身としては否定的なものではない。ちょうど、月面の向こう側もそこへ行って見ればちゃんとあるようなものである。死はわれわれには背を向けているけれども、それ自身に対しては背を向けていない。そして死がわれわれに背を向けているように見えるのは、じつはわれわれが死に背を向けているからなのである。植物や動物はそういうことをしない。彼らは開かれた世界の内にあるが、人間だけは世界の前に立つのである。「すべての眼で生きものたちは開かれたものを見ている。われわれ人間の眼だけがいわば反対方向をさしている」（『悲歌』）。それゆえ、そういう開かれた世界に出てみれば死は決して生の反対という否定的なものではない。生の一現象という部分的なものでもない。死は本当は生とは「別の連関」(der andere Bezug) という肯定的なものなのである。「別の連関」とは、開かれたものの全連関の他の側面という意味である。生と死とは協同して、存在するものの球体の完全無欠性を成就するのである。生も死も両者に通ずる全体から見られなくてはならない。「彼岸があるのでも此岸があるのでもない。大いなる統一があるだけです」とリルケは書いている。全体を見るとは肯定を言う立場である。

リルケは一九二三年一月六日付の手紙の中に、「〈死〉という言葉を否定なしに読むことが大事なのです」と書いている。死を肯定的に見るとは、死を永生に至る関門として見るとか、生の現象の一つとして見るとかいうことではない。これらは初めから死を生と切り離しておいて、つぎにこれを生に変更して見ている立場である。すなわち、死に対する最初の否定を肯定に変更しているのであって、根本的には否定の痕跡を残している立場である。しかるに死はこのように否定の否定という屈折においてではなく、否定なしに直接に見られるべきである。死はもともと生とは別の「連関」として肯定的なものであるから、これを見る見方もまた肯定的でしかありえない。肯定的なものを見ることができるのは肯定的な眼だけである。死に対するこの肯定的な見方をリルケの『悲歌』は、「親しみやすい死」、「大地の聖なる着想」という言葉で表現している。

リルケはやはりミュゾットからの手紙の中で、われわれのこの時間的な現存在が、そのままでただちに時間の制約を脱しているということを語っている。「われわれ、ここに今存在するところの者は、一瞬も時間の世界に満足しているのでもなければ、それに縛りつけられているのでもありません。われわれはつねに、以前のひとびと、われわれの源とつながり、またわれわれの後から来るように見えるひとびとともつながっています」。「無常性が至るところで、一つの深き存在の中へ突進している」。しかし時間からのこの超越は、キリスト教的なものではない。それは、「その影が地上を暗くするごとき彼岸」への超越ではなく、むしろ「純粋に地上的な、深く地上的な、至福にも地上的な意識」の実行なのである。つまり、われわれがこの地上の生存になり切ることによってそれを此方へと超え出て、そこからこの生存に大なる肯定を言うことである。

一九二四年八月十一日付のミュゾットからの手紙は、このことに関して、つぎのような直観を語っている。「〈外部〉はあれほどの拡がりを持っているけれども、そこでの星辰の距離の総計をもってしても、われわれの内部の次元、われわれの内部の深層の次元と比べたら問題にはなりません。われわれの内部は宇宙の広大さをまつまでもなく、それ自身でほとんど見渡しが利かぬくらいであります。だから死者や未来の人々が滞留の場所を探すとしたら、この想像的空間以上に彼らにとって好適であつらえむきの隠れ場所がいったいどここにあるでしょうか。私にはますます強くつぎのように思われてくるのです。すなわち、われわれの日常の意識はピラミッドの頂点に住んでいるのであり、このピラミッドの底辺はわれわれの内において（そしていくらかはわれわれの下において）、全面的に拡がっているので、そこへ降りる能力がわれわれに備わればわるだけ、われわれはいよいよ普遍的に地上の現存在、もっとも広い意味での現世的現存在の、時空を超えた出来事の中へ引き込まれてゆくように思われるのです」。

リルケはここで、彼のいわゆる「開かれた世界」（die offene Welt）が、実はわれわれの今・ここの現存在の直下にあることを言っている。われわれの自己意識の日常的な場において、時間的な推移として現われてくる一切の事柄が、意識の底にある開かれた空間においては、同時的に一挙に成り立つと言うのである。われわれはそこにおいて、すでに過ぎ去った祖先や死者たち、未だ来たらざるひとびとと、われわれの子孫たちと会うのである。そこでは生と死とが同じことである。しかもこのような開放空間が、われわれの現存在の遠き彼岸ではなく、われわれ自身の直下として今ここに直結しているのであるから、われわれは時間のただ中にありながら、一瞬一瞬にこれを超えているといえる。リルケが「地上の存在になり切る」（『悲歌』）と謳った生とは、生死になり切り、生死の中で生死を透過する生き方に近いといえよう。

リルケのこの開放空間の思想は、もちろんこれだけでは一塊の詩的光芒のごときものであろうが、それでもわれわれの注意を強く引きつけるだけの緊迫性とリアリティを持っている。周知のようにハイデッガーは、リルケのこの立場もやはり、近世の形而上学の圏域の内部、すなわち主体性の意識という領域の内部にとどまるというふうに解釈している。リルケは目に見える一切のものを「目に見えないもの」（das Unsichtbare）に転身させることが、詩人の仕事だと言う。ところが、ハイデッガーの解釈によれば、目に見えない内面的な意識の領域とは、近世の形而上学の領域に他ならない。それは、デカルトによってコギトーの意識として捉えられたが、ほぼ同じ時期にパスカルの心情の論理は、この領域を一層深めたのである。ハイデッガーはリルケの心情空間（Herzenraum）をパスカルの立場に近いものと解しているようである。心情の内面性は、デカルトの対象的もしくは計量的意識の内面性よりもはるかに内的なものである。それは目に見えないものの中でもっとも目に見えないもの、内部の内部である。ハイデッガーによれば、リルケが語る開かれた世界への転入とは、世界を自分の前に立てる対象的意識の内在性を、そのもう一つ内奥にある心情空間の意識へ転回することに他ならない。それは表象（Vorstellung）から心情（Herz）への意識の転回であるが、しかもそれはあくまでも、意識の内部での（innerhalb）転回、「内-化」（Er-innerung）なのである。かくして、リルケは依然として近世形而上学の圏域にとどまる。ハイデッガーはこのように、リルケの開放空間の意識内在性の制限を批判するのである（*Holzwege*, S. 282 ff.）。

しかし右に引用したリルケの手紙は、本当は自己意識よりも根源的な意識のことを述べているのではなかろうか。リルケは意識のピラミッドの底は、われわれの内にあると同時に「いくらかはわれわれの下に」あると書いているのである。自己意識を頂点にもつ意識のピラミッドは、われわれの内面を貫いて、われわれ自身の底にまで抜け出た根元をもっている。意識のこの根は自我以前の意識である。それゆえリルケの言葉は、意識を自己意識から考えるヨーロッパの近世形而上学とは反対に、意識の根源的状態に自我を離れた意識を見て、そこから自己意識をも見ようとする詩人の立場を暗示しているような感じがする。これはハイデッガーの言うような意識の領域の内部での転回ではなく、意識そのものを見る見方に関する転回、したがって近世形而上学における意識の領域そのものの転回である。意識の内在的な領域をその底に拡がる広大な開放空間に向かって開くことである。これはむしろ仏教の唯識説が「阿頼耶識」と呼んだところのものの肯定的な形ではなかろうか。

リルケの詩は生の肯定と死の肯定とを一つの肯定として実行しようとしている。生を死に対して開き、死を生に対して開くこの軽やかな肯定の立場をリルケは「墓の扉を開けたままに保つ」ことというふうにも謳っている。ここに、例えば「この生死はすなわち仏の御いのちなり」(『正法眼蔵』)と言われたごとき立場に近づいた、ヨーロッパ的視角の一つを見出すことができるように思われる。

神話と理性

一

神話はすべての歴史的なものにとっての前提である。歴史以前の世界であるところの神話なしには、歴史は不可能であった。われわれの精神文化の諸々の領域（形式）はみな孤立したものではなく、一つの体系的統一をもった生きた全体として成り立っている。一つの形式の運命はただちにその他の諸形式の運命に波及するような関係にある。このことはこれらの諸領域が最初は、一つの根源的な融合の意識の中に生まれ、そこから次第に分化し、展開したものであることを物語っている。もしこれらの諸領域の始めを問おうとするならば、それらの一切が未分であった神話的意識の直接統一へつれもどされざるをえないであろう。現存するあらゆる領域は、その輪郭線に多少とも神話的意識の縁暈をもっているといってよい。

神話は哲学にとっての最古の問題である。というのは、神話はその他の諸領域のように、すでに成立している哲学的思惟の地平の中へ後から入ってきた認識対象ではなくて、哲学的思惟の地平そのものの成立に参加した出来事だからである。哲学が神話に対する関係は、哲学が歴史、国家、法律、神学、芸術等に対する関係と同じではない。これらの諸領域に対しては哲学はいわば任意な態度をとりうる。それらは哲学の自由な研究対象であり、根本的に言うとNeben-Themaだということになる。しかるに神話は哲学にとっての必然的なテーマである。哲学は例えば歴史や芸術や法律を問題にしなければ、哲学として成立しえないということはない。しかし神話との関係を意識的なものにすることを放棄しては、哲学は根源的な哲学たりえないのである。なぜなら、神話は哲学を発源せしめたモメントとして、哲学的思惟の構造そのものに属していると言わなくてはならないからである。

ギリシャ哲学の成立事情がそのことを示している。紀元前六〇〇年頃、ギリシャに哲学が出現したとき、それは今日われわれがMythosとかmythischとかいう語で呼ぶところの世界観との対決という仕方において成立したのである。つまり哲学は裸の世界現実というものに初めて直面したのではない。世界現実の直接経験としての神話が哲学以前にすでに世界を受けとっていたのである。神話は哲学の領域そのものを開く基盤であった。神話がなければ哲学は生まれなかったであろう。もちろんいったん生まれた哲学は、神話的な世界理解とは異なる新しい世界理解の仕方として、いわば生みの親に対立してくる。ミュートスに対して哲学はロゴス（理性）の立場である。すでに成立した哲学の立場に立って考えるならば、神話と哲学とは対立する。その限り哲学は神話に対する批判の立場だということができる。しかしすでに生まれた哲学の立場からではなく、生まれる哲学、根源的な生成の相における哲学の立場から見るならば、神話は哲学にとっての永遠の母であることをやめないのである。

それは哲学にとってたんなる時間的な過去ではなく、現在の底にある超越論的過去（transzendentale

Vergangenheit）とでも言うべきものである。哲学が真に生きた哲学であろうと緊張するとき、神話はいつも哲学の現在そのものの深みに蘇る。神話がたんなる過去であるのは、生命を失って習慣化した思惟に対してだけである。神話はたんに過去を解くための鍵ではない。われわれの現在そのものの意味を明らかにするための鍵でもある。なぜなら現在は過去を基礎とする以外どこに成り立つことができるだろうか。「人類の現在の精神状況を規定するためにも、神話は一つの必然的な、無視したり排除したりすることのできないモメントである[1]」とシェリングが言うゆえんである。

　しかしながら神話は、人類の歴史において今日なお説明されていない独自な現象である。いつの時代にも注目されてきた神話という現象が、今日に至っても一つの謎としてわれわれの前にあるのは不思議なことである。すでに生まれた哲学の見地からでなく、現に生まれる哲学、生きてはたらく哲学の見地から、神話を考えようとした最初の人であるシェリングは、神話が何であるかは、すでにギリシャ人たちによって理解されなかった、と言っている。人類のこのもっとも古い現象はまた、もっとも早い時期に人類の視野から失われた、と言うのである。神話の現象にもっとも近いところに生き、この現象に対して最初に自由な反省を加えたギリシャの哲学者たちが、神話の何たるかをもっともよく知っていた、ということは正しくない。むしろシェリングの考えでは、ギリシャ哲学は神話の真の本質を誤解したのである。神話の現象についての最初の学的反省が成立すると同時に、神話の本質についてのあらゆる理解の途は断たれたように見える、とさえシェリングは言う。それはどうしてか。シェリングによれば、それはギリシャ人たちの神話理解の試みが、神話の現象の深みにふさわしい仕方でなかったからである。このことは神話という現象が、一般に事物や人間的意識の現在の状態とは比べることのできないような連関の中で成り立つ事柄であるということを示している、とシェリングは言う。シェリングが現在の意識（gegenwärtiges Bewußtscin）と言うのは、言うまでもなくロゴス（理性）の見地のことである。シェリングはギリシャ哲学におけるロゴスの立場の成立と同時に、神話の真の地平が隠れたことを指摘する。シェリング自身の立っている哲学の見地は、この「現在の意識」の最後の展開の段階に近いところである。しかるにロゴスの発生点からもっとも遠くに立つところの者が、初めて神話の全貌を視野に入れることができる、とシェリングは主張する。

かくして神話の哲学がシェリングにとっては哲学そのものの必然的なテーマとなる。それゆえ神話をその本質において問うことは、決して神話のためだけの仕事ではない。それは同時に哲学それ自身の新しい可能性のための試みでもある。というのは、神話という事物の高次の次元と真に出会うためには、ヨーロッパ哲学がこれまで用意してきた思惟のカテゴリーだけでは狭小にすぎるからである。むしろ神話の現象にふさわしいところまで、哲学的思惟の地平の方が拡大されなくてはならない。神話の理解のためには、「人間的思想の普遍的な拡大[2]」（allgemeine Erweiterung des menschlichen Gedankens）が不可欠である、とシェリングは言っている。それはすでにギリシャ哲学のロゴスの思想の中に発生した哲学的視圏の、ある特有の局地化をとりのぞくことを意味するのである。

いったい、ミュートスもロゴスも言語や陳述についてのギリシャ的表現である。それではこの両者はどのように異なるのか。W・オットーはロゴスが正しい言葉であるのに対してミュートスは真なる言葉であると言う[3]。正しさ（Richtigkeit）はつねに一定の連関と或る種の前提の下でのみ成立する次元の事柄であるから、前提とか連関なしに、それ自体として妥当する真理（Wahrheit）の次元に対立する。ミュートスとはこのような無条件的に妥当する言葉の次元のことである。それはいかなる証明をもまたずに、直接に与えられ、露わになっているような事柄、神々の事実そのものの直接なる反射である。それゆえ神話においては、世界経験はそのまま言語経験であり、言語経験はただちに世界経験である。そこでは言葉は、存在する物のコピーとか事物の存在に対する人間の応答とかでなく、かえって存在そのものである。「言葉は認識であるが、しかしそれは言葉が認識するところの対象それ自身であるような認識である[4]」。言葉と存在、言葉と意味とがまだ区別されないで一つの不可分な統一体として成立しているのが神話の世界である。言葉は存在の記号ではなく、存在の構造の一部であるから、物の名はただちに物そのものを宿している。言葉を所持することは物そのものを所持することである。名を物にしてこれを使うことができる者は、これによって事物そのものに対する支配の力を入手する。神話的思惟は、意味と存在との境界を絶えず無雑作に踏みこえる。在るべきものは在るものであり、在るものは在るべきものである。かくして神話の世界は、言と事との区別以前の一つの全体性である。一切が一切につながるところの呪術的な作用連関として世界はある。神話とはそういう普遍性と統一を成立せしめる一種の絶対的言語の圏である。

　このような神話の世界に対して新しい世界理解の仕方としてロゴスの立場が登場してくる。そういうロゴスの立場は神話の立場にはなかった人間存在の目覚めの経験である。何に対する目覚めかというと、存在するもの一般の統一、万物をもとから貫いていたところの一者というものへの目覚めである。ロゴスを「一切の導者」としたヘラクレイトスにおいてロゴスは哲学的思惟の根本語となっている。「万物はロゴスに従って生成しているが、人間はこれを悟らない」とか「私にではなくロゴスに聞いて、万物が一つであることを認めるのが知というものだ」とかいう彼の有名な言葉は、神話における一種の呪縛的な世界開示の仕方とはちがった公開的な世界理解の仕方を示している。宇宙はロゴスによって支配されている。ロゴスが支配する宇宙と同じくロゴスそれ自身も、神々や人間たちによって作られたものではない。それはもとからつねにあったし、今もあり、これからもあるであろうところのものである。ヘラクレイトスは言う。「太陽はその軌道をはみ出すことはないであろう。もしそんなことをしたらディケー（正義）の捕吏たるエリーニュスたちが太陽を捜し出すことができるだろう」[5]。ヘラクレイトスはロゴスについてなお神話的な言葉で語っているが、その中から響いてくるもの自身は、神話とは異なる新しい音調である。万有を統一している犯すべからざる法則性に関する思弁的な思想が明らかに登場しているからである。世界の出来事はもはやデモーニッシュな力の恣意にゆだねられた手毬ではなく、一つの普遍的な法則の下でのみ理解されうるものとなる。ロゴスとはこのような万物の法則であると同時に、これを捉える人間の思惟の本質でもある。

ヘラクレイトスが初めて提出したロゴスは、プラトンやアリストテレスの思惟に至って構造的に規定される。プラトンによればロゴスとは、事物がそれであるところのもの（Was）にかかわる地平のことである。いったい或るものはどんなに変化しても、それがそれであるところのもの、そのもの自身である限り、そこに在る。これに対して、或るものがそれであるところのものたることをやめるならば、或るものはない。個物の多様な変化を貫いているところのものは、個物がそれであるところのもの、個物の本質である。この本質存在があらゆる現存在の根拠である。ロゴスの立場とは、事物の本質にかかわる人間のあり方である。そういうロゴスの立場が人間の真の世界理解、人間の真の生き方となる。ロゴスに関するこのプラトンの考え方が、それ以後ヘーゲルに至るまでのヨーロッパ哲学の根本方向を決定した。それは人間の世界理解というものにおけるロゴスの究極的な支配に対する基盤を提供した考え方である。

もちろんプラトン自身は、このようなロゴスの見地に立ちながら同時に、神話の世界理解というものの持つ意味を承認しようとしている。いわば自分の体系の表門から神話を追い出したプラトンは、裏門からふたたび神話を導き入れていると言ってもよい。プラトンは神話の世界を一つの完結した全体として捉え、これをロゴスによる純粋思弁の認識の全体に対立させ、両方を一つの緊張状態において保とうとしている。当時のソフィストたちや修辞家たちが試みた神話の合理主義的な説明に対してプラトンは皮肉な言葉を投げている。例えば『パイドロス』の中でプラトンは、イリソス川にまつわる伝説、ボレアス（北風の神）がオレイテュイアをトロキアの地へさらっていったという伝説は、実はボレアスという名の風が吹いて娘を岩から突き落として死なせた事件のことだと説明する当世風の解釈に対して、そんな解釈をするためにはよほどの暇と根気が要るだろうし、またそんな試みをする人はあまり幸福でもないだろう、とソクラテスに言わせている。のみならずプラトンは、『国家』、『パイドン』、『パイドロス』などにおいては、死後の世界と魂の運命について、神話的な語り方をしている。そして、死後の魂の運命が自分の話したとおりだと断言するのは知性をもった人間にふさわしくないだろうが、不死なる魂の領域については、このように述べられたこと、もしくはこれに類する事柄があるのだと考えることは適切であり、それは人間がその想定に自らを賭けるに値する事柄である、と言っている(6)。神話の問題がいかにプラトンの哲学そのものの創造的なモチーフであったかはここに明らかである。プラトンを頂点とするアッチカの哲学の根本は、ミュートスとロゴスとの生きた統合を哲学的思惟の中心に保とうとする壮大な努力であった。

しかしギリシャ哲学の一般的な潮流は神話との関係について見れば、このようなプラトンの意図とは別な方向に向かっている。開始期のギリシャ哲学は永い間、世界の根源について神話的な見方と哲学的な見方との間に揺れ動く中間領域に立っている。例えばターレスの有名な「アルケー」の概念はそういう一例である。

アルケーは「始め」という神話的概念と「原理」という哲学的概念との中間的もしくは移行点に立つことによって、神話と哲学との両方にまたがっていることはカッシーラーの指摘したとおりである[7]。しかるに哲学の方法的意識が鋭くなるエレア学派の頃から、ロゴスの世界はしだいに神話の世界に対して自律性を主張してくるようになる。パルメニデスが哲学的思惟の真の対象としての存在の概念を入手して以来、多数の神々にかかわる神話の見地は根本的には非存在もしくは仮象と見なされるようになる。純粋に哲学的な思惟の立場には、非存在の世界にかかわることは禁じられるのである。むしろ哲学の見地は、たんなる仮象のものにかかわる神話の世界から自らを解放するための闘いの歴史として自らを証しするようにならざるをえない。神話から遠ざかる方向に真理が求められるのである。

ここに成立してくるのが、神話の寓意的な（allegorisch）説明の立場である。ロゴスの立場が新しく獲得した存在概念や世界概念と、神話の世界像とがもはや併存できないとするならば、残された途は神話を哲学の前段階として捉える仕方以外にはない。神話と哲学とは世界理解に関する発展段階の相違として理解されるのである。神話はそれ自身としては真理ではないが、そうかといってたんに荒唐無稽な言葉ではない。むしろ神話の言葉の中には、一つの合理的な世界認識の内容が暗示もしくは準備されているのである。神話の言葉が不明瞭な形で語っているところのものを哲学的概念は明瞭に提示し、これを神話の核心として明らかにする。要するに神話とは、何らかの思弁的真理、倫理的真理、さらには科学的真理の間接的な表現である。ミュートスとは不完全なロゴスである。神話の中にふくまれているロゴス的な部分が神話の真理であるという考え方である。

ところが、神話のこのような寓意的な説明（allegorische Deutung）は、神話の真理を神話自身とは別のところに見出そうとする説明である。シェリングの言うようにAllegorieとは本来、別なものを言うということである。つまり寓意的説明によれば、神話は神話として真理なのではなく、神話の中にふくまれている哲学、倫理、宗教、科学が真理なのである。神話はこれらのロゴス的なもの、非神話的なものをふくむ限り真理だとされる。しかし、これはもはや神話を神話でないところのものに翻訳することである。神話の寓意的な説明によっては神話の現象は消えてしまわざるをえない。神話を真に神話として見るためには、神話の中にあるとされる非神話的な真理ではなく、神話そのものとしての真理、神話がそれであるところの真理が目撃されなくてはならない。プラトンがわずかに見せた神話の現象のこのような直接的な目撃は、ギリシャ哲学のその後の発展の中では見失われる。神話を世界解釈の古い段階と見なす合理主義的な神話理解は、ストア主義や新プラトン主義の特徴である。そして神話のこのような見方は、中世のキリスト教世界を貫通してルネサンスにまで及ぶのである。

近代ヨーロッパの合理主義に至って神話はもっとも決定的な批判の前にさらされるに至る。神話はもはや合理的な世界説明の前段階ではなく、反対の立場と考えられるのである。今や神々ではなく物質と悟性が世界の本質となる。科学的思惟の方法的経験によって確かめられえないものはすべて、神話的なもの、たんに幻想的なものと見なされる。かくしてA・コントの人類意識の発展の三段階説やマックス・ウェーバーのように世界の非魔法化（Entzauberung）に歴史の発展法則を見ようとするような理論もあらわれる。それゆえひとり神話だけでなく、キリスト教の宗教的伝統をふくむすべての宗教的世界観が、進行する合理化の意識によって批判されることになる。

しかしながら、神話に対する近代の合理主義のこのようなラディカルな批判は、じつはキリスト教自身によってひそかに準備されていたのである。というのはキリスト教こそ、新約聖書の福音において、神々の世界に対するもっとも基礎的な批判を行なった当のものだからである。ユダヤ・キリスト教的な超越神の立場では世界と万物は被造物と見なされるが、それは世界の内からすべての神々が追放されたことを意味する。福音の光に照らされるとき世界は罪と虚偽の世界、神によって救済されるべき存在となる。だからそれまで世界内在的な力と考えられてきた神話の神々はデーモンや悪魔的な存在として否定される。なぜなら、これら異教の神々とは実は世界そのものの形姿だからである。この世をただちに神的なものとする考え方は神に対する反逆である。かくして超越神によって創造された世界の中には、どこにも神々はいなくなる。世界はたんに世界だけとなる。F・ゴーガルテンの言う世俗化（Säkularisation）がここに成立する。[8] 世界から神々が退場して世界それだけになることが、キリスト教の本質としての世俗化である。かくしてキリスト教の超越神論は、近代の科学的世界像における神話の解体をあらかじめ準備したのである。この事情を例えばA・ゲーレンはつぎのように述べている。「自然科学によって周旋された自然の見方はずっと以前から、自然についてのわれわれの直接的な理解の中へと入っている。今日ではもはや誰ひとり月を女神とは思わないだろう。その場合、どのように一神教それ自身が、自然科学の親密な諸前提というものに属しているかがわかるのである。つまり外的世界はまず一神教によって魔術的にニュートラルなものにされ、現存する神々が一掃されるということがあったのであり、かくして空っぽになった領野の上に、つぎに合理的認識の意志が内から妨害されることなしに発動することができたのである[9]」。キリスト教的な宗教的世界観一般に対して遂行された近代の合理主義の批判、世界の完全な非神話化の立場が、キリスト教における神話批判によって先取りされていたという注目すべき事情は、ゲーレン以外にもいろいろな人によって指摘されている。[10]

このようにして進行した神話に対する批判は、近代の思惟においてはついに、神話的世界像を科学的世界像の反対概念と見るところまで徹底されてくる。世界の真理を知っているものは科学であって神話ではない。神話は科学のうちへ解体さるべきだということになる。人間の悟性によって算定されかつ支配されるところに世界の本質があるという科学的世界観に立つならば、人間の意識を制限し圧倒するごとき不可知な力を認める思想はすべて神話だということになる。なぜなら、そのような不可知な力はもはや現実には存在しないからである。しかし、神話的なもののこのような解体は、実は科学的経験以外のあらゆる人間的経験をたんなる空想もしくは幻想の域へ追いやることを意味する。神話を形成している想像力だけでなく、詩や芸術の根源としての美的構想力もまた真理でないという宣告を受ける。神話とロゴス（理性）との関係を理性の側に立って眺めるならば、歴史は理性による神話の解体のプロセスとして規定される。かくてウェーバーの言うEntzauberungが歴史の発展法則として立てられるに至るのである。

二

しかしながら、ウェーバーの提起したこの図式の効力ははなはだ疑問である。世界の非神話化は歴史の普遍的な発展法則ではなく、むしろそれ自身一つの歴史的事実にすぎないという方が正しいと思われる。神話から理性へという合理化の傾向の内部に、逆に理性から神話へという精神の反対運動がはたらいているのが、精神史の実際なのである。そのことは、ヘーゲルにおいて完成された理性の立場の運命、ドイツ観念論の崩壊といわれる十九世紀後半の精神の境位を見ても明らかである。

理性（Vernunft）という語はもちろん近世のものであるが、人間の能力と同時に世界そのものの体制をも意味するこの概念は、プラトンやアリストテレスによって開始されたロゴスの立場にまでさかのぼる。思惟する意識と存在するものの理性的秩序との内面的な照応関係がロゴスの概念だからである。世界の真のあり方、すなわち存在するもののロゴス的性格というものが、人間精神のうちにあらわれる最高の仕方が、ギリシャ人においてはヌース（nus）であった。このヌースの概念にあたるものが近代の理性である。ところで理性とはカントによればイデーの能力である。理性は経験が呈示するたんなる多様性に満足できない。多様性が成り立つ場はどこか、多様性を生み出すものは何か、多様性はいかにして自らを形成するか。それらを知ることが理性の根本要求である。一切の多様性を統一にとりまとめるところに理性はある。それゆえ理性というものの本質は、思惟がいかなる場合においても思惟自身の下にあるということである。思惟のこの絶対的な自己所有が理性の核心である。たんなる事実の所与性と偶然性によって制限されるところには理性はない。事実の外来性というものを自己自身の内部からのものとして自覚するところに理性はある。そういう理性の立場がもっとも具体的に展開されたのが、ヘーゲルにおける概念（Begriff）の立場である。プラトン哲学に始まったロゴスの支配の方向はヘーゲルの概念的理性の考えに至って完成した姿をとる。ここではロゴスは絶対的形態に到達している。それは自己自身を事柄の本質として捉えるところの思惟である。思惟と存在、理性的なものと現実的なものとのこのような自己同一は、人間の歴史を偶然性と恣意に基づく頑固なる事実としてでなく、それ自身理性の自己展開として把握するときに、もっとも具体的な形をとる。今やロゴスはたんに自然だけでなく歴史をも支配するのである。このような歴史の理論においてヘーゲルは、統一を目ざす理性の根本要求を体系的に充足しえたと信じたのである。

しかしながら理性のこの要求は、実際には履行されていないことがわかる。ヘーゲル以後のヨーロッパの歴史に現われている現象は、理性の勝利ではなくて、むしろ優越した物質の力、社会的本能、国家権力などに対する理性の立場の事実上の依存関係である。理性はもはや絶対的統一の能力でも歴史の原理でもない。理性的とは今やあらかじめ与えられた種々の目的に対する正しい手段であるということにすぎない。しかもその場合、これらの諸目的そのものの理性的性格は少しも証明されてはいないのである。だから近代の文明構造の合理性とは、一歩突っ込んで見るならばガダマーの言うように一つの合理的な非理性[11] (eine rationale Unvernunft) のことである。つまりどこからか与えられた目的のために正しい手段を周旋すること、今日われわれがすべての生活領域において「技術」の名で呼ぶところのものを自由に定立することである。ヘーゲルが理解したような絶対的理性のイデーは一つの幻想にすぎない。理性はたんに歴史的なものになるのである。歴史そのものの原理ではなく、それ自身歴史の現象の一つとなった理性は、何かに出会うたびに、もはや自己自身のもとにないという仕方で自己を経験せざるをえなくなる。すべてを説明すべきはずであった理性は自己自身を説明することができなくなる。理性は歴史の事実の平面に落下する。説明するものでなく説明さるべき現象になるのである。これがヘーゲル哲学に対する批判として出てきた十九世紀後半の種々の哲学思想における理性の概念の実状である。

ハイデッガーが西欧形而上学の終焉として捉えたこのような思想史の状況を念頭におくとき、少なくとも「神話から理性」へという啓蒙的意識の図式は修正を必要とするだろう。神話的意識からの解放を自らの本質的課題とした理性は、その展開の終わりに至って、かえって一つの非理性的なものに依存し、これによって指導されていることを経験するのである。かつてE・トレルチはドイツ観念論は一つのエピソードだと言ったが、むしろ十八世紀の極端な啓蒙の意識こそエピソードにすぎないと言わなくてはならない。歴史はたんに神話から理性へという一方的な合理化の過程ではない。このような方向はその基礎にこれとは逆の方向、理性から神話への方向をともなっているのである。それは人間存在の根柢にある根源的な生そのものの反対運動である。理性と神話とはそれゆえ、一つの共通の歴史、同じ法則に従って経過する歴史をもっていると見なくてはならない。合理化の方向だけでなく、合理化されざる神話の地平を意識自身の中に保持しようとする方向、一言でいえば神話それ自身の固有の真理の自己主張の事実が、歴史の中に目撃されうるのである。

このような事態を全面的に問題にするためには、ヘーゲル以後に現われた反形而上学的思惟の立場は小さすぎる射程でしかない。フォイエルバッハの哲学、実証主義の哲学、史的唯物論の哲学、新カント派の哲学等はいずれも、根本的には神話から理性へという方向に真理を見出そうとする考え方だからである。神話と理性との間に起こっている出来事の本当の意味は、これらの哲学の見地からは見ることができないのである。(12)

いったい何が起こったのか。それは絶対的な形態に到達した理性が、それの反対すなわち神話の立場に否定的に関係せざるをえないという事態である。完成した理性の支配、絶対的理性そのものの内から、理性と反対のものを把握しようとする要求が起こってくる。それは理性がその自己展開の終点において受けとる理性自身の新しい課題である。ここでも終結は新しき事態の開始なのである。理性にとってのこの新しい課題はそれゆえ、神話を理性に解消することではない。そのような合理化の方向はもはや行き尽くされたのである。そうではなく、神話をあくまでも神話として、すなわち理性にとっての他者として明らかにすることが課題なのである。神話をいかなる理性にも吸収できない独自なる事実（Tatsache）として、つまり真理（Wahrheit）として明らかにすることが、哲学の本質的なテーマとなる。一八二一年に始まるシェリングの

『神話の哲学』(*Philosophie der Mythologie*) は、そういう課題を背負っているのである。それはW・オットーも言うように、神話それ自身の高みにおいて神話と出会おうとした人間的精神の最初の雄大な跳躍である[13]。

三

シェリングを『神話の哲学』の構想に導いた歴史的条件としては、十八世紀から十九世紀へかけて増大した神話に関する知識が注目される。ヨーロッパ文化圏がそれ以外の文化圏と接触することによって、神話がひとりギリシャ人だけの独占物でなく、エジプトやインドをはじめとする諸民族にもあることがわかった。神話は今や太古以来、人類の生活と思考を支配してきた巨大な出来事の地平として学問の視野に入ってくる。そしてこのような諸民族の神話がそれらの特殊性と多様性の中に、いくつかの共通な根本特徴を持つということが知られるようになった。かくして神話を人類の世界観の根源的な統一と全体性において捉えようとする研究が登場してくる。その最初の代表的な仕事がフリードリッヒ・クロイツァーの『古代民族、とくにギリシャ民族の象徴的表現と神話』(*Symbolik und Mythologie der alten Völker, besonders der Griechen*, 1810) である。シェリングもこの著作から多くのものを学んでいる。

さて、シェリングは『神話の哲学』の講義の最初を、神話という対象に客観性 (Objektivität) と真理性 (Wahrheit) を承認するという自分の直観から始めている。これはカッシーラーも言うように、カントの批判哲学の考え方と似ている[14]。カントにとって認識、倫理、芸術の領域が超越論的反省に先行する必然的な所与であったように、シェリングは神話をそういうものと考える。「自然の哲学」「芸術の哲学」「国家の哲学」

という表現は、自然、芸術、国家がたんなる主観の恣意を超えて必然的に実存することを予想している。「神話の哲学」というときも事情は同じである。「哲学の概念がこのように結びつくところのすべての対象に、われわれは真理性を前提しなくてはならない。これらの対象はたんに作り上げられたもの、主観的なものであってはならず、真に客観的なものでなければならない。例えば自然が一つの客観的なものであるように。それゆえわれわれが神話の哲学について語るときには、われわれは神話に対しても客観的真理を帰属せしめなければならない[15]」。神話の哲学は神話を真理と見ることから出発し、いかにして神話がそうであるかを明らかにせんとするのである。ところが、普通はシェリングの言うごとく、神話は真理とは正反対のもの、空想やおとぎ話の世界（Fabelwelt）と考えられている。実際、神話と真理くらい相反して見える事柄はないのである。しかし、このような対立関係はたんなる見せかけにすぎない、とシェリングは言う。真の哲学はこの見せかけの対立を克服せんとするのである。それはこの見せかけの非理性（Unvernunft）の中に理性を、この無意味に見える現象の中に意味を発見するという課題である。というのは、神話と真理とが反対に見えるのは、神話の現象の上に加えられた理論上の諸々の仮説の結果にすぎないからである。これらの不純な主観的変容を神話から排除して、神話における「純粋に事実的なもの[16]」（das rein Tatsächliche）に直面することが、神話の哲学の課題である。神話それ自身の真理は哲学によってのみ明るみにもたらされることができる。

ところで、このような研究にとっての基礎的な条件がある。神話の哲学のこの根本方法をシェリングはつぎのように説明している。いったい、すべての学的説明において第一に重要なことは、説明されるべき事柄を説明しやすいように変更しないことである。もしそのようなことをすれば、それは説明ではなくて訂正であり、結局は、説明されるべき事柄を片づけてしまうことである。神話という未踏の領域の説明にあたっては、とくにこのことが留意されなくてはならない。つまり神話の現象を前にしてわれわれがなすべきことは、神話をわれわれの既成の考え方に合わせることではなく、反対にこの現象にふさわしい視点までわれわれの考え方の方を拡大することである。「この現象とつり合いを保つためには、われわれの思想はどこへ向かって拡がらねばならないか」[17]。神話という現象は実に哲学的思惟のこれまでの地平の拡大を要求している、というのがシェリングの根本主張である。神話はこれまでの哲学が直接には決して接触しなかった新鮮な事実である。哲学そのもののこの永遠の母胎は、哲学の視野からすでに早い時期に見失われたからである。しかしこの古くして新しい現象に対面することによって、哲学そのものの内に新しい運動が生じることが期待できる。そのためには、神話を哲学の既成の地平に合わせるのでなく、神話のあるがままの経験に哲学の地平を合わせることが必要である。それは哲学を断念したり、一種の非哲学へ移行したりすることではなく、哲学的思惟の地平を生き生きと動的なものにすることである。

神話の哲学はそれゆえ、神話を神話それ自身の自己展開に従って追跡しようとする立場である。「対象に即してかつ対象とともに自らを展開する理論」[18]である。シェリングはこのような見地をつぎのように述べている。「われわれがそこから神話を捉えるであろうその立場へわれわれが神話を置いたのではなく、神話がわれわれを置いたのである。それゆえ今からはこの講義の内容は、われわれによって説明された神話ではなく、自己自身を説明するところの神話である」[19]。シェリングはこれまでのいろいろな神話理論を神話の主観的説明（subjektive Erklärung）と呼ぶ。それらは神話それ自身を真理とせずに、神話の中にある非神話的な真理を見出そうとする説明の仕方である。そういう説明にとっては、神話に対しては初めから真理は拒まれている。これに対してシェリングの立場は、神話の「客観的説明」[20]（objektive Erklärung）である。それはわれわれが神話を説明することでなく、神話をしてそれ自身を語らしめる理論、「神話の自己説明」[21]（Selbsterklärung der Mythologie）の立場なのである。

このような根本見地に立ってシェリングは神話をAllegorieと見る一切の理論を退ける。ヘルダーがその言語哲学で行なったように、シェリングの神話哲学も根本ではAllegorieの原理に対する挑戦である[22]。Allegorieとはあるものについてそれとは別なものをいうという意味である。神話を総じて別な何かに変更してしまうallegorischな立場に反対してシェリングはtautegorischな立場に立とうとする。それは神話の現象それ自身へ直行する立場である。そのことをシェリングはつぎのように説明している。「神話はallegorischではない。神話はtautegorischなのである。神々は彼らが現にあるがままの存在である。それらは彼らと別な何かで在るのでもなければ、別な何かを意味しているのでもない。神々はただ彼らがそれであるところのものを意味しているだけである[23]」。神話が暗示しているような真理はない。神話の背後などを探そうとしても無駄である。神話はすべてを露わにしている。神話の内部に何らかの真理がふくまれているというのは正しくない。神話自らがそれであるところの真理があるだけである。神話は直後に端的にそれ自身を表現している。神話は本質的にtautegorischなのである。つぎのシェリングのテーゼは以上述べられたすべてのことを集約している。「神話としての神話のうちに真理があるのである[24]」（Es ist Wahrheit in der Mythologie. *als solcher*）。

以上はシェリングの神話哲学の方法論である。それではシェリングは神話の発生する場所をどこに見出そうとするのか。いったい、神話の合理的説明は、神話の創作者として個人もしくは個人たち（社会）を前提するのであるが、シェリングはこの前提を退ける[25]。神話を創作しこれに人類の思想の中で公認をとりつける ようなことは個人や個人の合計の能力を超えた事柄である。それでは民族（Volk）が神話の作者なのだろうか。そうではない。なぜなら、民族の条件は意識の共同性であるが、この共同性の根拠は神話以外にはないからである。まず神話のない民族の状態があって、そこへ後から個人か集団かによって神話が附加されたというような発想は本末転倒である。神話なき民族というごときものは矛盾概念にすぎない。一つの民族は神話と同時にその民族になるのである。「民族の歴史によって民族に神話が発生したのではなく、反対に民族の歴史がその神話によって規定されたのである。あるいは、規定されるというよりもむしろ（あたかも一人の人間の性格が彼の運命であるように）神話はそれ自身民族の運命なのである。民族に初めから投げられた運（Loos）である[26]」。それゆえ、神話の発生する場所は、民族そのものの発生が、そこへつれ戻されるべき場所と同じである。「すべての民族の神話の起源は、創作（Erfindung）のためのいかなる時間もないような一つの領域へ帰ってゆく[27]」とシェリングは言う。それではその領域はどこか。それは人類の意識（Bewußtsein der Menschheit）という領域である。それはシェリング哲学が初期から経験的意識と区別して超越論的意識（transzendentales Bewußtsein）と呼んできた意識の領域と考えてよいであろう。そこが神話という出来事の「真の座[28]」（wahrer Sitz）である。

それではこのような人類の根源的意識の地平において神話はいかなる仕方で生起するのか。もしも神話をこのような人類意識の産物と考えるならば、それは依然として神話に対する誤解である。神話は経験的意識（個人もしくは集団）による創作でもなければ、超越論的意識による創作でもない。神話はいかなる種類の創作によっても生まれず、むしろ「あらゆる創作から独立したもの、あらゆる創作と反対のもの[29]」から生まれるのである。あらゆる創作と正反対なものをシェリングは自然哲学以来用いてきた勢位（Potenzen）もしくは力（Mächte）の概念で言いあらわしている。意識の内にあって意識に帰属しないリアルな力、現実的な何ものかがあるのであって、このような力によって、意識が捉えられるところに神話が発生するのである。人類の意識と神話の出来事とのこのような関係をシェリングはつぎのように説明する。「たしかに神話は意識の外にはいかなる実在性をも持たない。しかし神話はなるほど意識の諸規定に従って諸表象の内においてのみ経過するとしても、この経過、諸表象のこの継起それ自身は、ふたたびそういうものとしてたんに表象されることはできない。この継起は現実的に（*wirklich*）発生し、意識の中で現実的に生起したのでなければならない(30)」。

この説明から明らかなように、神話が人間的意識によって捉えられたのではなく、反対に人間的意識が神話によって捉えられたのである。神話はいかなる意味においても人間の作りものではなく、人間的意識の最深部において、人間を襲い、人間をその中へ引き入れたところの出来事なのである。それゆえ、神話は表象的意識の対象ではない。それは表象以前のところで、意識によって生きられているところのものである。「神々の歴史としての神話、したがって本来の神話は、生そのものの内でのみ生ずることができたのである。それは何か生きられたもの（*Erlebtes*）、経験されたもの（*Erfahrenes*）でなければならなかったのである(31)」。神話の本来的領土は生（**Leben**）である。それは意識自身の深みにあって、しかも意識でないような次元である。意識の内部構造としてそういう一種の深淵が開かれているといってよい。どこまでも意識の内でありながら、しかも意識の対象としては表象されえないところ、底無きところを意識は持っている。神話はわれわれの意識のそういう深淵的な場所に生起する事件なのである。それゆえ神話は決して過去ではない。それはわれわれの現存在の根柢に今も生きられている超時間的な事実である。

四

神話は神々の世界（Götterwelt）である。それは事物についての人間の根源的な経験ではあるが、人間や世界についての合理主義的な考え方に対しては超越的な次元に属している。そういう高次の秩序、独立した世界である。そこには多くの神々が登場する。それゆえ神話的世界の原理は多神論（Polytheismus）である。しかし、そういう多くの神々の相互関係の中でシェリングが注目するのは、一つの歴史的な関係である。それは例えばウラノス、クロノス、ゼウスの三つの最高神たちのあいだの権力闘争に示されているような関係である。神々がたんに共存するだけの自然的関係はシェリングによれば、多神論の核心ではない。神話は本質的に神々の歴史（Göttergeschichte）なのである。「神話の完全な概念はたんに神々の説（Götterlehre）ではなく、神々の歴史、あるいはギリシャ人たちがその自然的なものを強調して言っているように神統記（Theogonie）である(32)」。

それゆえ、神話としての多神論に二種のものが区別されるべきである。一つはアテネ、アルテミス、アポロの神々がゼウスの支配下に共存している場合であって、これは同時的多神論（simultaner Polytheismus）と呼ばれる。この場合はしかし神話にとって重要な多の原理は充分あらわれていない。神々の多くは結局はゼウス神の最高統一の中へ解消してゆく。だからここにはたんに神々の多様性（Göttervielheit）があるだけで、多神（Vielgötterlei）は成立しない。これに対してウラノス、クロノス、ゼウスの間に見られる関係は、多くの最高神が順次に出現して、どの神も自己以上の高い神の統一に属さないような関係である。シェリングはこれを継起的多神論（sukzessiver Polytheismus）と呼ぶ。これが本来的な多神論であって、神話の本質に迫る鍵は、この継起的多神論の謎を明らかにするところにある。いったい、神々の最高統一がつぎつぎに継起的に成立するということはいかにして可能であろうか。統一のたんに無時間的な現在ではなく、時間（継起）の相における統一の展開が神話的意識の核心である。しかしそれはいかにして可能か。

これについてシェリングはさしあたりつぎのように言っている。「およそ過去のものには成る（*werden*）という仕方だけが可能である。それゆえそれはまず現在的であったのでなければならない。私が過去のものとして知るところのものを、私はまず現在のものとして知ったのでなければならない。われわれに対して実在性を持たなかったものは、われわれに対して段階（*Stufe*）、モメントとなることは不可能である。いったい、先行した神が現実に段階として、モメントとして確保されねばならない。さもないと継起的多神論は成り立たなくなる。先行した神は一度は意識を支配し、占領したのでなければならない。そしてその神が消えゆくとき、神は抵抗と戦いなくして消えゆくことはできない。なぜなら、そうでないとその神が留め置かれることは起こらないだろうからである(33)」。

シェリングがここで問題にしているのは、過去と成るということ、継起の原理である。われわれはしばしば、思想や人間について、それはもう過去のものだ、と言ったりする。過去的ということはそれだけで何か価値の低いもののように考えられている。しかし、何かが定立されるとき、同時に過去的なものとして定立されるということは背理である。すべては過去に成るのであって、初めから過去であるのではない。しかるに過去に成ることのできるのは、現在したところのものだけである。現在しなかったもの、実在性をもたなかったところのものは、過去と成ることはできない。そうするならば、過去と成るということこそ、そのものが現在的であったことの証しであると言ってよい。神々はたんに無の中へ去るのではない。神々は還って来ないのである。そして還って来ないということは、神々がかつて有した現在性（実在性）を、モメントとして現在の意識そのものの内に刻印しているということである。継起におけるモメントは神々の現在性に他ならない。それゆえ、継起という出来事を可能にするものは、現在という地平なのである。

継起的多神論としての神話を成立せしめるこの現在的なものをシェリングは「根源的意識の一神論」(Monotheismus des Urbewußtseins) と呼んでいる。神話の最終的な根源は、人間的意識の超歴史的な始めにある一つの神関係に求められるのである。シェリングは言っている。「神話は人類の内奥が最初の現実的意識とともにその中へと置かれたところの神生論的プロセス（theogonischer Prozess）の出来事として、われわれに知られている[34]」。「神話は（意識との関係からいうと）一つの必然的なプロセス（*notwendiger Prozess*）によって成立する。このプロセスの根源は超歴史的なものの中へ消え、超歴史的なもの自身の中に隠れている[35]」。

神話について人間的思惟が附加したすべての主観的なものを排除して、それ自体として見るならば、神話は一つの神生論的プロセスとしてあらわれる。シェリングによればこれが神話のあるがままの姿である。神生論的プロセスは人間の主観的意識から独立した客観的な出来事である。シェリングは言う。「神生論的プロセスはそれ自身一つの普遍的な概念である。すなわち、人間的意識から独立して、このものの外にあるところの意味に帰属する[36]」。神話は絶対者そのものの次元に生ずる客観的な出来事、絶対者自身の必然的な発展に他ならない。ここにシェリングの神話理論における目的論的視圏がはっきりとあらわれている。神生論的プロセスというのは、そこにおいて神自らが生成するプロセス、神が神自身を自覚するために必然的に通過しなければならないプロセスである。しかるに、この神生論的プロセスの始めにあるところのものは、可能性において多様の原理をふくみ、多様の原理と相対する一神論、すなわち相対的一神論（*relativer* Monotheismus）である。人間の根源的状態としてのこの神意識においては、神はたんに存在するだけの real な神、自覚せざる神である。そういう神が、存在すると同時に自覚する神、real と同時に ideal な神にまで発展した立場が絶対的一神論（*absoluter* Monotheismes）である。ここでは多の原理はすでに克服されている。そしてシェリングは継起的多神論の立場としての神話をこの二つの一神論の中間に見出すのである。

　ところで、このような神話の意味を明らかにするためには、神話の根源にある「相対的一神論」なるものの構造をもっと精しく知る必要がある。シェリングはこの相対的一神論の概念からのみ、神話という現象の必然性が説明できると考える。もし神話に先行する立場を絶対的一神論としたらどうなるだろうか。その場合には、神話は根源にあった明瞭な神観念が褪色し衰弱した立場だということになる。しかしこのような消極的な見方では、神話が人間的意識を積極的に捉えた圧倒的な力、高度文明を登場せしめた神話の強大なエネルギーを説明することはできない。それゆえ、神話に先行した一神論は、多くの神々の可能性を許さない絶対的一神論ではなく、多神の可能性をふくむ相対的一神論でなくてはならない。それだけではない。この相対的一神論にキリスト教的な啓示（Offenbarung）の概念を適用することに、シェリングは反対するのである。いったいシェリングによれば、啓示とは何らかの抵抗を克服する一つの Actus に基づく関係である。もし最初の人間がそういう啓示の Actus を介して彼の神意識というものに至ったとするならば、人間的意識の原初には一つの無神論的構造があったことを承認せざるをえなくなる。つまり原初にあった無神論的意識の抵抗が啓示の Actus によって破られるという仕方で、人類の最初の神意識が発生したと考えなくてはならない。人間存在はもともとは神関係なき意識であったという想定、「人間的意識の根源的無神論」の主張は、神話の現象の必然性を説明できないのである。それでは相対的一神論とは何を言うのであろうか。

シェリングはつぎのように述べている。「意識が一般に神との関係の内にあるということ、このことの根拠はもはや、第一の現実的意識の内にあることはできない。それは第一の現実的意識の彼方（jenseits）にのみありうる。しかるに、第一の現実的意識の彼方には、あらゆる現実的意識に先行する純粋な実体における人間もしくは意識以外の何ものも考えられない。そこでは人間は自己についての意識（Bewußtsein von *sich*）ではない（なぜなら自己についての意識は一つの意識化 Bewußt *werden* すなわち一つの作用 Actus なしには考えられないだろうからである）。しかもやはり人間は何ものかについての意識でなくてはならないから、ただ、神についての意識でのみありうる。しかも作用すなわち知や意志と結びついていない意識、純粋に実体的な意識である。根源的人間は行為ではなくて、その本性の上から（natura sua）神を定立する者なのである。そして根源的意識にとっては、神をその真理と絶対的統一において定立する者であるということ以外には何も存しないのである(37)」。

シェリングのこの言葉は、神話の意識の根源が一つの超歴史的な（übergeschichtlich）意識にあることを述べている。いったい、神話は歴史的時間の中での始めを持たないから歴史以前的（vorgeschichtlich）である。神話の起源を求めて歴史的時間の中をさかのぼろうとする限り、われわれはいつでも神話がすでにあることを発見するのである。それが神話の歴史以前的性格である。しかるに神話の意識のこのような性格を可能にしているところのものは、人間的意識の超歴史的な本質にふくまれている神の意識である。人間存在の根源的意識は自己意識ではなく、神についての意識であることをシェリングは主張する。しかしそのような神意識は、自己意識の立場から成立するすべての意識（対象的意識）のように作用（Akt）ではなく、むしろ実体としての意識である。だから、そこでの人間は神を知っているといっても、知や意志でもって知っているのではなくて、彼の存在もしくは本性において知っているのである。それは人間の悟性の一神論ではなく、人間の本性（*Natur*）の一神論である。人間が自己意識なしに神の意識の中に没頭し、自己自身を神の内に忘却しているあり方が、根源的人間のあり方である。神話の最終的な根源がここにある。

いったい、神話の研究だけでなく宗教や人類史の研究においてもつねに出される一つの問いがある。それは、いかにして人間存在は神の観念や意識に至ったかという問いである。人間存在の根源的意識としての神の意識というシェリングの思想は、この問いが問いとして誤りであることを言うのである。例えばシェリングは述べている。「ひとは問うた。いかにして意識は神へ来るのか、と。しかし意識が神へ来るというようなことはないのである。意識の最初の運動はすでに見たように、真の神から離れることである。第一の現実的意識において神はたんに一つのモメントなのであって、もはや神そのものではないのである。意識はそれが運動して、その原始状態から外へ歩み出すや否や神から立ち去るのであるから、神は根源的には意識を奪っていたということの他は残らない。あるいは意識は神を自体的に（*an sich*）持つと言ってもよい。……人間（いうまでもなく根源的で本質的な人間）は、自体的にかついわば自己自身以前に（*vor sich*）すなわち彼が自己自身を持つ以前、したがって彼が別な何かに成る以前に——なぜなら人間は自己自身に還って、自己自身に対して客観となるとき、人間はすでに別なものになっているから——人間は彼がまさしく在る（*Ist*）だけであって、まだ何ものにも成っていない限り、神意識（*Bewußtsein Gottes*）なのである。彼はこの意識を持つ（*haben*）のではない。彼はこの意識なのである（*ist*）」[38]。シェリングはここに、人間存在における神意識の必然性のことを語っている。根源的人間は神の意識を持っていたのではない。神の意識そのものだったのである。神はそこでは意識の対象ではなく、意識の構造そのものである。意識作用によって生まれたもの、意識にとって偶有的なものではなく、意識の実体なのである。意識があることが同時に神を意識していることであるような意識が、あらゆる意識（神話的ならびに歴史的意識）の永遠の根柢である。神意識の発生というようなことは存在しない。神意識からの離脱があるだけだ、ということがシェリングの根本思想である。

さて、神と人間とのこのような根源的関係はいつまでも保持されることはできない。ここでは人間は real な神との関係にあるだけである。この現実的で real な神の内には本来的な真なる神は存在（ist）しているけれども、神として知られてはいない。根源的人間はいわば自らも知らない神に祈ったのである。真の神、神そのものは、知という ideal な関係においてのみある。そのためには、人間が自己自身の外にあって、神の内に自己を忘れているこの状態から出て、神についての知（*Wissen* von Gott）という自由な関係に転じなくてはならない。たんに存在する統一（相対的一神論）が、知られた統一（絶対的一神論）に転回することは、神々の諸段階（継起的多神論）を通過することによって遂行される。シェリングによれば神生論的プロセスとしての全神話の本来的意味、すなわち神話の真理はここに存するのである。神話は神が神自身に還るために通るべき必然的なモメントである。つぎのシェリングの言葉はシェリングのこの神話観をもっとも鋭く言いあらわした箇所の一つである。「継起的多神論とは真の統一をふたたび生み出すための道程にすぎない。多数の神々（Vielgötterei）はそれ自身としてはたんに偶有的なものであって、それらは全体の中ではふたたび止揚されるのである。多数の神々がこのプロセスの目的なのではない(39)」。

ところで、シェリングのこのテーゼは、シェリングの出発点にあった意図を裏切る危険をふくまないであろうか。神話の真理を神話の背後にではなく、あくまでも神話それ自身の内につきとめることが、シェリングの神話哲学の課題であった。しかし、神話のプロセスを絶対者が自己自身の真の統一に復帰するための道程として捉えるという考え方は、神話の意味をふたたび神話の背後に見出していることにならないか。「神々は彼らがそれであるところのものを意味するだけである[40]」といわれたような神話のtautegorischな本質は、それによってふたたび蔽いかくされるように思われる。神話の現象を救出するためにシェリングが導入した絶対者の自己展開という原理は、同時に神話の現象の特殊性を吸収する無差別的な普遍者の原理でもある。たとえばつぎのテーゼにはその傾向が示されている。「神話の中でたんに特殊な仕方で反復されるところのプロセスは普遍的で絶対的なプロセスなのである[41]」。シェリングが語っているものは絶対者（das Absolute）という概念の真理であって、神話がそれであるところの真理、神話以外の何ものにも依存しない真理ではないように思われる。

　シェリングの神話の哲学のこのような制限は要するに、神話を理性（ロゴス）との関係においてのみ捉える理論の制限である。その限りこれはひとりシェリングだけでなく、ヨーロッパの伝統的な形而上学の持つ共通の限界と言うべきであろう[42]。この制限をまぬがれるためには、神話を言葉との関係で捉える視圏が必要だと思われる。シェリングは神話を真の事（Tatsache）と見る立場を貫いたが、神話は同時に真の言（Wort）でもある。事柄と言葉とが一つであるところに神話の本来の姿があるならば、神話を言葉として捉える地平が開かれなくてはならない。シェリングの雄大な思弁は神話の謎を追って、われわれの意識の根源へと突っ込んでいる。しかし神話の現象はさらに、言葉の根源についての基礎的な問いを要求しているのである。それはロゴスからミュートスを問うだけでなく、ロゴス自身への問いを一緒に出すような視座のことである。

註

シェリングからの引用のページ付はつぎの文献による。Friedlich Wilhelm von *Schellings Sämthihe Werke,* Hrsg. von K. F. A. Schelling, Stuttgart 1856–1861, veranstalten Ausgabe, 1856.（SWと略記）

（1）SW XIV, 19.

（2）SW XII, 140.

（3）W.F.Otto, *Mythos und Welt*, Stuttgart 1962, S. 285.

（4）a. a. O., S. 284.

（5）fr. 94, Diels.

（6）*Phaidon*, 114 D.

（7）E. Cassirer, *Philosophie der symbolischen Formen*, zweiter Teil, Darmstadt 1977, S. 4.
なお本居宣長も『古事記』の冒頭の「天地初発之時」を解釈して「ただ初（波自来）の意なり」と言っている（『古事記伝』神代一三巻）。

（8）F. Gogarten, *Verhängnis und Hoffnung der Neuzeit*, 1953.

（9）A. Gehlen, *Urmensch und Spätkultur*, 1964, S. 98.

（10）たとえばシェリング、A・ゲーレン、カール・レーヴィト、H・G・ガダマーなどをあげることができる。

（11）H. G. Gadamer, *Kleine Schriften* IV, Tübingen 1977, S. 52.

（12）E・カッシーラーは一九二四年に批判主義的哲学の範囲内で科学とは別な形の種々の真理への道を探るために神話を問題にしたが、彼はそのときの事情をつぎのように述べている。「『象徴的形式の哲学』のこの第二巻で遂行されようとする意味での「神話的意識の批判」は、批判的で科学的な哲学の今日の状態に照らしてみるとき、一つの冒険どころか一つのパラドックスに見えるはずである」(*Philosophie der symbolischen Formen*, zwiter Teil, Vorwort)。

（13）W. F. Otto, *THEOPHANIA Der Geist der altgriechischen Religion*, 1975, S. 7.

（14）E. Cassirer, *Philosophie der symbolischen Formen*, zweiter Teil, S. 6.

（15）SW XII, 3.

（16）SW XII, 4.

（17）SW XII, 137.

（18）SW XII, 138.
（19）SW XII, 139.
（20）SW XI, 207.
（21）SW XII, 139.
（22）ヘルダーは『言語の起源』（*Abhandlungen über den Ursprung der Sprache*, 1770）の中で、すべての語や言葉のもつ神話的性格を強調している。例えばつぎのようにヘルダーは言う。「全自然は鳴り響いている。だから一人の感性人にとっては、自然が生き、話し、行為しているということくらい自然なことはないのである。すべての原始人は堂々たる梢をもった大木を見て驚嘆した。梢がざわめいている。あれは動く神々だ！　原始人は大地にひれ伏して祈る。感性人の歴史はここに、verbis から nomina が生まれてくる暗いつながりを見る。抽象へのもっともかすかな一歩を見るのである。北アメリカの原住民にとっては今も万象は生きている。すべてのものは精霊と精神をもっている。同じことがギリシャ人や東洋人にも見られたということは、彼らの最古の辞書や文法が証明している。一切はパンテオンであり、生きてはたらく存在者たちの王国である。……怒り狂う嵐、甘い南西風、澄明な泉、力強い大洋……これらの神話全体がそっくり古代語の宝庫、言葉と名との中に横たわっている。かくして最古の辞書は、一つの鳴り響くパンテオンなのである」（Werke〈suphan〉V, 53 f.）。ドイツ・ロマン主義はヘルダーのこの言語直観を受け継いだ。シェリングも言葉は「色褪せた神話」だと言っている（XI, 52）。もっともこの見地はシェリングの神話哲学の中ではそれ以上展開されていない。
（23）XI, 195.
（24）XI, 214.
（25）神話を学的でない Kosmogonie と見る学者たちは神話の作者を想定した。例えば C. G. Heyne（1729–1812）, G. Hermann（1772–1843）など。
（26）（27）XI, 65.
（28）XI, 199.
（29）XI, 193.
（30）XI, 124.
（31）XI, 125.
（32）XI, 7.

(33) XI, 124.
(34) XII, 7.
(35) XI, 193.
(36) XII, 4.
(37) XI, 185.
(38) XI, 186.
(39) XI, 210.
(40) XI, 195.
(41) XI, 217.
(42) シェリングの神話哲学の全体が存在の本質をアレテイアと見るプラトン以来の西欧形而上学のロゴスの視圏によって指導されているという意見は、つぎの書に精しい。K. H. Volkmann-Schluck, *Mythos und Logos*, Berlin 1969.

Ⅱ　絶対者と聖なるもの

絶対者の探究

一　絶対者への問い

　ドイツ観念論は歴史的に見ても事柄それ自身の上から見ても、一つのまとまりを持った全体としての哲学思想の運動である。約半世紀にわたって、近代哲学史の上を流れたこの巨大な哲学的思弁の海流は、今日でもくっきりとした強い色調を保っている。フィヒテ、ヘーゲル、シェリングの三人がこの哲学的宇宙の形成に参加したひとびとを代表している。しかしそれは、この三人の哲学者がたまたま時代や活動圏を共有していたというような外的な理由によるものではない。そうかといって、ヘーゲルが言う世界精神の摂理とか理性の狡智とかいうものに帰せしめることもできない事件である。彼ら相互のあいだに交わされた哲学上の論争の中には、たんに真理のための公正や熱情だけでなく、さまざまな人間的な欠点、ときには悪徳に属する要素さえふくまれているように思われるからである。さまざまな偶然の出来事が、この哲学的思弁の運動のヴェクトルを限定しているのである。

それにもかかわらず、ドイツ観念論を同一の哲学的宇宙の事件たらしめているゆえんのものがある。それは、フィヒテ、シェリング、ヘーゲルの三人が共有していた絶対的な確信である。哲学の名に値する哲学は、諸科学と違ってただ「絶対者」(das Absolute)への問いとしてのみ可能である、という見解を彼らはその思想発展のすべての時期にわたって一度も変更していない。絶対者の認識あるいは絶対的認識(絶対知)は、観念論としての哲学の本質そのものに属する。このような哲学の本質を承認することにおいて、三人の哲学者は彼らの偶然的な個性の差異を忘却しているのである。しかるに、彼らを固い盟友の意識に結びつけたこの同じ確信こそ、同時にまた、彼らを激しい論戦と最終的な訣別へ至らしめたところのものでもある。一八〇一年頃からのフィヒテとシェリングとの対決も、『精神現象学』の序文におけるヘーゲルの有名なシェリング批判も、さらに「積極哲学」の立場から後期のシェリングがヘーゲルの理性哲学に向けた論難もすべて、絶対者の認識としての哲学の可能性をめぐる戦いに他ならない。

絶対者あるいは真理は、哲学知という次元に対して自己を開き、哲学の知は真理への転向としてのみその立場を獲得する。絶対者は果たして知に現われるか、という懐疑主義の影は、ドイツ観念論の圏域にはついに射すことはないのである。例えばヘーゲルは『フィヒテとシェリングとの哲学体系の差異』(一八〇一年)の中に記している。「絶対者は意識に対して構成されるべきである。これが哲学の課題である(1)」。『哲学史講義』の序論の中ではつぎのように言う。「哲学は不滅で、永遠で、即かつ対自的なものを認識することを目ざすのである。哲学の目標は真理である(2)」。フィヒテは一八〇一年の『知識学の叙述』の中に述べている。「ひとは知の他にもしくは知なしに真理を捉えておいて、それから自分の知をそれにあてがうというようなことはできない。ひとは真理をまさにただ……知らねばならないし、また知ることができるのである。逆に、ひとは何ものかを知ることなしには……そしてそれがまさしく知であり、自らを知として内的に把捉するならば……真理を知ることなしには、知るということ自体ができない[3]」。一八〇四年の『知識学の叙述』の冒頭にはつぎのようなことが言われている。哲学とは「真理を叙述すること」である。しかるに、真理とは「洞見（Ansicht）の絶対的統一と不変易性」である。それゆえ「哲学の本質は、あらゆる多様性を絶対的統一へつれもどすという点にある」。「絶対的統一」はまた、「一者」「自己自身に完結した自体」「絶対者」などとも言われている。このようにしてフィヒテは言う。「哲学の課題は絶対者の叙述というふうに言いあらわされてよいだろう[4]」。最後に、シェリングの『超越論的観念論の体系』（一八〇〇年）はつぎのような文章で始まっている。「一切の知は、客観的なものと主観的なものとの一致に基づいている。……なぜなら、ひとはただ真なるものだけを知るのだからである。しかるに真理は一般に、表象と対象との一致のうちに定立されるのである[5]」。

ところで、ドイツ観念論の哲学者たちは、このような絶対者の知に至る通路のとり方においてもやはり共通の確認事項を持っている。それは、「我思う」の「自我」（主体性）が、絶対者の認識に行く通路とならねばならないということである。観念論に共通のこの通路の発見者は、言うまでもなくイェーナ期のフィヒテである。一七九四年の『全知識学の基礎』によって初めて、一切の真理を根拠づける基礎的地平が「自我＝自我」（Ich＝Ich）という根本命題の形で捉えられた。『知識学』が提出した自我性（Ichheit）とは、自己の存在そのものを定立する純粋なはたらきのことである。「自我は、はたらくものであると同時にはたらきの産物である。活動的なものであると同時に活動によって生み出されたものである。はたらきとその結果とは同じ一つのことである[6]」。すべての意識の相対関係に先行する主観と客観との統一という次元がここに出現している。それゆえフィヒテは、『全知識学の基礎』のC版(一八〇二年)にはつぎのような脚注をつけ加えている。「自我は必然的に主観と客観との同一、主観・客観(Subjekt-Objekt)である[7]」。自我性の本質は主観と客観との同一である、というフィヒテのこの発見は、フィヒテだけでなく、シェリング、ヘーゲルにとっても重要な事柄になってくる。それゆえ三人の哲学者の論戦は、この「主観・客観」という共通語で言いあらわされた一つの根本原理の解釈をめぐって行なわれているのである。ドイツ観念論のこの共有財産を『超越論的観念論の体系』の中のシェリングの言葉で言いあらわすならば、つぎのようになる。「いかにして表象と対象とが一致することができるかということは、そこにおいて両者が根源的に一(Eins)であるような点、……あるいは、そこにおいて存在と表象とのもっとも完全な同一が存在するような、そういう点が知それ自身のうちにないならば、絶対に説明されえないのである[8]」。

絶対者の哲学的認識に至るための唯一の通路としての「主観と客観との同一」という原理が提出されると同時に、この根本原理の正しい解釈をめぐる三人の哲学者の対決が始まる。ドイツ観念論の思惟の変遷の歴史とは、根本的なところから見れば要するに、「主観・客観」という原理の本質に向かって突っ込んでゆくフィヒテ、シェリング、ヘーゲルの思惟の運動の跡に他ならない。

この思惟の運動は三つの局面を持っている。第一は、初期フィヒテから初期および中期(同一哲学)のシェリングを経て、ヘーゲルに至って完成すると考えられる三段階の歩みである。ヘーゲルの論文『フィヒテとシェリングの哲学体系の差異』の影響の下に生まれたこの図式は、フィヒテの立場に主観的な主観・客観(主観的観念論)というアクセントを与え、シェリング哲学の意義をこのようなフィヒテの立場に反対する客観的な主観・客観(客観的観念論)の開拓の中に見出し、ヘーゲル哲学を両者の統一としての絶対的な主観・客観（絶対的観念論）の立場に位置づけている。近世哲学史の論議を長いあいだ指導してきたこの見方は、ドイツ観念論の発展の第一の局面を正しく捉えたものとして今でも有効である。

ドイツ観念論の発展の第二の局面は、フィヒテの知識学の前期から後期への歩みである。ヘーゲルはシェリングとの対決に入る以前にヘルダーリンの影響で、すでにその哲学的思惟の第一歩においてカントやフィヒテの考え方から解放されていた。しかし、このように早い時期にヘーゲルの関心の外に去ったフィヒテの『知識学』は、シェリングとの対決を通して、その超越論的思惟の道を後期まで一貫してたどっているのである。それは、ヘーゲルによって最終的な仕方で完成された「主観・客観」を超越して、しかもその根柢となるところの絶対者を問うような思惟の道である。後期フィヒテの言う絶対者は、主観と客観との無差別的同一（シェリング）でも、主観と客観との弁証法的同一（ヘーゲル）でもない。それは、自己自身を啓示するとか客観化するとかいうことがなく、あくまでもそれ自身の内部へと向かうような絶対者である。哲学的反省は、知的直観という仕方においても、概念の弁証法的媒介という仕方においても、この徹底的に内向する単純なる絶対者を捉えることはできない。絶対者のこの自己内閉合的な単純態は生（Leben）と呼ばれる。絶対者とはわれわれがそれを生きる外ない次元だからである。このような絶対者に至るフィヒテ哲学の道は、超越論的反省の貫徹（Durchdringen）による反省の自己否定である。この意味で後期知識学は、一種の神秘主義の圏域に接触しているように思われる。

発展の第三の局面は、哲学史的には「後期観念論」（Spätidealismus）という名で位置づけられた後期シェリングの「積極哲学」である。ミュンヘンとベルリンにおける講義からなるこの思想は、シェリングの遺稿として出版された。それはシェリングの生存中にはヘーゲル主義の圧倒的な前進の蔭にかくれて、何の反響も呼ばなかったが、ここ数十年前から、シェリングの再評価とドイツ観念論研究の中心点にもたらされるようになった。すべての有力な思想家の場合のように、シェリングの後期哲学においても、さまざまな問題群が一つの統一的根拠からの解決を求めて一緒に動いている。自由の本質、神の自由と創造と啓示についての正しい概念、自然や歴史の中の偶然性や悪の事実、神話的諸宗教の起源、第一哲学の始源等々の問題である。シェリングの積極哲学は理性主義から非合理主義への転向としてドイツ観念論の破産を意味するのか、それとも観念論の最終的な完成を意味するのか、という点についての論議の結着はまだついていない。それにしても、哲学的理性は概念に先行する不可前想的存在（unvordenkliches Sein）を発見して自己を否定する一つの脱自（Ekstase）を遂行せざるをえない、というシェリングの思想は注目に値する。これは、「主観・客観」の原理が、そこで哲学的思惟が終了する地点ではなくて、出発点へもどる転回を合図する地点であるということである。要するに、後期フィヒテと後期シェリングの著作は、それぞれの仕方で、理性の自己制限と自己否定が理性そのものの可能性にふくまれていることを明らかにしているのである。

二　初期フィヒテからヘーゲルまで

絶対者の哲学的認識の可能性をめぐる論争の第一のスタジアムは、初期フィヒテの『知識学』のいわゆる主観的観念論の見地がシェリング、ヘーゲルのいわゆる絶対的観念論の立場へ越えられてゆく方向に現われる。それは、例えばハイデッガーがつぎのように集約している局面である。「体系としての観念論は、フィヒテの『知識学』によって基礎を置かれ、シェリングの自然哲学によって本質的に補完され、彼の超越論的観念論の体系によって高次の段階に上げられ、彼の同一体系によって完成され、ヘーゲルの『精神現象学』によって一つの完結した歩みの中でもっぱら根拠づけられた」[9]。結論を先取して言えば、この方向への思惟の歩みは、「主観・客観」の根本形式を絶対者へ向かって拡大してゆくような方向である。この根本形式の可能性そのものが何らかの仕方で問題化するということはそこでは起こっていない。ヘーゲルの『論理学』において、「主観・客観」の形式は、その中で絶対者が自己自身を全面的に啓示する神的な形式として完成されたのである。「主観・客観」のこのような透明化に至るまでの道程の大筋をたどることにする。

フィヒテの『全知識学の基礎』は、すべての知の無制約的根拠として「絶対的自我」（absolutes Ich）を提出した。ところで、この絶対的自我という概念はある二義性をふくんでいる。それは、すべての存在者がそこにおいてわれわれに与えられる哲学の基礎地平の名であると同時に、他方では、理性存在としての人間の世界経験がとるべき最終的な在り方をも意味している。『知識学への第二序論』（一七九七年）の中でフィヒテは、前者を「知的直観としての自我」、後者を「理念としての自我」というふうに区別している[10]。知的直観としての自我は、われわれがつねにそこを離れることのない現在、根源的な自己そのものである。これに対して理念としての自我は、自我の実践的努力が無限に接近すべき目標である。しかし、この理念は自我の存在そのものを支えているのであるから、これは思惟によってはとどかない自我そのものの根源である。要するに初期のフィヒテは、根源的な自己と自己そのものの根源との両方を等しく「絶対的自我」という概念で言いあらわしたのである。しかるに一八〇〇年頃からのフィヒテは、この概念の内で一つに融合していた事態を分節して、これを「絶対知」と「絶対者」とのあいだの弁証法的関係として対象化することになる。それと同時に、絶対者の認識が『知識学』の根本主題の位置にもたらされたのである。

フィヒテの思惟をこのような新たな局面に導いたもっとも大きな動機は、言うまでもなくシェリングとの交流、とりわけ一八〇〇年の終わり頃から一八〇二年のはじめまで、両者のあいだに交わされた往復書簡である。言うまでもなくシェリングは、『知識学』の体系の革新的な意義を発見した最初の人である。しかしそれとともに、フィヒテのこの盟友の本来的な関心は、あくまでもカントの超越論的反省の次元を掘り下げんとしたフィヒテとは異なって、最初から絶対者を知ることにあった。一七九五年のシェリングはヘーゲルへの手紙の中で、自分はスピノザ主義者になった、と書いている。両哲学者のあいだにあったこの基本的な違いは、シェリングが『超越論的観念論の体系』において超越論的哲学に自然哲学を対立させたことによってにわかに表面化することになる。

シェリングのこの著作によれば、表象と対象、主観と客観との一致としての知を説明する哲学の道は二つの相反する方向をとる。一つは、客観あるいは自然から出発して、いかにしてこのものから知性あるいは自我が生じるかを明らかにする道であり、これが自然哲学（Natur-Philosophie）である。もう一つは、主観から出発して、いかにしてこれと一致する客観が生ずるかを明らかにする道であり、これが超越論的哲学（Transzendental-Philosophie）である。シェリングはこの二つの学問は相互に補い合う二つの根本学であるとも言うが、同時にまた前者が後者の前提（基礎）であり、優先権を持っているとも主張する。というのは、自我から自然を超越論的に演繹するためには、まず自我が自然から高まってくる道程が演繹されていなくてはならないからである。超越論的観念論がたどる自我の歴史に対して、いわば自我の前史とも言うべき自然史が先行しなくてはならない。これは明らかに、フィヒテの知識学の円をその接線の方向へ離脱してゆく考え方である。

フィヒテはこの考え方に反対して、シェリングの言う二つの学問の対立は、『知識学』の根本原理としての自我性に備わった観念的活動（求心的活動）と実在的活動（遠心的活動）との対立のことであって、それは観念的と同時に実在的である自我性の内部におさまる、と手紙で言っている。これに対してシェリングは、一八〇〇年十一月十九日付の返事でこう答えている。「私がこの対立を言う理由は、観念的活動性と実在的活動性との区別にあるのではなく、もっと高次のところにあるのです。……観念的・実在的なものとして、たんに客観的な、それゆえ同時にまた生産的な、まさしくこの自我が、その生産活動そのものにおいては自然に他ならず、知的直観の自我あるいは自己意識の自我は、この自然のより高次のポテンツにすぎないということ、理由はここにあるのです[11]」。すなわちシェリングの自然哲学は、自我に対立する自然の把捉ではなく、自我そのものをフィヒテよりも一層根源的な次元へさかのぼって捉えることを企図しているのである。しかるに自我そのものを一層根源的に見るためには、フィヒテが言う自己意識もしくは知的直観の内なる主観的なものが抽象されなくてはならない。『自然哲学の真の概念について』（一八〇一年）の中でシェリングは言う。「観念論を把握したひとびとが自然哲学を理解しない理由は、彼らが知的直観における主観的なものから自分たちを解放できないところにある。知識学においてそうであったように、私も自然哲学のために知的直観を要求する。しかし私はその上にさらに、この直観の内なる直観するもの（das Anschauende）の抽象を要求するのである。この抽象がわれわれにこの直観作用における純粋に客観的なものを残存させる。そしてこのものは、それ自身としてはたんに主観・客観であるが自我ではないのである[12]」。つまり、『知識学』が出発点とした「主観・客観」とは「純粋な主観・客観」ではなく、主観・客観がすでに主観的に捉えられた「意識の主観・客観」だ、とシェリングは言うのである。シェリングによれば、このような二次的な原理から出発する『知識学』は、哲学についての哲学であって、哲学そのものではない。つまり形式的な哲学であり、内容を持たない。しかるに、哲学が真に哲学そのものになるためには、哲学の対象が、意識の中へ入ってくる瞬間において目撃されるのではなく、意識なきところにおける最初の出現の瞬間、その根源的な生起において目撃されるのでなくてはならない。それゆえ、シェリングにとって自然哲学とは、自然という特殊な領域についての任意な論究のことではなく、哲学に要求される超越論的導来の根源性が保証されるような始源そのものの再把握だったのである。

『わが哲学体系の叙述』(*Darstellung meines Systems der Philosophie*, 1801) においてシェリングは、超越論的観念論と自然哲学との二つの部門を一層高次の根拠から統一するような見地を、ふたたび観念論の名の下に提出する。しかしこれは、もはやフィヒテの意味での観念論の拡大ではなく、むしろ観念論の定義そのものの変更をふくんでいる。観念論の地平そのもののこの重大な転回をシェリングは、フィヒテにおいて「自我が一切である」(Ich ist Alles) のに対して、自分の立場では逆に「一切が自我である」(Alles ist Ich) という有名な言葉で言いあらわしている。転回された観念論のこのような新しい見地は、シェリング自身の呼び方では「絶対的同一性の体系」(das absolute Identitätssystem) である。かくしてシェリングの哲学は、フィヒテの超越論的観念論の地平を超えて、思弁の本来の対象であるところの絶対者に直行するのである。

シェリングはさきの著作の第一節をつぎのテーゼから始めている。「私が理性と呼ぶのは絶対的理性である。あるいは、主観的なものと客観的なものとの全き無差別として考えられた限りでの理性である」[13]。主観と客観、精神と自然、観念的なものと実在的なものとの同一性が、シェリングの最初からの立場であったが、今やこの同一性それ自身が、その関係項(周辺)からではなく同一性そのもの(中心)から目撃されるのである。そうすると、同一性はたんに対立するものの同一性ではなく、むしろ同一性の同一性あるいは絶対的同一性として現われる。このような絶対的な形をとった同一性が、無差別（Indifferenz）と呼ばれるのである。それは主観的なものと客観的なものとを合一するというよりも、むしろ両者の中間にあってどちらにも無関係（無関心）なものである。一切の対立を絶した絶対理性、すなわち絶対者の単純性に肉薄し、このものの内へ入ってこれを目撃することこそ、真の観念論の立場の思惟の根本条件である。しかし、そのためには何が起こらねばならないか。

絶対者が思惟の対象になるためには、思惟において思惟する者（der Denkende）が抽象されなくてはならない、とシェリングは言う。思惟するわれわれが思惟になりきって、思惟からその自己意識が忘却されたとき初めて絶対者の思惟は成り立つことができる。そのとき絶対者は、思惟する者の内部の思想というたんなる主観的なものであることをやめると同時に、思惟する者の外に立つ対象としての客観的なものであることをもやめる。すなわち、両者の中間に立って両者に無関心な自体（An-sich）として思惟に現われる。哲学的思惟とは、存在する一切をそれ自体として（あるがままに）捉えることであるが、それは存在するものの一切を絶対的理性の内に存在するものとして捉えることに他ならない。

しかるにこのことは同時に、思惟する立場そのものが、絶対者の外ではなくて、絶対者の内にあることを意味する。「絶対者の立場に立つ以外に哲学というものはないのである」(14)。絶対者の哲学的認識とは、シェリングにとっては、自己意識としてのわれわれが絶対者を捉えることではなく、われわれにおいて絶対者が自己自身を捉えることである。すなわち「絶対的同一の自己認識」(15)に他ならない。シェリングはこのような仕方で、フィヒテの『知識学』を克服しえたと信じたのである。例えばつぎの文章には、シェリングのこの確信がよく現われている。「一切の哲学の根本錯誤は、絶対的同一は現実に自らの外へ歩み出るのであって、この脱出がいかにして生ずるかを理解することだ、という前提である。絶対的同一は決してそれであることをやめたりしないのである。それゆえ、存在するところの一切は、それ自体として捉えられるならば、絶対的同一の現象ではなく、絶対的同一それ自身なのである[16]」。

このような同一哲学の「無差別」の原理に対して向けられた、『精神現象学』におけるヘーゲルの批判は有名である。ヘーゲルによれば、シェリングの無差別としての絶対者は、いろいろな牛の色を一色にしてしまう夜の闇であり、現実の世界にある区別や多様を消してしまう「空虚の深淵」のようなものである。しかし、存在するところのすべてをそれ自体として見るためには、これらのものの区別や多様をあるがままに見ることが必要である。真の哲学の知は、たんに対立の中にとどまることでも、対立をたんに消去することでもなく、対立を止揚すること（Aufheben）であるというのがヘーゲルの根本見地である。

この根本見地はすでに『フィヒテとシェリングとの哲学体系の差異』の論文に出現している。「絶対的同一の内では主観と客観とが止揚されている。しかし両者は絶対的同一の内にあるのだから、それらは同時に存立する（bestehen）のである。そしてこの存立こそ知を可能ならしめるところのものである。なぜなら、知においては一方では、両者の分裂が定立されているからである[17]」。主観と客観との対立にとどまるだけでは絶対者の知は成立しないが、そうかといって、この対立が消失するときにもやはり絶対知は成立しない。主観と客観とが対立しながらしかも同一であるところにのみ絶対知はある。絶対者を知る哲学的反省は矛盾の媒介という形でのみ可能であるというのがヘーゲルの考え方である。「絶対者は意識に対して構成されるべきである、というのが哲学の課題である。しかし、反省の産出活動ならびに産物はたんに制限されたものであるのだから、これは一つの矛盾である。絶対者は反省され、定立されるべきである。これによってしかし、絶対者は定立されず廃棄されてしまう。なぜなら、絶対者は定立されたとき制限されたのだからである。この矛盾の媒介が哲学的反省である[18]」。フィヒテ哲学の「反省」の立場とシェリングの「無差別」との両者を止揚せんとする弁証法的図式がここに出現する。それは同一と非同一との同一(Identität der Identität und der Nichtidentität)である。へーゲルは書いている。「絶対者それ自身はしかしそれゆえ、同一と非同一との同一である。絶対者の中では、対立していることと一つであることとは同時である[19]」。

『精神現象学』は、意識のもっとも直接的で抽象的な在り方である感覚的確実性に始まり、もっとも具体的な絶対知の立場に至る意識の経験の内面的叙述である。現象する精神の自己否定によるこの上昇のプロセスは、要するに、意識の一切の対象的関係が自己自身への関係へと転ぜられるという形をとっている。しかしその場合、へーゲルのもっとも大きな功績は、「自己意識」の立場の抽象性を超えて「理性」の立場へ超出した点にある。それは、いわゆる確実性(Gewißheit)から真理性(Wahrheit)への転回である。フィヒテの立場とみなされる「主観的観念論」は、自己意識的な自我の自己同一を知の第一原理として主張する。自我は自己と対象との区別において自己自身を知り、自己以外のすべてのもの(非我)による限定からの解放のうちで自己を入手し、この自己の確実性をただちに真理とする。しかしへーゲルによれば、このような確実性としての真理はなお一面的で抽象的である。というのは、実在論が外的対象の実在性に執着するように、この観念論は自己意識の自我に執着しているからである。しかるに、この両者を止揚する絶対知の立場は、他在(Anderssein)において自己自身のもとにとどまるという在り方に真理を見ようとするのである。

このような絶対知の真理は、『論理学』の中では理念(Idee)と呼ばれ、その諸々の規定において究明される。ヘーゲルによれば、理念とは、悟性の哲学が言う現実の抽象としての概念ではなく、自己自身を否定して現実の中へ入り、現実を自己の内へ媒介する弁証法的運動そのものである。ヘーゲルの「自然哲学」は、自然という他在における理念の姿を明らかにしたものである。かくして絶対的観念論の言う理念とは要するに、「概念と現存在との統一」である。ヘーゲルは『論理学』の最終章に記している。「理念とは適合せる概念、客観的に真なるもの、あるいは真なるものそれ自身である[20]」。

それゆえここでは、哲学の立場としての概念的認識の力は最大の射程を獲得している。真に具体的な概念は、真理を捉える人間の道具や手段ではなく、真理そのものがそこに臨前するエレメント、しかも唯一のエレメントである。精神としての絶対者は、認識主観の外にある対象でもなければ、隠された神でもない。絶対者はすでにわれわれのところにあり、このことがそれだけでわれわれを照らしている光線である。われわれが絶対者を認識することは、われわれがこの光線の照射の中に立ち、これを反射もしくは反照することに他ならない。絶対者は概念的思惟の中に全面的に現われる。ヘーゲルの絶対的観念論における絶対者の思惟は、「主観・客観」の原理が、意識のすべての段階を隈なく通過して、それ自身の内へ完全に還りきって透明になるような仕方で起こっているのである。

三　後期『知識学』の地平

一八〇一年以後のフィヒテの『知識学』において初めて、「主観・客観」としての自我性そのものの根源が究明のテーマとなっている。「主観・客観」の原理は今や、絶対知（das absolute Wissen）という新しい用語によって捉え直される。絶対知の立場としての『知識学』は、一切の知を超えた絶対者（das Absolute）から知を超越論的に導来する理論である。絶対者それ自身は知でないということこの思想において、後期フィヒテの道は同一哲学におけるシェリングならびにヘーゲルの道と分かれるのである。後期『知識学』のこの根本着想は、さしあたりシェリングの「無差別」の原理に対する批判として提出された。フィヒテはシェリングに宛てた最後の手紙（一八〇二年一月十五日付）の中につぎのように書いている。「絶対者はただ一つの絶対的な、すなわち、多様性との関係から言えば、一つの、単純で永遠に自己に等しい外化（*Äusserung*）だけをもつことができるということは、私にはそれ自体で明らかなことのように思われます。そしてこの外化がまさしく絶対知であります。しかし絶対者それ自身は、存在でもなければ知でもなく、両者の同一性や無差別でもありません。そうではなく、それはまさに——絶対者であります。そしてあらゆる附加語は禁物でありますⅠ(21)」。これとよく似た文章は一八〇一年の『知識学の叙述』の中に見られる。「まず最初に絶対知という概念を見ただけでも、絶対知が絶対者でないことだけは明らかである。絶対者という表現に附加されるいかなる言葉も、端的に絶対性としての絶対性を廃棄し、附加された言葉によって示される顧慮や相対関係の中に立たせるだけである。絶対者は、知でも存在でもなく、両者の同一性でも無差別でもなく、どこまでもただ絶対者であるだけである(22)」。フィヒテによれば、われわれは知であるから、『知識学』といえども絶対者から出発することはできない。知識学の出発点は絶対知である。しかし、一切の知を超えた絶対者が『知識学』の対象となり、絶対知を成立せしめることは、どのようにして生ずるのか。先の引用文につづいてフィヒテは書いている。「おそらく絶対者は、まさしく今示された関係の内でのみ、すなわち知の形式としてわれわれの意識の内に現われるが、しかし純粋にそれ自身においてかつそれ自身としては、決してわれわれの意識の内に現われることはないであろう」[23]。

この文章のうちにはすでに、後期『知識学』における最終的な見地の基本骨格が暗示されている。フィヒテの言う絶対知は、知と絶対者とのたんなる統一としてのシェリングの「無差別」ではない。そういう無差別の原理は知を構造する主観と客観との対立の契機を滅却してしまうというのがヘーゲルの批判であったが、この点に関してはフィヒテもヘーゲルと同じ意見である。フィヒテはこう書いている。「絶対者を主観的なものと客観的なものとの無差別として記述することは非常な誤りである。……両者は絶対的に区別あるものなのであり、この区別のうちにこそ、絶対性のうちでの両者の合一を介して知が存立するのである。両者が合致してしまえば、知は滅却され、同時にまた両者そのものも滅却されてしまっている。――そうなれば知はまったく空虚な無でしかない」[24]。しかし、フィヒテの絶対知はまた、ヘーゲルの言う「同一と非同一との同一」という形での絶対知とも違うのである。というのは、シェリングの無差別もヘーゲルの絶対知も、絶対者の自己認識であるのに対して、フィヒテの絶対知は決してそうではないからである。フィヒテにおいては、知とか思惟とかはどこまでもわれわれのことであって絶対者のことではない。フィヒテの絶対知は絶対者に肉薄する知の最高の可能性であるが、しかも絶対者そのものはこの知の内に全面的に現われることはないのである。つまり、絶対知とはフィヒテにおいては、知が絶対者との自己同一を知ることではなく、知が絶対者ではないことを知ることを意味する。知の自己否定ということが、フィヒテの言う絶対知の核心をなしているのである。これはシェリング（同一哲学まで）やヘーゲルとフィヒテとの根本的な相違点である。

後期『知識学』の叙述群は、その用語や論述の形式や立場そのものの進展に関しては若干の変化を伴っているが、この根本思想そのものに関しては何の変更も示していない。つぎにその輪郭を素描してみよう。

一八〇一年の知識学では、絶対知は見ること（Sehen）あるいは眼（Auge）という用語で言いあらわされ、これに対して絶対知は絶対的存在（das absolute Sein）として規定されている。「眼」とか「見る」とかいうフィヒテの新しい術語は、それまで「自我性」という術語で言われてきた知の対自存在（Fürsichsein）の性質を一層鋭く言いあらわしたものである。それは主観的なものと客観的なものとの「一」であるが、この一は決して外から（対象的に）見える状態としてどこかにあるのではない。このことを言いあらわすためにフィヒテは、この「一」を主観と客観、自由と存在とが相互に他の内へと通徹し合うこと（sich Durchdringen）として捉えるのである。主観と客観との対立が消えて一になってしまった状態、シェリングの言う「無差別」は、フィヒテからすればすでに見られた立場であって、見る立場ではない。しかるに、見るということはもはや見られえない。眼を見る眼というようなものはない。見る眼というものは決して客体化されえない。「見る」はいかなる客体でもなく、客体を見ることでもない。「見る」は絶対的である。見られたもの、客体となったものは、もはや絶対者とは言えない、というのがフィヒテの根本点である。「この眼は、絶対者の外にあるのではなく内にあり、まさしく絶対性自身の生き生きとした自己通徹（sich Durchdringen）なのである」[25]。それゆえ「見る」立場や「眼」はただちに、生きてはたらく光の状態（Lichtzustand）とも言われるのである。

ところで、このような見る眼としての知の課題は、自己自身を根源的に見ようとすることにある。自己自身を根源的に見るとは、すでに生まれた知の諸領域を見るということではなく、知がその根源から発出し、現に生まれるところを見るということである。それゆえこのことは同時に、知がそれ自身の根源（Ursprung）を見るということをも意味する。要するに徹底した知の自己把捉は、知そのものの根源の把捉という形をとらざるをえないのである。知のこのような根源がフィヒテの言う絶対者（絶対的存在）に他ならない。

いったい、物の根源とか源とか言われるものは二重性を持っている。例えば水源というものは、一方から言えば最初の水として、それ以後のすべての水と同じ領域に属する。しかし他方から言えば、それは水がそこから初めて水になるところであるから、それ自身としてはまだ水とは言えない。水であると同時にまだ水でないところが水の源である。知という対自的で透明な精神の事柄においては、根源というもののこの二重性はその極点に達する。いかにして絶対知は知の根源としての絶対者を見るのか。

知と絶対者とのこの遭遇の局面をフィヒテはつぎのように記述している。「知は自己の内でかつ自己によって、絶対的な終極（*Ende*）と限界とを発見する。——自己の内でかつ自己によって、と私は言う。すなわち、知は知ることを遂行しつつ（無知から出て）自己の絶対的根源へと突進し、かくして自己自身を貫いて（すなわちその絶対的な透徹性と自己認識とによって）、知の終極に到達するのである[26]」。知の根源は知の外部にあるような存在ではない。もしそういう存在があれば、知は知でなくなるのである。知の根源は、知がすべてを見てしまうとき初めて出現する。それは知が自己自身の非存在を見ることである。知のこの自己否定において、知の根源が見られえないままで知に対して現われている。つまり、フィヒテの言う絶対知とは、知によって見ることのできないものを見ている知のことである。それゆえ、フィヒテは言う。「絶対知の本来の焦点と中心点は、自己を知として把捉することにあるのでもなく、絶対的存在において自己を滅却することにあるのでもなく、あくまでも両者の中間にある[27]」。両者の中間とは、知の存在と非存在とのあいだの揺動（**Schweben**）のことである。絶対知を静止した存在の状態と見る考え方が徹底的に拒否されているわけである。

それでは、絶対知のこの揺動そのことは何によって支えられているのだろうか。揺動する知を無への落下と存在への固定から防衛しているところのものがあるはずである。しかるに一八〇一年のフィヒテはまだ、それが何であるかを究明するに至っていない。その限り、知と絶対者とのあいだの内的連関の深みはまだ隠されていたと言うべきである。そして、事態がこのようになっている理由は、知がその自己否定においてなお最後の一歩を残しているところにある。すなわち、「眼」としての知それ自身が光であるとみなされているからなのである。しかし、このように光源を知自身の内部に定立する限り、絶対者は知の光によってどうしても貫通できない限界とならざるをえない。

これに対して一八〇四年の『知識学』は、一切を見る絶対的な眼の明るさは、眼それ自身に由来するのでなく、かえって光（Licht）に由来するという進展した見地を開いている。絶対者は今や絶対知の透明な眼を初めて眼たらしめるところの根源としての光である。「本来的な絶対者はただ光である。それゆえ、神性はもはや死せる存在の中へではなく、生きた光の中へ定立されなければならない(28)」。

絶対者が光であるならば、知としてのわれわれはいかなる意味においても、自分の力で絶対者を見ることはできない。見るということが光によって可能にされているのだからである。しかし知は、光を見ることはできないにしても、光の中にあって光を生きる（leben）ことはできる。フィヒテにとって、絶対者とはあくまでもこのような生（Leben）である。しかも、われわれが現にそれを生きているわれわれ自身の生である。絶対者は生きる以外にはどこにもないというのは、後期フィヒテが至るところで述べている根本テーゼである。「一言でいえば、統一は決して知識学としてのわれわれが見るまたは認める（*erblicken*）ところのものの内に存するのではない。なぜなら、そのようなものは一つの客体的なものだからである。そうではなく、われわれが内面的に、それであり（*sind*）、それを行ない、それを生きる（leben）ところのもののうちに存するのである」[29]。シェリングの同一哲学への批判を含んだ一八〇六年のある論文の中にもフィヒテはつぎのように記している。「学においてもひとは、絶対者を自己の外に直観することはできない。そういうものはまったくの幻影を与えるだけである。そうではなく、ひとは自分自身において絶対者であり、絶対者を生きるのでなくてはならない」[30]。

しかし、フィヒテの言うこの「生」は、いわゆる「生の哲学」が主張する非合理的で盲目的な生ではなくて、「理性」のことである。一八〇一年のフィヒテは「理性は決して絶対者を把握できない」というように、理性をまだ自己意識もしくは自我と考えていたが、一八〇四年になって初めて自我を超える絶対者の意味で理性という語を使用するようになった。「われわれ（*Wir*）あるいは自我からはいかなる哲学もない。自我を超えたところからのみ哲学はある」[31]。このような絶対的理性に立つという点ではフィヒテはシェリングの同一哲学に接近するようであるが、その絶対的理性そのものの見方において両者は非常に違っている。フィヒテによれば、シェリングの立場は理性を客体化して自分の前に立てる立場である。これに対してフィヒテは言う。「理性について外からあれこれ言うのではなしに、実際にかつ極めて真剣に理性的で在ることをなすことが哲学の事柄である」[32]。フィヒテにとって理性的であるとは、理性を自分の向こうに眺めることではなくて、自己自身が理性を生きることである。しかしそのためには、思惟は自己の全力を尽くして自己自身を否定しなければならない。この自己否定において思惟は、絶対者の光芒の圏域の中にあるところの自分を発見する。絶対者とはわれわれが現にそれを生きている、この生以外の何ものでもないことを知るのである。

四　理性の以前へ

後期シェリングは、哲学的思惟の最高の目標として、これまでの理性哲学（彼自身の「同一哲学」を含む）の地平の中へは現われなかった絶対者の存在を問題にしている。シェリングによれば、真の神は「最高存在者」とは言えない。むしろ、存在者としての最高位を凌駕した超存在者（das Überseiende）とか絶対自由と言わなくてはならない。存在のあらゆる種類や仕方、最高の仕方をも超えた自由が神である。絶対自由というのは、神の啓示や創造の行為は、およそ存在の必然性に従ってなされるような出来事ではないからである。神の自由は、世界存在からの自由でも世界存在への自由でもなく、およそ存在一般というものに対抗するような自由である。神が世界を創造したのは、神の内的本性（存在）の自己同一そのものを破るような自由によってである。つまり、創造は必然的な現象ではなく、愛の行為なのである。

このような絶対者の存在は、すべての純粋にアプリオリで合理的な理性の学の領域を超越している。超存在者の存在は、絶対的に思惟の外にある積極的なもの（das Positive）である。理性はこの存在を前もって思惟することはできない。それは理性の思惟にいつも先行しているところの不可前想的な（unvordenklich）存在である。しかも理性はそれを自らの可能性の条件として発見せざるをえない。シェリングは言っている。「哲学はいかなる根拠づけをも必要としないもの、そのものの本性からして一切の根拠づけを閉め出すもの、そのようなものへやって来たのである。……たんに実存するもの（das bloß Existierende）、ただ実存するだけのものこそまさしく、思惟に由来する一切のものが、それによって打倒されるもの、思惟がその前で急に沈黙し、理性がその前で身を屈するところのものである[33]」。

事柄の純粋にアプリオリな概念的認識にかかわる合理的な理性哲学を「消極哲学」（negative Philosophie）と呼んで、事柄の積極的なものにかかわる「積極哲学」（positive philosophie）から区別するというシェリングの着想がここに登場する。シェリングは言う。「一つの存在者が何であるか（quid sit）を知ることと、それが存在するということ（quod sit）を知ることとは、まったく別な二つの事柄である。前者――それが何であるかという問いに対する答え――は私に事物の本質（Wesen）への洞察を与える。あるいは、私が事物を理解すること、事物についての悟性もしくは概念をもつこと、あるいは事物それ自身を概念のうちで所有することをさせる。しかるに後者、それが存在するということ（daß）への洞察は、私にたんなる概念ではなくて、たんなる概念を超え出る何ものかを与える。このものは実存（Existenz）である[34]」。いったい概念のうちに現われる事物の存在はすべて消極的なものである。なぜならそれは、「思惟されないものでないもの」（das nicht-nicht-zu-Denkende）だからである。このような思惟可能なものは同時にまた、「存在可能なもの」（das Seinkönnende）、「存在せねばならぬもの」（das Seinmüssende）、「存在すべきもの」（das Seinsollende）である。しかし、そういう種類の存在の仕方を破るもう一つの存在の次元がある。それは、一般に事物があるということである。「がある」ということは、いかなる「である」へも変更できない積極的なもの、つまり実存である。概念的認識が存在を必然性の様相において定立するのに対して、事物の実存はそういう概念的把握を逃れ去る偶然性を持っている。事物の本質存在を概念の地平で捉える哲学は消極哲学である。しかるに、事物が現にここにある、という実存の偶然性によって襲われる経験から出発しようとするのが積極哲学である。

本質存在と現実存在とのこの区別はあらゆる存在者について妥当するのであるが、それはとりわけ、かの

「たんに実存するもの、ただ実存するだけのもの」と言われる絶対者の単純無比なる存在において極点に達する。神が実存するということ（Daß）は、いかなる概念でもない。それはすべての理性の哲学の概念、絶対知の形をとった概念の言葉を沈黙させ、吸収してしまう深淵である。絶対的観念論の理性は、概念の機能が利かなくなったこの深淵に面して危機に陥るのである。そのとき消極哲学としての理性は、この深淵としての現実存在の究明をもう一つの哲学に引き渡さざるをえない。消極哲学の最高の終点、シェリングの同一哲学が示した主観的なものと客観的なものとの「無差別点」が、積極哲学の始まる地点である。同一哲学の時期のシェリングが理性の勝利を見たその同じ地点で、後期シェリングは理性そのものの限界を見出し、理性に対して自己放棄を要求するのである。シェリングは言う。「理性は、その中に概念や本質存在に由来する何ものもないところの存在者を、ただ一つの絶対的な自己外定立のうちに定立されるのであり、絶対的に脱自的（*ekstatisch*）である[35]」。理性はそれゆえ、この自己外定立のうちに定立されるのであり、自己外（*Außer-sich*）として定立することができる。

実存する絶対者に面しての理性のこの自己放棄と脱自は、しかしながら、理性そのものの消滅や破産ではない。むしろ、理性の方向転回（Umwendung）である。というのは、理性がここで自己を捨てる脱自を遂行するのは、理性がもはや自己自身を理解できなくなったからではなくて、理性の真の最高の対象たる絶対者の存在が立ち現われてくることによるのだからである。それゆえ、理性が前もって思惟することのできないこの存在に面して自分を放棄するのは、理性が何もしないということではなく、むしろ、存在が自分自身をそこへ出現させるところの空間もしくは場所を開くことである。これは理性の思惟ではなく、むしろ理性の限界の思惟であるが、しかもそれは、どこまでも理性の可能性として理性の事柄に属すると言わなければならない。理性は真に自己自身になるために自己を否定するのである。

それゆえ、積極哲学は消極哲学を自分自身のうちで再建するのである。シェリングはこれについてつぎのように言っている。「理性は消極哲学の終わりにおいて自己の外に定立される、いわば当惑する（betroffen）。なぜなら、理性は消極哲学においては自らの真の内容を現実的なものとして所有できないことを見て、一切の思惟に先立つ存在から出発することを決心するからである。理性はこの存在の前に屈服するのだが、しかしそれはただ、不可前想的存在者とは何かという問いとともに、ただちにこのものに向かって立ち上がるためである[36]」。「理性は概念なき存在を定立するがそれは、このものから概念に到達するためである。理性は超越者を定立するがそれは、超越者を絶対的な内在者へ変化させ、かつこの絶対的な内在者を同時に一つの実存するものとして所有せんがためである[37]」。「それゆえ積極哲学のうちで消極哲学は、そこにおいて思惟が初めて、その目的を現実に達成するような学として勝利するのである[38]」。これらの言葉はすべて、消極哲学と積極哲学との区別というシェリングの企図が、哲学の場面を観念論的な理性体系とはまったく別なところへ移すことを目指すものではないことを物語っている。シェリングによれば、理性哲学はそれ自体として誤りなのではない。理性哲学だけでは哲学そのものの本来的な課題に全面的に答えることはできないと言うのである。

それ自体としては誤りではない理性の哲学が誤りに陥る場合がある。それは、理性の哲学が捉える本質存在をそのまま現実存在とみなして、両者を混同する場合である。もともと積極哲学の仕事に属していることを消極哲学の領域で遂行しようとするとき、理性の哲学は真理ではなくなる。ヘーゲル哲学の場合がこれである、とシェリングは言っている。シェリングはヘーゲルをつぎのように批判する。「なぜなら、アプリオリなものは、ヘーゲルがそう理解したような空っぽの論理的なもの（ein leeres Logische）、思惟をもう一度内容として持つような思惟ではないからである。しかしそのような思惟によって、現実的な思惟はおしまいになるのである。ちょうど詩についての詩によって詩はおしまいになるのと同じである。真に論理的なもの（das wahre Logische）、現実的な思惟における論理的なものは、そのうちに存在への必然的な関係を持っているのである。真に論理的なものは存在の内容となって、必然的に経験的なもの（das Empirische）へと移行する。アプリオリな哲学としての消極哲学はそれゆえ、存在を閉め出してしまうという意味でのたんに論理的な哲学ではない[39]」。この文章でもわかるように、シェリングは「論理的なもの」や「思惟」を退けているのではない。ヘーゲルが主張する「空っぽの論理的なもの」に対して「真に論理的なもの」を、「思惟の思惟」に対して「現実的な思惟」を対決させているのである。

シェリングの後期哲学の根本テーゼを一言でいえば、概念が存在に先行するのではなく、存在が真の概念の基礎でなければならない、ということである。ヘーゲルの『精神現象学』に二年おくれて出た著作『人間的自由の本質』（一八〇九年）以後のシェリングは、この根本テーゼを理性的思惟との独特の緊張の中で貫徹しようとしている。しかし、このテーゼはただヘーゲル哲学の立場への反対だけを言明するのではない。それはまた、何らかの意味での非合理主義を主張する哲学の立場との距離をも保っているのである。例えばイギリスの経験論、フィヒテの超越論的観念論に反対したヤコービの感情哲学、さらにはシェリングにつながるとされている「後期観念論」、現代の実存哲学などはいずれも、概念と存在との関係の中心をシェリングほど徹底して考え抜いてはいないのではなかろうか。

後期シェリングは、現実存在のうちにはつねに概念的には捉え尽くせない部分が残るとか、概念からはいかなる存在も導き出せないというような非合理主義を反復しているのではない。そうではなくて、概念が概念それ自身として、つまり、存在の正しい理解の立場として成り立つためには、いつでも存在を前提しなくてはならない、ということを主張するのである。存在者という概念は、それに先行する存在者がなければ生まれようがない。世界という概念は、世界が現に在るということ以前には考えられない。哲学の問題は、思惟を中断してどこからか持ちこまれた存在と思惟との関係ではなく、理性的思惟そのものの根柢的な在り方である。存在は思惟しつくせないものだというような地点で停止する哲学はまだ中途半端な哲学である。存在は思惟しつくせないということも一つの思惟であるならば、そういう思惟の由来と構造が哲学の最後の問題とならざるをえないからである。

概念に先行する存在を問うことなくして、真に論理的で徹底的な哲学的理性はない、生きた現実の思惟はない、というのがシェリングの意見である。その意味で後期シェリングは、フィヒテに始まるドイツ観念論の理性の問いを決して放棄してはいないのである。ドイツ観念論の完成形態であるかどうかは別として、その最終場面を全力で演出した哲学だということは言えるであろう。

註

（1）*Differenz des Fichte, schen und Schelling, schen Systems der Philosophie*, ThW II, 25.
（2）*Vorlesung über die Geschichte der Philosophie, Einleitung*, ThW XVIII, 24.
（3）*Darstellung der Wissenschaftslehre von 1801*, SW II, 72.
（4）*Die Wissenschaftslehre zweiter Vortrag im Jahre 1804*, SW X, 92.
（5）*System des transzendentalen Idealismus*, SW III, 339.
（6）*Grundlage der gesamten Wissenschaftslehre*（1974）, SW I, 98.
（7）SW 1, 99 Anmerkung.

(8) *System des transzendentalen Idealismus*, SW III, 364.
(9) M. Heidegger, *Schellings Abhandlung über das Wesen der menschlichen Freiheit*, Tübingen 1971, S. 109.
(10) *Zweite Einleitung in die Wissenschaftslehre*, SW I,515.
(11) J. G. Fichte *Briefwechsel* II *Hrsg. von Hans Schulz*, S. 294.
(12) *Über den wahren Begriff der Naturphilosophie*, SW IV, 87.
(13) SW IV, 114.
(14) SW IV, 115.
(15) SW IV, 122.
(16) SW IV, 119.
(17) SW II, 95.
(18) SW II, 25.
(19) SW II, 96.
(20) *Logik* II, 3, ThW VI, 462.
(21) *Briefwechsel* II, 114.
(22) SW II, 12.
(23) SW II, 13.
(24) SW II, 66.
(25) SW II, 19.
(26) SW II, 63.
(27) SW II, 51.
(28) SW X, 147,
(29) SW X, 133.
(30) *Bericht über den Begriff der Wissenschaftslehre und die bisherigen Schicksal derselben*, VIII, 372.
(31) SW X, 237.
(32) SW X, 198.

(33) *Einleitung in die Philosophie der Offenbarung*, SW XIII, 161.
(34) SW XIII, 58.
(35) SW XIII, 162.
(36) *Philosophie der Offenbarung, Drittes Buch*, SW XIV, 345.
(37) SW XIII, 170.
(38) SW XIII, 153.
(39) SW XIII, 101.

フィヒテにおける神と自己

一

「神」という語を人間、自然、歴史にふくまれる存在の多様な連関の統一者、「自己」がその内にある「世界」そのものの根拠として理解するとすれば、ドイツ観念論の哲学の根本問題は要するに神とは何かという問題だったと言えるであろう。フィヒテ、シェリング、ヘーゲルは三人とも、そういう神を「絶対者」(das Absolute) という共通の術語で捉えている。

そういう「絶対者」を彼らが哲学の主題とし、学における「体系」や「統一」を構想したことは、近代国家としての統一を急務としていた当時のドイツ社会の時代意識と無関係ではない。統一を求めるドイツ意識の旗手たちであった三人は、やはり時代の産物だったのである。しかし、たんに時代意識の反映にすぎないような思想なら、もちろん哲学の名に値しない。フィヒテもヘーゲルもシェリングも、たしかに、すぐれて時代の子であったが、同時にまた時代意識そのものを対象化する余剰の意識をつねに持ち、その限り時代を超出していたと言わなくてはならない。彼らが、いろいろな機会に示した時代批判や新時代の予感はこれを物語っている。時代に対する彼らのこのような二重の関係は何処から由来したのであろうか。それは、この三人に見られる「神」（絶対者）の所有経験の強烈なエネルギーだと思われる。

哲学と呼ばれる人間存在のいとなみの本質は「絶対者」を知るところにある、という見解を三人は共有している。絶対者を認識することなくして、およそ哲学はない。というよりも、絶対者を知るいとなみのことを哲学というのである。このことの確信において、三人の思想家は彼らの偶然的な個性の差を忘却している。神との関係はドイツ観念論という思弁的宇宙の中心に向かう強い求心力であって、三人はこれによって同じ中心へ引っぱられているのである。三人の体系の頂上の領域は等しく「宗教」である。それは当時の実定宗教であったキリスト教の教義をそのまま真理とするものではなく、むしろ宗教の本質の哲学的な再構成である。それにしても、彼らが宗教を人間存在のすべてのいとなみの究極として認識していたことは言うまでもない。ドイツ観念論の思惟のエネルギーは、神の所有経験の源泉から湧いていたのである。

「ドイツ観念論の崩壊」と言われる十九世紀中葉以降の西欧精神の状況は、もっとも根本的なところにさかのぼれば、神ないし絶対者の所有経験の喪失と見ることができるであろう。とくにニーチェの「ヨーロッパのニヒリズム」に何らかの意味で規定されている現代のわれわれの境位を言いあらわす語は、神でなく「無」であると言わなくてはならない。われわれはもはや、フィヒテやシェリングなどに見られたような絶対者の直接経験を持てなくなった世界に生きている。フィヒテの死後二十年たった一八三四年、やっと父の全集を刊行することができた息子のイマヌエル・ヘルマン・フィヒテは、世間の読者の関心がフィヒテの著作からだんだん離れてしまったと言い、それらの著作を「現代から縁遠くなった思惟」の作品だと記しているが、その「現代」なるものの特質が、神や宗教の喪失経験にあることは明らかである。今日の哲学的意識一般は、ドイツ観念論の思惟の全体に対して、これと同じ判定を下そうとするかのようである。それは、言わば地球から次第に遠ざかってゆく彗星が引く光芒を見送るような視座である。

しかし、果たしてドイツ観念論の哲学は、そういう過去の記念碑にすぎないのであろうか。そうは思われないのである。過去の思想がたんなる記念碑になるか、今日のわれわれの生の現在の挑発力になるかは、われわれ自身が、真に哲学の問いを持つかどうかにかかっていると思う。神や絶対者はドイツ観念論の時代の問題であって、現代のわれわれはもはや神の問題から解放されているというだけなら、たんなる史的研究や社会意識の問題であって、哲学の問題とは言えない。神は過去の哲学にとっての問題であるのではなく、哲学そのものにとっての問題なのである。それゆえ、依然として今日のわれわれの問題でもある。現代のわれわれには神は死んだ、われわれはもはや絶対者を所有していない、と言うだけでは哲学は終わらない。神が死んだというのなら、神に代わりうるものを再提出しなくてはならないことは、誰よりもニーチェが教えたとおりである。なぜなら、神もしくは絶対者とは、このわれわれの存在そのものを支える場のことだからである。要するに、神も神の死（無）も等しく、現在のこのわれわれ自身の問題、哲学の可能性それ自身の問題なのである。

そういう視点に立ってみると、今度は反対にフィヒテ、シェリング、ヘーゲルの哲学においても、たんに神だけが問題になっていたわけではなく、同時に無が間接的に問題となっていたことがわかるのである。絶対者の認識としてのドイツ観念論の地平には、いつも一つの無がいわば覆面した姿であらわれている。無がつけているこのマスクは、フィヒテ、シェリング、ヘーゲルの思弁に即しては、より一層規定された形でとり出すことができるであろう。しかし、さしあたり、それらを代表する言葉を探すとすれば、イェーナ期のヘーゲルが『信仰と知識』（一八〇二―〇三年）の中に記した「新時代の宗教がよって立つ感情」もしくは「神が死んだという感情」であろう。[1] この時期のヘーゲルは、真の哲学の立場は近代の自己意識の底流とも言うべき、このニヒリズムの感情を正直に引き受け、これを克服して初めて可能だと考えていたようである。このヘーゲルの見解は、初期フィヒテの『知識学』と、『知識学』の本質に一つのニヒリズムがふくまれていると非難したヤコービの哲学との双方への批判という形で表明されている。ハイデッガーによれば、「ニヒリズム」という語を一番早く使用した哲学者はヤコービであるが、むろんそれはニーチェの言う「ヨーロッパのニヒリズム」の意味においてではない。[2] ヤコービによれば、フィヒテ哲学は一切の実在性を自我性という意識の「無」の中へ解消してしまうという意味でのニヒリズムである。ヤコービは言う。「神が在り、私の外に一つの生きた、それだけで存立する存在者が在るか、それとも我が神であるか。第三のものはない」[3]。ヘーゲルによれば、フィヒテとヤコービとの論争は、彼らの思惟がともに、有限性の領域の内部で動いていることにその源を持っている。両者は哲学的思弁の有限性の承認というものを論争の中で分け持っているわけである。ヘーゲルの見るところ、これは絶対的認識としての哲学の本質を裏切ることである。ヘーゲルはこう書いている。「しかし、哲学の第一の事は絶対的な無を認識することである。……これに反して、フィヒテもヤコービも、哲学に反立せしめられた無の中にいるのである。つまり、両人にとっては、有限者、現象が絶対的な実在性を持っている。絶対者、永遠者は両人にとっては、認識に対する無である」[4]。

ヘーゲルのこの文章は必ずしもわかりやすいものではないが、要するに哲学の絶対的認識は、それが必然的に伴う無の意識、ニヒリズムを回避するのではなく、果敢にこれと対面することを通してのみありうるのだという主張であろう。絶対者に至る哲学の道は原理的に無の中を通過せざるをえない。ヤコービの信仰哲学のように『知識学』のニヒリズムを嫌悪するだけでは、真の絶対者は入手できない。信仰哲学の神は、じつは有限者に実在性を帰しただけのことである。ニヒリズムを哲学的認識の第一の事柄として引き受けない限り、そういう哲学が立てるところの神は無の影を払拭しておらず、認識にとっては無に他ならない、とヘーゲルは言うようである。ヘーゲルのこの批判は、自我と非我との統一としての絶対我を自我の努力の到達すべからざる目標として定立した『全知識学の基礎』におけるフィヒテについてもあてはまる。フィヒテの体系の出発点に立てられていたIch＝Ichは、終点においてIch *soll* gleich seinに変化している。それゆえヘーゲルはこう批判している。「絶対者は超越論的視点に対しては構成されているが、現象の視点に対してはそうではない(5)」。

イェーナ期のヘーゲルのこのような議論は、ドイツ観念論の思惟が全体としてかかえていたニヒリズムの問題を正しく捉えていると言えるだろう。その後のフィヒテ、シェリング、ヘーゲルのそれぞれの体系構想の基盤には、何らかの意味で、このような神と無との問題が伏在していて、意識的・無意識的に彼らの発想の方向を導いていたと思われる。とりわけ、フィヒテの最晩年の『知識学』の講義には、ニヒリズムという言葉がはっきりと登場し、ニヒリズムの克服が『知識学』の課題として自覚されている。これはかつてのヤコービのフィヒテ批判という外的な理由による事情というより、フィヒテ自身の問題意識の明瞭化と再確認と見る方が正しい。そこに、無を通過して神へ行くという道が一歩一歩たどられているのである。以下そのことを、主としてフィヒテの宗教哲学に即して考えてみることにする。『知識学』という精緻で透明な学の体系に生きた血液を送っている心臓は、宗教に関するフィヒテの強烈な体験と透徹した思索にあると思われるからである。

二

宗教以外の人間の種々のいとなみはみな、現世のこの生存の意味を生存それ自身のうちに見出そうとするのに対して、宗教は現世を超えた次元に、現世の生を支え、意味づける根柢を見出し、それとのつながりにおいて現世を生きようとする人間のいとなみである。この意味での現世否定と現世超越の視点がなければ真の宗教とは言えない。宗教の本質はじつにこの「超越」にある。このような現世超越性は、民俗宗教（原始宗教）においては充分に展開されないままであるが、キリスト教や仏教などの世界宗教（歴史宗教）はすべて、この性質を重要なエレメントとして成立していると言うことができる。絶対者の認識を論じたドイツ観念論の哲学者たちのあいだでも、宗教のこの超越性の確信は共通している。時を超えた永遠の生に対する懐疑主義の影は、そこには瞬時もささないのである。しかし、宗教のこの超越の次元を誰よりもはっきりと捉え、しかもそれを時代状況の批判という形で先鋭に語ったのはフィヒテであろう。例えば『現代の特徴』（一八〇六年）と題する講演の中で彼はつぎのように述べている。

宗教というものの見地は、世界のたんなる観察からは決して生まれてこない。宗教的見地はむしろ、時間の内なる世界全体と一切の生活とを真実で本来的な存在と見るのではなく、世界の彼方なる、今一つの、より高次の存在を承認せんとする、われわれを内面から衝迫するところの格率の内に成り立つのである。……要するに、たんなる知覚ではなく、自己自身の内から出てくる思惟が宗教の第一のエレメントである。周知の学校用語で言えば形而上学（Metaphysik）、ドイツ語で言えば超感性的なるもの（das Übersinnliche）が宗教のエレメントなのである。世界の初めから今日に至るまで宗教は、それがどのような姿で現われようと、等しく形而上学であった。そして形而上学、ラテン語で言えばすべてのアプリオリを軽蔑したり嘲笑したりする者は、自分が何をしようとしているかを全然知らないか、宗教を軽蔑し嘲笑しているかのどちらかである。(6)

宗教はこれに帰依する人間をして、時間それ自身、無常性を絶対的に超出させ、ただちに永遠性の所有の内へと移転させるのである。彼の眼は一なる神的な根本生命の内に安らい、彼の愛はその内に根を下ろしている。……彼の眼はそれゆえ、つねに永遠性の眼であり、彼が見るところのものを彼は、永遠なものとして、かつ永遠性の内で見るのである。永遠でないようなものは何ひとつ真実には存在することはできない。死の中への没落についての怖れとか、魂の不死についての人為的な証明を見つけようとする試みはことごとく、全然彼の関心事ではない。彼は生の一瞬一瞬において、一切の浄福を備えた永遠の生を直接にまた完全に持ちかつ所有している。彼が至るところで持ちかつ感じているところのことについて、わざわざ理屈をこねる必要は彼にはまったくないのである。(7)

フィヒテがこの文章で「形而上学」という語をもって言おうとしているものは、アリストテレスに始まる西洋哲学史の伝統の中にあらわれてきた、存在するものの存在を問う学問的な論議のことではない。カントの批判哲学による破壊の対象となった近世の古き形而上学、デカルトからライプニッツまでの「実体」についての存在論の思惟を言うのでもない。そういう知識の体系の論理的思考上の習熟を指すのではなく、われわれが今ここで、現にそれを生きている生命（Leben）そのものへの人間精神の根源的な覚醒、開眼のいとなみを意味するのである。時間の中にある感性界に身を置いて、日常的もしくは哲学的な事柄についてあれこれ議論することをやめて、時間を超えた「超感性的なもの」へ脱出することが「形而上学」に他ならない。「形而上学」という語と「超感性的なもの」という語とが、さきの文章ではまったく同じ意味で使われていることに注目したい。フィヒテがここで言うところの「形而上学」は、通常そう考えられるように「超感性的なもの」についての人間の観想ではなく、われわれが実際に超感性的なものと出会い、それを現実に所有し、それを生きるところの経験である。そういう生命の超越のいとなみとしての形而上学がフィヒテによれば、およそ宗教なるものの本質的なエレメントなのである。

フィヒテ以降今日までのところ、これにやや近い意味で「形而上学」という術語を使った哲学者は、たぶんハイデッガーひとりであろう。ハイデッガーの考えでは、形而上学とは大学の講壇で授業される一科目でもなければ、個人個人が自由に選択する科学的研究の一つでもない。つまり、人間存在が現に在るという変更することのできない原事実に、外から二次的に加わってくる偶然のいとなみではない。そうではなくて形而上学は、われわれの現存在の根柢にある無によってわれわれが襲われるところに生ずる問いなのである。われわれの生が初めから死へ向かった生である以上、われわれの存在の根柢にいつもある無が、われわれに強制する形而上学的な問いを避けて通ることはできない。『形而上学とは何か』の中でハイデッガーはこう書いている。「人間の現存在は、それが無の中へと差しかけられるときに、ただ存在するものと関わりうるのである。存在するものを超出するということが現存在の本質のうちに生起する。しかるに、この超出が形而上学そのものである。そこに、形而上学は人間の本性に属するということの意味が存している。形而上学は講壇哲学の一科目でもなければ、種々の恣意的な思いつきの分野でもない。形而上学は現存在における根本的な出来事である。それは現存在それ自身である」[8]。

もちろん、ハイデッガーの言う形而上学は、フィヒテのように「超感性的なもの」とはもはや結びついていない。ハイデッガーによれば、形而上学とは感性界から超感性界への超越ではなく、むしろ存在するものを全体として問うという意味での超越である。フィヒテと違ってハイデッガーの哲学は、ニーチェの言う「背後世界」としての超感性界の喪失経験と結びついているのである。現存在と世界はもはや超感性界によって支えられているのではなく、むしろ無の深淵の上に差しかけられている。われわれの存在の足下に開かれた、この無によってわれわれの存在そのものが襲われる経験から形而上学は始まるのだ、とハイデッガーは言うのである。要するに、形而上学とはフィヒテにあっては超感性的なものの経験、ハイデッガーでは反対に無の経験である。

両者のあいだに、そういう大きな相違点があることは明らかであるが、それにもかかわらずどこか共通するような地平があることも否定できない。それは両思想家とも、人間存在の閑事業としてではなく、人間存在それ自身から決してとり除けない不可欠のいとなみを「形而上学」という表現の中にこめている点である。形而上学と呼ばれるいとなみなくしては、人間存在はいわば腑抜けになり、自己自身を喪失する。ハイデッガーは『存在と時間』の中で、哲学のいとなみを日常性に自己を喪失した「ひと」(das Man) の在り方から真の自己に覚醒する仕方として考えたことは周知のとおりである。『現代の特徴』におけるフィヒテの宗教論もまた、当時の「現代」なるものの一般的な特徴が、根本的には真の宗教の喪失、つまり外的現象としての宗教ではなく人間の内的生き方としての宗教の喪失、を告発するという形で展開されている。真の宗教のエレメントである「超感性的なもの」もしくは「形而上学」こそまさしく、フィヒテの見るところでは、現今の一般的な世界観から蒸発してしまっているところのものに他ならなかった。それゆえ、人間存在に不可欠な宗教の本質を明らかにしようとするフィヒテの仕事は、そのまま根本的な時代批判の仕事にならざるをえなかったわけである。しかし、そのことを明らかにするには、フィヒテが「超感性的なもの」をどのようなものと考えていたかということを明らかにしなければならない。

三

フィヒテが語る「超感性的なもの」とか「永遠の生」とかいわれるものの大きな特徴は、それが時間の内なる現実の感性的世界と切り離して、これと別なところにある世界として考えられてはいない、という点にある。そのことはすでに引いた言葉からも知られることである。たしかにフィヒテは、宗教は時間の中にある世界の彼方にある、もう一つの高次の存在を承認することであるとか、時間性を超出してただちに永遠性の所有のうちに移転する超越である、とか語っている。しかしその場合、この超越を時間的世界と別にある超時間的世界に対する信仰や期待を述べたものとして受けとるならば、おそらくフィヒテの真意に対する基本的な誤解である。時間的世界からの超越や永遠の生の所有は、われわれが時間的世界の内での存在をやめた後に初めて起こるのではなく、あくまでもこの時間的世界の内で起こる事柄だというところに、フィヒテの宗教観の著しい特徴がある。フィヒテによれば、宗教とは人間が時間のただ中で時間を超えるという人間存在の根本経験のことに他ならない。時間的世界のたんなる彼岸にとどまるものは真の永遠とは言えない。時間のただ中で出会えるところの永遠こそ、真に永遠の名に値すると彼は言うのである。それゆえ、超感性界とか神の国とかいわれるものに伝統的につきまとってきた遠さの感情は、フィヒテにおいては鮮やかに払拭されている。永遠性や超感性的なものに対するこの近さの感情こそ、フィヒテの宗教観のもっとも重要な特徴の一つである。それはフィヒテがその哲学的活動の極めて早い時期にすでに獲得し、体系発展のすべての時期を通じて一貫して持ちつづけ、最後まで貫徹しようとしたもっともフィヒテ的なものだ、とさえ言えそうである。

フィヒテの時代批判の立脚点も、まさしく超感性界についてのこのような思想に他ならない。『現代の特徴』の中で彼はつぎのように語っている。

昔から真の宗教が、ひとびとのあいだに非常に稀であったこと、とりわけ時代や社会の考え方を支配している種々の哲学体系にとってなじみのうすいものであったのはどうしてかということについて、もし何らかの説得的な証明があるとすれば、それはひとびとが、永遠の浄福をやっと墓場の彼方に(jenseits des Grabes)置くだけで、それを欲するひとなら誰でも、たちどころに浄福であることができるのだ、ということを知らなかったところにある(9)。

宗教が現実に生きている人間にとっての生きてはたらく本当の力とならなかった根本の理由は、永遠の生が現実の生と別なところにだけあって、生きているあいだは、いかなる仕方でも出会えない世界だと誤解されたところにある、とフィヒテは主張するのである。しかし、この種の誤解はひとり世俗の一般大衆たちだけの占有物ではなかったのである。宗教的であることを自称する教会当局者たちや神学者たちも、やはり同じような誤解からかならずしも自由ではなかった。一七七八年、イェーナ大学にいたフィヒテがその渦中に入った有名な無神論論争（Atheismusstreit）はそのことを物語っている。フィヒテの最初の宗教論「神的な世界統治へのわれわれの信仰の根拠について」（一七九八年）が、ドレスデンにあった中央宗教局から「無神論」の告発を受け、ザクセン政府によって彼はイェーナ大学を追われることになった。当時ヴァイマル政府の宰相の職にあったゲーテをはじめ多くの知識人たちを巻き込んだこの大事件の結末には、いろいろな政治的事情やフィヒテのとった過激な行動も関係しているが、その委細はここでの問題ではない。事件に関するフィヒテの諸著作に即して思想の観点から見るならば、この論争は要するに、神とか永遠の生とか超越とか言われるものは何を意味するのかという「宗教の本質的なもの」をめぐってのはげしい精神の闘いであった。「無信仰だという告発に黙って耐えることは、それ自体もっともひどい無信仰の一つである(10)」とフィヒテは書いている。

無神論の告発を受けたさきの論文においても、フィヒテの考える超感性的なものの本質的な現在性の思想はすでに出現している。フィヒテによれば、われわれの自己の本質は、存在とか実体とかではなく、自由な働きであり、それゆえ概念によって間接的に捉えられず、ただ直接に直観されうるもの、それ以上の根拠を問えないところのものであった。そして、そういう一種の無底性を持った徹底的な自由な「自我性」が、そこにおいてこの具体的な自我として（すなわち、この時期のフィヒテにとっては道徳的自我として）限定されるごとき超感性界、「生きて働く道徳的秩序」そのものが神であると考えられた。「かの生き生きと働く道徳的世界秩序がそれ自身神である。われわれにはこれ以外のどんな神も必要でないし、これ以外のどんな神も理解できない。かの道徳的世界秩序を超え出て、根拠づけられたものから根拠への推論を介して、根拠づけられたものの原因として、なお一つの特別な存在者を想定するいかなる根拠も理性の内には存在しない(11)」。フィヒテにとってもっとも直接的であるものは、われわれの自己の道徳的行為そのものの基盤であるところの、生きて働く道徳的世界秩序それ自身である。その世界秩序はわれわれが今現にそこにおいて生きている場所であり、その場所がなければわれわれ自身もありえない。これに反して、道徳的世界秩序の原因もしくは創造者として特別な存在者を実体的に考え、それに人格性とか意識とかを附与することは無意味であり、無用な重複であった。フィヒテにとって宗教とは、そういう実体的に想定された神と人間との間接的な関係ではなく、自己の道徳的行為を超えて包む世界秩序の内に現にある自己存在の発見に他ならない。時間的なものを無限に超えた超感性的なもの、神的なものであるところの生きた世界秩序と、感性界に生起するわれわれの道徳感情との「関係」、つまりわれわれがわれわれの義務をかの世界秩序の摂理として受けとることが、「宗教の本質的なもの」である、とフィヒテは記している。これらの思想はなお初期の道徳主義的色調によって規定されてはいるが、それでもさきに述べた超感性的なものを現実的生の経験において捉えんとするフィヒテの根本態度は明らかである。フィヒテはこう記している。「超感性界はわれわれの出生地であり、われわれの唯一の確固たる立脚地である。感性的なものは超感性界のたんなる反映にすぎない(12)」。

四

『人間の使命』（一八〇〇年）における宗教論は、この考え方をいよいよ明瞭に展開しているが、例えばつぎのように言われている。

私は地上的世界の連関から切り離された後に初めて、超地上的世界へ入ることを許されるであろうというようなことはない。私は今すでに、地上的世界の中におけるよりもはるかに真実に超地上的世界の中に在りかつ生きているのである。今すでに、超地上的世界は私の唯一の確固たる立脚点であり、私がもうすでに占取した永遠の生は、なぜ私がこれからも地上の生をつづけるのだろうかということの唯一の理由である。ひとびとが天国と呼ぶところのものは墓地の彼方にあるのではない。それはすでにここで、われわれの自然のまわりに拡がっているのであり、その光はすべての純粋な心に昇っているのである。[13]

私が理性法則に随順する決心をするや否や、私は不死であり、不易であり、永遠で在る。これから初めてそのように成るべきなのではない。超感性界は未来の世界ではない。それは現在的である。それは有限な現存在のいかなる一点においても、他の一点におけるよりも、より現在的ではありえない。幾万年この世に生存してみたところで、今のこの瞬間におけるよりも、より現在的ではありえない。[14]

これらの文章は、超感性界、超地上的世界、永遠なる神的生は、死後になって初めて出現するような無力なものではなくて、何よりも今ここの時間的生を貫いて現前し、人間によって生きられうるものである、というフィヒテの宗教観の核心を鮮やかに示している。それでは、そういう永遠の生をつかむ感官（Sinn）をひとはどのようにして入手できるのであろうか。それは、最初の文章の冒頭に「私が理性法則に随順するや否や」と言われているように、感性的なもの、地上的な生を真なるものと見なし、これに没頭する自己を放棄するという自己否定によってである。永遠への入口は、一切の地上的なものへの関心において死に切るという精神の自己否定以外にはない。この自己否定をふくまない、たんなる現世的な行為も、永遠の生に対する憧憬や希望や夢想も永遠なるものへの真の入口ではないのである。われわれの内なる理性法則、すなわち永遠者の声に呼応して、われわれが自己存在を丸ごと放下する瞬間、われわれはすでに、死すべき生を脱出して、神的なる永遠の生の内に生かされている自己を発見するのである。

晩年の宗教論『浄福なる生への指教』（一八〇六年）の第六講においてフィヒテは、「ヨハネ福音書」の中にキリスト教のもっとも純粋で真正な教説を見出し、自分の宗教観ならびに『知識学』は、これとのみ一致することができると語っている。フィヒテによれば、「ヨハネ福音書」の内容において、いついかなる場合にも妥当する真理、すなわち「形而上学的なるもの」と、たんにイエスの時代、キリスト教創立の時代ならびにイエスと彼の使徒たちの必然的な立場にのみ妥当する教条、すなわち「歴史的なるもの」とが区別されなくてはならない。「ヨハネ福音書」における「形而上学的なるもの」とは、イエスが洞察した「人間的現存在と神的現存在との絶対的な一体（absolute Einheit）[15]」という洞察である。この洞察は人間が到達しうるもっとも深い経験である。それはイエス以前には存在しなかったし、イエス以後においても、今日に至るまでほとんど見失われてしまったものである。それにもかかわらず、神と人とのこの合一もしくは一は、イエスひとりだけに可能な経験ではなく、イエス自身が教えたように、すべてのひとびとに可能な経験であるということをフィヒテは力説する。「われわれを浄福ならしめるものは、ただ形而上学的なるもののみであって、決して歴史的なるものではない[16]」。この意味での「形而上学的なるもの」によって人間が捉えられるところに真の宗教は成り立つ、とフィヒテは言うのである。

フィヒテの宗教思想だけでなく後期『知識学』においても、「生」の概念は根本となっている。それはかつてソクラテスやイエスが教えた永遠なる生の思想の復権を近代ヨーロッパ世界において企てた典型的な場合の一つと言ってよい。ドイツ観念論の哲学者たちの中でも、われわれの自己の永遠と死の軽さをもっとも大胆に語った人はフィヒテであろう。しかし、それはプラトンやデカルトがそれぞれの仕方で論証した魂

(Seele) の不死 (Unsterblichkeit) の思想とただちに同じであるということはできない。フィヒテはむしろ、彼の思想の核心をなすところの生と、魂の不死についての信仰や理論との区別を強調したのである。すでに引用した『現代の特徴』の中の一節にも、神的生命の内に実際に生きている宗教的人間は、魂の不死についての巧妙な証明などには何の関心も持たない、ということが言われていた。西欧思想の歴史の上にいくたびも登場した、この魂の不死についての論議の不要なるゆえんを一八〇四—〇五年の『知識学』は、例えばつぎのように語っていることは注目されてよい。

『知識学』は魂の不死については何ひとつ認定することはできない。なぜなら、『知識学』に従えば、いかなる魂も存在せず、死ぬということとか可死性 (Sterblichkeit) とかも存在せず、したがってまた不死 (Unsterblichkeit) も存在しないからである。そうではなくて、ただ生 (Leben) があるだけである。生は永遠に生自身の内にあり、生の内に現存するところのものは生と同じく永遠である。それゆえ『知識学』は、イエスと同じように生を保持して、このように言うのである。——私を信ずるものは決して死ぬことはなく、生を自分自身の内に持つことが与えられるのだと。(17)

フィヒテがここで言おうとするのは、「神」とか「自己」とかいうものを「実体」として存在するものと考え、これに対象的もしくは観想的にかかわる態度への拒否である。フィヒテが終生、スピノザやシェリングの哲学に反対したのは、彼らの哲学のこの観想的性格のためである。フィヒテの『知識学』はそれが生まれた最初の日から、「実体」としての絶対者の代わりに、徹底的に自由な働き、働くものなき働きとしての自我性(自己)を哲学の原理としている。そういう根源的な主体性を本質とする自己は、思惟する実体ではなく、それに先行する自覚以外の何ものでもない。自己をたんなる主観的意識の内部で知るのではなく、自己の根源から知るという意味での自覚こそ、フィヒテが考える真の自己である。フィヒテのこの根本見地は、宗教を論ずる場合でもすこしも変更されていない。というよりも、宗教とはこのような自覚の徹底そのものなのである。『浄福なる生への指教』の表現によれば、「現実的で真実の宗教性は、神がわれわれの内に実際に生き、働き、彼の仕事を遂行しているという深い内的意識の内に存立する」(18)。それは「神の生はわが生、わが生は神の生」(19)であるというような立場である。つまり、神との一体化といっても、それは静止した状態としてはどこにもないのである。神の生とわれわれの生とのこの生の動的合一は、いかなる意味においても外から観想したり分析したりすることはできない。ただ、各人が自分自身でそれを生きる以外にないものである。

そういう生と一つであるような根源的な自覚の見地からすれば、時間の内で移り変わり、死滅する身体と別に不滅の魂というものが実体的に存在するように思い、その魂の永遠と不死について論証しようとすることは、およそ真の自己というものについての基本的な思い違いだということにならざるをえない。身体と区別された魂を実体化して、これに不死と永遠性を述語せんとすることは、フィヒテによれば、自己でないものを自己と考えることである。すでに述べたように、フィヒテの言う宗教とは、神的生に従うところの人間の自己放棄である。しかるに、われわれの身体は滅びても魂は不死だという考え方には、なお自己というものについての執着が残存している。実体的に考えられた魂なるものはフィヒテによれば、真の自己ではなく自己の亡霊にすぎない。自己の身心の両面にわたって、すべての現世的なるものに死に切るという自己否定、自己放棄がなされていない人間の抱く夢想だ、とフィヒテは言うのである。

『知識学』の見地では死はない、ただ生があるだけだ、ということの思想のもっと鋭い表現は、『浄福なる生への指教』の中の「ヨハネ福音書」の復活（Auferstehung）という出来事の解釈に見られる。つぎにそのフィヒテの文章を引いておこう。

第五章第二十五節。「死んだ者が神の子の声を聞く時が来る。今やその時である。その声を聞いた者は生きるだろう」。——死んだ者！　死んだ者とは誰のことか。最後の審判の日に墓の中に横たわっている人のことか。そんなのは粗野な解釈である。すなわち、聖書の表現を借りれば、肉による解釈、精神によらない解釈である。時はすでに来ていたのである。彼の声をまだ聞かなかった者、まさにそのゆえに死んでいた者が、かかる死んだ者だったのである。[20]

第十一章第二十三節はもっと明白である。——「あなたの兄弟は復活しよう」。ユダヤ的狂想によって頭が一杯になっていたマルタは、「最終の審判の日の復活の時に彼が復活するであろうことは存じています」と言った。——そうではないとイエスは言った。「私は復活であり生命である。私を信ずる者は死んでも生きよう。また生きて私を信ずる者は永遠に死なないであろう」。私（イエス）との一体化は、永遠の神および神の生命との一体化と、この一体化の確信を与える。それゆえ、ひとは一瞬一瞬に全永遠を所有し、時間の中での誕生や死亡というような欺瞞的な現象にいささかも信用をおかない。それゆえまた、死からの救出という意味での復活をも必要としない。彼はそのような死を信じていないからである。[21]

フィヒテのこのような宗教思想は、研究者たちによって神秘主義的と見なされてきた。[22]それは決して誤解ではなく、後期フィヒテが神秘主義につながるということは、今日ではすでにフィヒテ研究の常識になっている。もちろんフィヒテ自身は、著作の中ではシェリングとちがって神秘主義（Mystizismus）という語を、もっぱら神についての受動的な観想の意識もしくは夢想（Schwärmerei）という意味で使って、これに反対している。[23] 神とのこのような観想的合一はフィヒテによれば、真の宗教とは反対の神秘主義の病気の一つなのである。しかしながら、フィヒテの非難の対象となった神秘主義とフィヒテ自身がそれであったところの神秘主義とが区別されなくてはならない。神との真の合一は、観想の立場を突破した生の動性にあるというのがフィヒテの立場である。西欧の神秘主義思想の中では、マイスター・エックハルトの場合が、このフィヒテの立場にもっとも接近するように思われる。[24]

註

フィヒテからの引用のページ付はつぎの全集による。その他のものは引用の際に挙げた。*Fichtes Werke*, Hrsg. von Immanuel Hermann Fichte, Walter de Gruyter & Co., Berlin 1971.

（1）Hegel, *Glauben und Wissen*, G. W. F. Hegel Werke, 20 Bände, Frankfurt a. M. 1970, 2, 432.

（2）M. Heidegger, *Der europäische Nihilismus*, 1967, S. 7.

（3）（4）Hegel, *Glauben und Wissen*, 2, 410.

（5）Hegel, *Differenz des Fichte'schen und Schelling'schen Systems der Philosophie*, ibid, 2, 50.

（6）Fichte, *Die Grundzüge des gegenwärtigen Zeitalters*, VII, 241.

（7）Fichte, VII, 235.

（8）M.Heidegger, *Was ist Metaphysik*？ Fünfzehnte Auflage 1998, Vittorio Klostermann, Frankfurt a. M., S. 44.

（9）Fichte, VII, 235.

（10）Fichte, *Appellation an das Publicum*, V, 194.

（11）Fichte, *Über den Grund unseres Glaubens an die göttliche Weltregierung*, V, 186.

（12）Fichte, V, 212.

（13）Fichte, *Die Bestimmung des Menschen*, II, 283.

（14）Fichte, II, 289.

（15）Fichte, *Die Anweisung zum seligen Leben*, V, 483.

（16）Fichte, V, 485.

（17）Fichte, *Die Wissenschaftslehre zweiter Vortrag im Jahre 1804*, Felix Meiner, Hamburg 1975, S. 90.

（18）Fichte, V, 473.

（19）Fichte, V, 486.

（20）Fichte, V, 487.

（21）Fichte, V, 487.

（22）例えばF・ゴーガルテン（F. Gogarten, *Fichte als religiöser Denker*, 1914）メディクス（F. Medicus, *Die religiöse Mystik und die klassische deutsche Philosophie*, 1918）E・ヒルシュ（E. Hirsch, *Fichtes Religionsphilosophie*, 1914）R・オットー（R. Otto, *West-östliche Mystik, Dritte Auflage*, 1971）などはいずれも、後期フィヒテの神秘主義を承認している。最近ではW・ヤンケが、一八〇四年の『知識学』の真理論は、その結果から見れば神秘主義であるが、しかも「それは昔の神秘主義とのあらゆる明白な類比にもかかわらず、近代的思惟の超越論的な道の比類なき完成である」と書いている（W. Janke, *Fichte Sein und Reflexion—Grundlagen der kritischen Vernunft*, Berlin 1970, S. 303 ff.）。

（23）『浄福なる生への指教』（V, 473）の他には、例えば一八一二年の『知識学』におけるスピノザ批判にこの語が使われている（X, 329)。

（24）フィヒテの『知識学』とドイツ神秘主義、とくにエックハルトとの比較については、本書所収「知的直観の哲学とエックハルトの神秘主義」を参照されたい。

キェルケゴールとフィヒテにおける反省の問題

一

キェルケゴールの実存弁証法とドイツ観念論、とくにフィヒテの自由の形而上学との関連を明らかにするために、ここでは近世哲学の中軸をなすと思われる「自己意識」あるいは「反省」という原理をとりあげ、両思想家においてこの原理がどのような形で遂行されたかを考えてみたい。

キェルケゴールはドイツ観念論の立場をしばしば「主観・客観」(Subjekt-Objekt)という簡潔な術語で言いあらわしているが、この術語の創始者は、言うまでもなく『知識学』のフィヒテである。フィヒテを継いだシェリングも彼の超越論的観念論や自然哲学の中でこの用語を好んで使用しているが、そのときにはすでにこの言葉は創始者とはすこし違った光の下で見られているのである。フィヒテの原初的な使用法では「主観・客観」とは、純粋自我の「自己意識」(Selbstbewußtsein)を構造している主観(意識するもの)と客観(意識されるもの)との自己同一を指して言うのである。しかもそれは、遂行される意識の対立的連関そのものの直下に、つまり現実の経験的な「私」(Ich) というもの自身の根柢に、真の自分自身として直接に自覚され得るところのものである。いかにしても客体的に把捉できない生きた能動的自我の主体的性質を表現したものが、フィヒテの「主観・客観」である。そこには、後にシェリングがこの語に含蓄せしめた意味、すなわち世界の構成原理として客体的に観想される「絶対者」という性格は、まったくふくまれていないことは明らかである。いったい、キェルケゴールの「実存的主体性」(existierende Subjektivität) (VII, 272) という立場が、ドイツ観念論の立場を全体として客体性の立場として捉えていることは言うまでもない。このような見方はヘーゲルやシェリングに対してはもちろん承認されねばならないが、その場合でもわれわれは、彼らの思弁的客観的観念論に対して自我の根源的主体性を一貫して主張したフィヒテを忘却してはならないと考える。客体とならない主体という思想は、あらゆる時期におけるフィヒテの中心にある。一八一三年の『知識学』(彼の最晩年に属する作品) においてもフィヒテは述べている。「知識学は全永遠にわたってどこまでも主体的であり、決して客体的にならない」(N. W. II, S. 5) と。もちろんフィヒテの言う主体性とは、キェルケゴールからすれば「現実性」というものに関係しない「知の主体性」(wissende Subjektivität) (VII, 272) であるとしても、絶対者の思弁的 (自己) 構成という立場に終始一貫抵抗して、意識の絶対反省を徹底したフィヒテの知の立場の固有性は、依然として究明に値するであろうと思われる。それ故われわれは、「主観・客観」というドイツ観念論の原理をもう一度、その生成の原初へ還して見ることから考察を始めよう。

二

デカルトが発掘した近代的自我の自己確実性は、初期フィヒテの『知識学』においてそのもっとも鋭い尖頂の一つに到達した。つぎのフィヒテの命題は、この事態の学的表現の一つであろう。「理性的存在はそれが自立的であるがゆえに、自己を絶対的に自立的に定立する。そしてそれは、自己をかく定立するがゆえに自立的である。それはかかる連関において主観・客観である」(IV, 60)。「自己自身の内へ還る活動性一般(自我性 Ichheit、主観性 Subjektivität)が理性的存在の性格である」(III, 17)。これらの事態はさらに、「自我における主観と客観との絶対的同一」(IV, 1)といわれ、かくして自我の「知的直観」あるいは「自己意識」(Selbstbewußtsein)として規定されている。フィヒテによれば、かかる自我の自己意識が、全哲学の課題に対する最終的な解答となるものである。その課題とは一般に、客体的なものがいかにして主観的なものとなるのか、「存在」がいかにして「表象」もしくは「意識」へもたらされるか、という問題である。そうしてこの問題は、意識作用における主観と客観とが分離せずに同一であるごとき点が捉えられない限り、解決され得ない。しかるに自己意識すなわち「われわれ自身の直接意識」(I, 521)こそまさしくかかる点である。自我の直接的な意識についてはつぎのように言われ得る。「私は私が在るということによって、私について知っている。そうして私は、私について知っているということによって在る」(IV, 5)。同じことを一層精しく表現すればつぎのとおりである。「私が何かを私は、私がそれで在るがゆえに知る。そうして一般に私がただ存在するということによって、私が直接に知るところのもの、そのものは私である。なぜなら私はそのことを直接的に知るのだからである」(II, 225)。私が私自身を知るというとき、「私は主観であって客観である」(*ebd.*)。すなわちそこには、「知の自己自身への還帰」(Zurückkehren des Wissens in sich)(*ebd.*)があるのであって、すべての意識作用の根本は、かかる自己内還帰の働きとしての自我性に存する。

この自己意識の自我の構成をさらに精しく観察しよう。まず明らかなことは、自己意識における主観と客観との同一といわれる事態は、何らの対立とも無関係な単純態ではなく、主観と客観との対立の統一としての同一であるということである。主観と客観とに分裂する自我が、同時にこの両者を結合するのであるから、かかる同一は、一即二、二即一という構造をふくんでいる。そのことは、自己自身へ還る働きが自我性として捉えられている点に、すでに明白である。知の自己内還帰は明らかに、一つの「対自」(Fürsich)もしくは「反省」(Reflexion)という連関を示している。この事情をフィヒテはつぎのように記述している。すなわち、「自己自身の内へ還る活動性一般が理性的存在の性格である。自己定立(自己自身への反省die Reflexion über sich selbst)は、この活動性の一つの作用Aktである」(III, 17)と。ところで一切の反省はその客観へ向かってゆく作用であるが、目下のばあい反省の客観とは、言うまでもなく自我の自己内還帰の活動それ自身である。それゆえに、自我の自己意識は自我が自己自身を客観にするという対立的契機を構造的にふくんでいる。「反省」とは自己意識をかかる対立的連関の相において目撃したときの姿に他ならない。しかるにフィヒテはまた、自我性を「知的直観」(intellektuelle Anschauung)とも規定する。すなわち、自己意識の自我においては、「非我」(Nicht-Ich)との対立を媒介にする自己規定、つまり「概念的把捉」(Begreifen)は起こらずに、自我が直接に自己自身の内部において自己を知るのであるから、かかる意識様態は一種の「直観」であるというのである(I, 459)。自己意識をかく知的直観として捉えているときには、さきの「反省」のいわば裏面、すなわち統一的連関が目撃されていると考えられる。そうして、自己意識はまさしく直観であると同時に反省である。自我はいわばその周辺から見れば反省であり、中心から見れば直観であって、しかも真実には、この両者の動的交互作用そのものであるということができよう。この点に関しては、つぎのヘーゲルの叙述が明快な理解を提供している。「超越論的な知は反省と直観とを合一する。それは概念と同時に存在である。直観が超越論的になることによって、経験的直観においては分離しているところの主観的なものと客観的なものとの同一が、意識の中へ入るのである」(Hegel, Differenz des Fichte'schen und Schelling'schen Systems der Philosophie. S.W. I, 195)。

自我性もしくは自己意識に関して両側面が見られた。直観の方向と反省の方向である。統一されてゆく自我の側と、分裂してゆく自我の側と言ってもよい。ところで、初期のフィヒテは、この両面の関係にふくまれている事態を充分周匝に観察していたとは言いがたい。知的直観という立場と、主観―客観関係の遂行としての反省活動というものとのあいだの構造的もしくは方法論的連関について、いくつかの不明瞭が残存しているのである。

すでに見たように、自我性とは自己自身の内へ行く活動であり、この活動全体を内から目撃せんとする反省作用もまた、自我の根源的活動自身に属している。反省とは自我の外部にある任意な立場からなされる作用でなく、自我の内から起こるところの内部構造的な作用である。しかしながら、反省は本質的に何らかの対象へ向かう。反省作用は反省の客観の定立であり、この定立によってこれを自己自身と区別する分裂の作用である。しかも反省活動(主観)と反省の対象(客観)とは、ともに自我の根源的活動の両極である。ところで、反省の対象となった活動は、反省主観に対して存するものであるから、反省主観がその内にふくまれるごとき根源的な活動ではないというべきである。すなわち、反省作用は根源的活動を明るみに出そうとしてこれを客観化するのであるが、この客観化を通して、自我の根源的活動は不可避的な変容を受けるのである。反省されるところのものは、つねに根源的自我である。しかるにまた、かく反省されたものは根源的自我でなくなる。反省によって到達されざるところへ向かう反省が、自我性という立場である。

　もちろんフィヒテは、反省をもってする自我性の内奥のこの不可到達性を知っていたように思われる。例えば知識学文献の最初のものといえる『知識学の概念』（*Über den Begriff der Wissenschaftslehre*, 1794）の中にはつぎのような箇所がある。「反省は、知識学が学問である限り、知識学全体を支配するものであるが、その反省とは一つの表象活動（*Vorstellen*）である。しかしこのことから、反省がそれについてなされるところのものもまたすべて、一つの表象活動であるにすぎぬであろうということは帰結しない。知識学においては自我が表象される。しかし自我がたんに表象的であるとして表象されるということは帰結しない。……哲学的思惟の主観としての自我は争うべくもなくたんに表象的である。哲学的思惟の客観としての自我はそれ以上のものであり得るだろう」（I, 80）。客観としての自我はフィヒテによれば「自己自身を定立する活動」（I, 71）である。この表象以上の活動的自我が、「ただ表象の形式においてのみ——それが表象される限りにおいてのみ、かつ表象されるや否や——意識に到達する」（I, 81）というのが知識学の立場である。しかるにフィヒテはまた、この活動が「いつか純粋な姿で意識に到達するということの必然性は存しない」（I, 71）と語っている。——これらのフィヒテの叙述は、根源的活動としての自我の超反省的な性質というものを承認していると解してよいであろう。しかしそれにもかかわらず、一七九八年以前のフィヒテは、自我の本質に横たわる超反省的性格と、これに分かちがたく結びついている反省作用の不可避性とのあいだの矛盾を正当には目撃しなかったようである。彼は自我の意識における主観と客観との自己同一を、もはやそれ以上の構造解明を容れない明白として捉え、この自己意識の明白そのものが成り立っている次元へは立ち入らなかったのである。

ところで、自我の根源的活動が純粋には意識に達せぬものであるというフィヒテの思想が、フィヒテ哲学の相対主義であるとして、これを超えるところに哲学の立場を見ようとしたのは、言うまでもなくヘーゲルである。彼によればフィヒテの帰結は、反省というものに関するフィヒテの見方からくるものであって、反省そのものの根源的構造からくるものではない。すなわち、フィヒテの言う反省は「悟性としての反省」(I, 209) であるにとどまるのであるが、反省の真相はむしろ「理性としての反省」(**Reflexion als Vernunft**) (I, 178) というところに存する。ヘーゲルは反省そのものを思弁の領域へ高めることによって、反省による絶対者の弁証法的構成としての哲学の立場へ進んだ。彼によれば、哲学の任務は絶対者を意識に対して定立することである。しかるに、これを遂行する反省活動もその産物もともに、制限されたものである。「反省は存在と制限との能力である」(*ebd.*)。絶対者は反省され、意識に対して定立さるべきである。しかしそうなると、絶対者は定立されれず廃棄されてしまう。何となれば、絶対者の定立とはその制限であり、制限された絶対者とは矛盾だからである。つまり、絶対者の反省は一つの矛盾をふくむのである。フィヒテがその前で停止したこのアポリアをヘーゲルは、「理性としての反省」をもって突破しようとする。それは反省が一つの自己否定を敢行することによってである。すなわち、絶対者を対象として定立する反省の制限された在り方（悟性としての反省）を否定して、自己を絶対者の内にのみ存在するものとして捉えるのである。「反省が一切の存在と制限されたものとを絶対者へ関係づけるとき、反省は自己自身および一切の存在と制限されたものとを否定する」(*ebd.*)。かくして彼に従えば、哲学的反省とはまさに「矛盾の媒介」(*ebd.*)なのであり、自己自身の否定を通って絶対者の把捉に達するのである。このような反省は、主観と客観との同一としての知的直観そのものを全面的に明るみにもたらし得る能力である。彼は言う。「知的直観は学において反省の対象となる。それゆえ、哲学的反省それ自身が超越論的直観である。哲学的反省は自己自身を客観にし、かつこれと一つである。かくしてそれは思弁である」(I, 272)。ヘーゲルにおいて反省は「思弁する反省」(spekulierende Reflexion)(*ebd.*)になっているのである。

ところで、ヘーゲルのごとき思弁的な絶対観念論の途をとらずに、一層密接に意識自身の絶対反省という『知識学』の立場に即して考えるならば、この反省の問題はどうなるであろうか。一七九八年になってからのフィヒテはこの問題の解明に向かったように見える。すなわち彼は、自己意識における主観と客観との同一というものを最終的な事態とせず、これを一層根源的な事態の直接的な現われとして捉える立場へ深まった。かかる一層根源的な事態とは何かといえば、それは反省するというそのAkt自身は、自我の根源的活動に属するがゆえに、いかにしても反省の客観となり得ない、という事態である。このことが、反省する自我と反省される自我との同一というフィヒテの把捉のうちに今までは隠されていたのである。反省作用における主客の同一は、その基礎に非反省的もしくは超反省的次元を持つことによって初めて可能である。何となれば、もし反省作用が反省する限りの自我そのものへ向かうとするならば、そのときには反省するものと反省されるものとは全然区別され得ず、したがって反省的連関というもの自身が起こり得ないであろう。反省された自我という客観はまったく存しないことになる。しかるに、反省のかかる廃棄が生じないのは、反省する作用自身は反省されないという事態があるためである。反省する自我が超反省的であるがゆえに、反省作用は反省された自我へ関係してゆき、そこに反省するものと反省されるものとの直接的同一（自己意識における対立即統一）が成り立つのである。それゆえ、自己意識の「同一」の核心には、一つの超反省的な次元がひそむのである。自我性に関するつぎのフィヒテの規定は、この事態の摘発の結果を告げている。「自我はそれ自体としては概念的には捉えられ得ない。それは絶対的に x である」（IV, 42）。「主観・客観＝x としての自我は思惟され得ない」（IV, 65）。いったい、意識とはつねに「何か」（etwas）についての意識であるから、「意識するもの」（das Bewußtseiende）と「意識されるもの」（das Bewußte）との「分離が、すべての意識の可能制約である」（IV, 5）。「或る意識が定立されるならば、この分離が定立される。そしてこの分離なくしてはどんな意識も不可能である」（*ebd.*）。この事情は自己意識にあっても同様である。ただ、自己意識の場合には、この分離がそのまま合一であるだけである。ところで今やさらに進んで、自己意識におけるこの分裂即統一の根柢に、一切の意識作用を超えてしかもこれを成立せしめるところの「不可思惟的一者」（das undenkbare Eine）（IV, 42）が見られたのである。以上のことをフィヒテはつぎのようにまとめている。「分離されるところの一者、一切の意識の根柢に横たわり、かつそれに従って主観的なものと客観的なものとが意識の内で直接的に一つとして定立されるところの一者、それは絶対的に x であり、単一なるものとして、いかなる仕方によっても意識に到達しない」（IV, 5）。

このような超意識の一者は一八〇〇年頃までのフィヒテによっては、「自我の本質」（Wesen des Ich）（IV, 42）とか「私の真の存在」（mein wahres Sein）（IV, 130）とか考えられているが、一八〇四年以後の『知識学』になると、かかる自我内在的な把捉が突き破られて、自我の本質的次元に「絶対者」（das Absolute）もしくは端的に「神」（Gott）が定立され、本質的自我あるいは真の自己とは、神と「合一」し、神と同じ「生命」

を生きるごとき自我であるとする思想が現われてくる。要するに、フィヒテの主体性の理論の最終的な帰結は、思惟と存在との同一あるいは「主観・客観」といわれる主体的原理そのものの基礎に、思惟や直観以上の領域を開示するという形をとったわけである。われわれの存在の根柢に横たわるものは、いかなる反省的把捉をもってしてもとどかぬ深みであって、われわれはただこのものと直接に一つになり、それを生きることができるのみである、とフィヒテは教えた。絶対反省の学としての『知識学』は一八〇四年頃から、それ自身を徹底的に究尽することによって、一つの神秘主義の圏域に突っ込んだというべきである（Vgl. W. Janke, Fichte Sein und Reflexion, Berlin 1970, S. 302）

三

キェルケゴールにおいては、反省は「実存」という立場になっている。フィヒテ哲学にあっては、反省作用はどこまでも「主観・客観」を意識自身に対自的に構成する「理性」の機能であった。理性的反省の目標は、思惟と存在との同一の自覚にある。たといフィヒテ後期の思想のごとく、反省が自己意識の同一をも超えた超意識の神へ向かうという場合であっても、かかる神は合理化の方向の限界に現われてくるものであるから、理性に対する超理性という性格を失わないのである。つまり、『知識学』の反省は無限な客体化の作用である。意識の主観—客観関係を成り立たせる超越論的条件を、意識の場面へ客体化するプロセス（このプロセスが客観的世界の生産）を通して、最後にもはや客体化されざる主体自身に出会おうとする方向を原本的にもっている。キェルケゴールがこの反省を「客体的反省」（objektive Reflexion）と呼び、実存の立場での反省を「主体的反省」（subjektive Reflexion）と定義するゆえんである。それでは実存の立場となった反省はどういう形をとるか。

「体系的イデーは、主観・客観、思惟と存在との統一である。実存はこれに反してまさしく分離である」（VII, 102）とキェルケゴールは言う。実存の立場とは、「主観と客観、思惟と存在との間に」（*ebd.*）分裂と距離を定立する立場である。「絶対的に区別するもの」（VII, 364）の立場である。すなわち、いかなる意味においても客体とならぬ主体、思惟の可能性へ翻訳不可能な現実性としての存在への情熱的関心である。それではかかる現実的な主体はどこに見出されるのか。それは他ならず、現に思惟している者のことである。「思惟する者は実存する」（VII, 264）。ドイツ観念論の思惟から脱落していたところのものは、かかる思惟する者の実存である。ヘーゲルとシェリングにおいては、真実の思惟は絶対者を客観にするところの思惟であるが、絶対者が思惟されるには思惟の立場そのものが絶対者の内へふくまれ、かくして結局は、思惟する哲学者のうちにおける絶対者自らの自己認識という形をとる。純粋思惟の立場とは、経験的な認識主観と絶対主観との合一、むしろ後者への前者の没入である。これに比べてフィヒテの場合は、思惟主体の自立性というものが積極的に考えられている。じっさい彼とシェリングとの抗争の中心点はこの問題にあったのである。たとえば、シェリングはつぎの命題の遂行によって『知識学』を超えていったのである。「理性を絶対的として思惟するためには、思惟するもの（das Denkende）を抽象せねばならない」（IV, 114）。絶対的認識の立場とは彼によれば、「主観的なものを自己自身のうちで忘却すること」（IV, 116）に他ならぬ。フィヒテは、思惟主体のこのような思弁的抽象に同意しなかった。彼は『知識学への第二序論』の中で、『知識学』の考察する客観たる純粋活動の自我は、哲学者が自分自身でその働きを遂行する（この働きは時間的・経験的である）

という仕方で、「彼自身の自我」(I, 459) としてのみ直観し得るものである、と言っている。ここには、経験的な時間の自我の忘却が絶対的認識であるとするシェリング的な考え方とは異なった思想がある。純粋自我がいつでも個別的自我の場を離れることなく捉えられるべきことを、フィヒテは主張した。それは、経験的自我それ自身を貫いて(これを止揚せずに)純粋自我を目撃せんとする立場である。それにもかかわらず、フィヒテにおいても、経験的自我の個別性は究極的には普遍的な純粋自我性へ解消さるべきであるという、観念論に汎通的な考え方が支配している(I, 505)。すなわち、フィヒテが注目したところの das Denkende や das Bewußtseiende とは、思惟する者の本質存在 (Was-sein) であって現実存在 (Daß-sein) ではないわけである。フィヒテはたんに、主体性とは考える者であると言ったのであり、現に考える者が在るという現実に注目したのではない。それゆえ、「思惟する者」が在るという現実存在はフィヒテにおいてもやはり問われなかったというべきである。観念論の根本原理たる「主観・客観」は、かかる現実存在を隠蔽することによって、それ自身の無制約的な明白さを保持しているのである。

これに反してキェルケゴールの実存弁証法は、思惟作用がかかる「思惟する者」そのものへ内面的に関係することと共に始まる。それはフィヒテの立脚した主体性の地盤をもう一つ内へ屈折的に突き破ることであり、キェルケゴールはこれを「主体性の自己内帰向」(In-sich-selbst-Zurückkehren der Subjektivität) (VII, 95) と呼んでいる。「すべての本質的な認識は実存に関係する。あるいは、実存への関係が本質的であるような認認識のみが、本質的な認識である」(VII, 165)。この本質的な認識が向かってゆく認識主体の実存は、徹底的に経験的であり時間的なものである。それはフィヒテが見た das Denkende のごとく、その本質に「不可思惟的一者」としての絶対存在を予想するということがない。むしろ、どんな超時間的な次元をも背景に持たぬような端的な時間性に立脚した実存である。それゆえ、かかる実存が思惟の目標となってくるときには、思惟そのものの構造が根本的に変わってこなければならない。観念論的な意識の主観と客観の関係の超越論的基礎であった「同一」という次元がさらに内部へ突き破られるのであるから、そこでは認識主体が「対象」として何ものかを知るという「客体的」な認識の構造、総じて学的認識の地平は破壊されるであろう（*ebd.*）。しかもまた、後期フィヒテのごとく、「不可思惟的」なxを思惟の背後に定立し、思惟はこのものとの合一的生の中へ究極的には消されるという神秘主義の立場ともちがっている。というのは、フィヒテの『知識学』は、考えられ得ぬ一者が考える主体の根源をなすという立場に立つが、その場合この両つの次元のあいだが矛盾として捉えられているのではないからである。そこには、不可思惟的なものへ思惟が吸収されてゆく方向があるだけで、不可思惟的なものを思惟するという矛盾はない。しかるにキェルケゴールの言う主体的思惟とは、この矛盾そのものの遂行をいうのである。それゆえかかる思惟は「情熱」を伴い、むしろ情熱そのものの敢行である。「思惟自らが思惟し得ぬごとき何かを発見しようとするのが、思惟の最高のパラドックスである。思惟のこの情熱は実際、思惟の中の至るところに現存している」（IV, 204）。思惟のかかる転向を、キェルケゴールは、可能性の媒質の中で考えることから「実存の媒質」の中で考えることへ移る「困難」であるとも言っている（VII, 271）。思惟における主観と客観との関係の観念論的形態を正《プラス》の方向とすれば、主体的思惟は負《マイナス》の次元における主観‐客観‐関係の展開であるといえるであろう。

　思惟というものの構造そのものに関するこのような変革には、一層立ち入るならば、つぎの二つのテーゼのあいだを張りわたす矛盾と緊張とがふくまれている。一つは「思惟する者は実存する」。他は「実存する者は思惟する者である」（VII, 269）。

まず、思惟する者は実存するといわれる。このテーゼは、思惟する主体の本質を不可思惟的一者という超時間的なものに求めたフィヒテと逆の方向に成り立つ。「思惟され得ない唯一の自体とは、実存するということである」(VII, 283)。ところで、実存のこの不可思惟性は、実存が時間の中で生成する存在、「この個別的な人間」(VII, 284)であるという点に存している。主体がいかにしても客体とならぬ主体であるゆえんは、主体の本質に永遠の一者がふくまれているからではなく、かえっていかなる永遠的一者もないからなのである。つまり、底の底まで時間的な存在だからである。「実存する者は彼が実存するということによって、徹頭徹尾客体的となることを阻止されている」(VII, 188)。主体性の尖頂は、普遍よりも個別が高次であるという立場、本質(essentia)に存在(existentia)が先行するという立場である。そうしてそこがつねに、思惟する者の現場である。この事実は観念論の思弁的な思惟の場合でもじつは存続している事実である。「いかなる人間も思弁ではないのであって、思弁する者が実存する者である、という点に困難が存している」(VII, 173)。思惟と存在との思弁的媒介において、その「媒介する者」(VII, 364)自身は、媒介され得ぬ実存であり、それゆえに媒介そのことも可能なのである。ただ、思惟がそこから起こるこの実存の現場を観念論の思惟は忘却しているだけにすぎない。思弁はイデーの想起によって実存を忘却する。この忘却が観念論の地平なのである。

しかるに他方、実存する者は思惟する者である、といわれるのである。さきには思惟の現場が実存であることが示された。今や逆に、実存が思惟の場と別にないことが注目さるべきである。考えるということの徹底すなわち「本質的認識」(VII, 165)は、考える個人が現に在るという立場へ還るということであった。しかるにそのことは裏からいうと、思惟が真に思惟自身の立場へ還るということなのである。実存とはこのように、思惟が思惟自身の本質へ還帰することに他ならない。キェルケゴールが、「実存は無思想（gedakenlos）ではない」（VII, 101）と言うのはこの意味である。「実存それ自身がまさしく反省の領域である。そして実存する者は実存の中に、したがって反省の中にいる」（VII, 365)。実存は思惟の外へ出ることはできない。むしろ実存そのものが思惟となっているのである。「主体的に思惟する者はしかし実存する者である。にもかかわらず思惟する者でもある。彼は実存と矛盾とを抽象せず、それらの中に在る。しかもなお彼は思惟すべきである。かくして彼は、彼のあらゆる思惟の中に、彼自らが一人の実存する者であるということを一緒に思惟している」（VII, 304)。

　ここには、実存になってしまった思惟、そして思惟になってしまった実存がある。考えることと在ることとのこの関係は、しかしながら、観念論が遂行する思惟と存在との同一ではなく、思惟と存在との「区別」である。何となれば、実存とは思惟すべからざる唯一のものである限り、思惟への否定であり、他方思惟とは実存の抽象として、実存への否定である、という事態がここでは決して忘却されていないからである。すなわち、存在はいかなる思惟とも別な存在そのものへ徹底され、思惟はどんな存在とも別な思惟それ自体へ徹底され、しかもかくそれぞれの極へ徹底されたものが相互に他の中へ自己否定的に透入しているごとき関係である。「実存は思惟と存在とのイデアールな同一を分別する。私は思惟し得るためには実存せねばならぬ。そしてそこに実存し得るためには思惟し得るのでなければならぬ」（VII, 284)。キェルケゴールがこのように表現しているものは、思惟と存在との矛盾対立を介した動的な「瞬間的」（VII, 283）統一である。同じことはまた彼が、「人間は思惟しかつ実存する」（Der Mensch denkt und existiert）（VII, 287）というときのその「かつ」（und）という構造である。それはすでに区別されたものを結合するという立場ではなく、区別の働き以外に結合というものはないとする立場である。実存の立場とは絶対的同一に対して「絶対的区別」（VII, 364）である。

キェルケゴールのヘーゲル批判の根柢にはつねに、存在と思惟とをヘーゲルは合一できなかった、という考えがある（Vgl. H. Diem, Sören Kierkegaard, 1964, S. 63）。そうして彼の実存的思惟には、思惟そのものの構造変革を遂行することによって、観念論の残した問題を解決せんとする意味がふくまれていると思われる。もちろんこの立場は、観念論的な思惟がいったん没落したところから始まってはいるが、存在と思惟との根源的連関の問いに肉薄している点に変わりはない。彼が「実存的な学問」（Existenziell-Wissenschaft）（Pap. IVC, 100）という概念を語るゆえんである。

知的直観の哲学とエックハルトの神秘主義

一

フィヒテに始まるドイツ観念論の形而上学と、ドイツ神秘主義とりわけマイスター・エックハルトの教説とのあいだに横たわる緊密な連関の事実は、これまでも多くの学者によって注目されてきたところである。たとえば、エックハルトのドイツ語の著作集の出版によって著名なF. Pfeifferは、すでに一八四五年につぎのように述べている。「ドイツの神秘家たちはドイツ的思弁の家長たちである。彼らの内には、自立的なドイツ哲学の始源が存している。それどころか、何世紀か後に有名になった諸体系がその上に築かれたところの、諸々の根本命題は、彼らの内にたんに萌芽においてでなく、部分的にはすでに完全な姿で語られていることがわかるのである(1)」。またディルタイは、ドイツ神秘主義とドイツ観念論とをつなぐ哲学のトラディションの連続を認めて、つぎのように書いている。「十四世紀の最初の数十年間に神秘主義は、マイスター・エックハルトを通じて形而上学の形式を受けとった。エックハルトにおいて今やすでに、神秘主義の伝統を貫通して、近世の汎神論の本来的な諸特徴が噴出している。このキリスト教的汎神論は、固定したドグマから脱出して、いわば後ろ向きに、このドグマがそこから形成された諸々の形而上学的連関への道をとって歩んでいる。かくして改新された形而上学的図式は、古代世界の神秘的思索家に属するものであって、近世の発展の思想によって決定的にとりのぞかれたのである。しかし始源的な一者から下降する諸階梯という時代おくれの概念秩序の中にあっては、このエックハルトの神秘主義において初めて、ゲルマン精神の生の気分が哲学的に自己を表明したのである[2]」。ディルタイのこのような洞察に関して、H・ハイムゾェトはつぎのように言及している。「エックハルトのこの新しい教説が及ぼした成果は、スコラの体系の歴史のうちに記録されることもなく、新時代の代弁者たちによって評価されることもなかった。しかしそれは、さまざまな、いわば地下的な成り行きにおいて、形而上学の歴史に対して非凡な意味を持つのである。エックハルトの思想の遠心力は、フィヒテ、シェリング、ヘーゲル、ならびに彼らの体系の「発展史的な汎神論」にまでとどいている。ここ、十九世紀のこの時期において、その思想は最後の頂上を見出したのである。すでにディルタイが非常な明晰さをもって洞見したところの、しばしば深く隠された連関、この大なるトラディションの統一（それは何よりもドイツの精神的生の統一である）を明るみの下にもたらすためには、今日までのところ極めてわずかのことしか起こっていない[3]」。

これらの文章の作者たちは等しく、ドイツ神秘主義を宗教的実践の立場としてでなく、哲学的思弁の立場として理解している。中でもハイムゾェトはとくにその点を明瞭に述べている。ハイムゾェトは北ドイツの靴工、ヤコブ・ベーメの神智学の中に、同時代のヒューマニストたちの哲学をことごとく無にしてしまうほどの深く根源的な哲学的思弁を見出している。宗教改革の時期にあらわれた、ドイツ神秘主義のこの偉大な継承者は、まさしく「ドイツの哲学者」(philosophus teutonicus) なのである。ハイムゾェトは書いている。「この神秘主義はじっさい、エックハルトや《ドイツ神学》の著者以来、思弁的であった。——つまり魂、神、世界についての思弁、哲学たらんとしたのであって、たんに宗教的生に対する言語表現や概念表現の類たらんとしたのではない！」(4)。

しかしながら、ドイツ神秘主義の本質が思弁 (Spekulation) であることを見出したのは、これら後世の哲学史家、精神史家たちが初めてではない。フランツ・フォン・バーダー、シェリング、ヘーゲルがすでにそういう見解を示しているのである。これらのドイツ観念論の運動の当事者たちはいずれも、エックハルトやベーメを自分たちの先行者として受けとった。彼らにおけるドイツ神秘主義の再発見は、ドイツ神秘主義の教説の中に哲学的思惟の根源的なエネルギーを見つけるという仕方でなされたのである。それはたんに自分の思想との内容上の類似点や先行段階を神秘主義者たちの言葉の中にたまたま見つけるというような文献学的な出来事ではない。哲学的思弁というものの基礎地平そのものの再確認なのである。エックハルトの最初の発見者であるフランツ・フォン・バーダーは、エックハルトの教えの中に、十九世紀の超越論的観念論の形而上学的認識の完成されたスタイルが、すでに先取されているのを見つけた。彼はエックハルトについて日記につぎのように記している。「もしも近代の思弁の精神が、スピノザならびにスピノザに似たひとびとにおいて点火される代わりに、中世のこの神学者ならびに彼に類似した神学者たちにおいて点火されたのであったなら、宗教哲学に関して事情ははるかに良かったであろう」(5)。バーダーは一八二四年にヘーゲルを初めてエックハルトの研究へ導いた人であるが、そのヘーゲルもまたエックハルトの教説の中に、まさしく自分が欲していたところのものを発見したのである(6)。

シェリングは『近世哲学史講義』(*Zur Geschichte der neueren Philosophie*, Münchner Vorlesungen, 1827) の中で、ヤコブ・ベーメの神智学 (Theosophie) を「実践的ないし主観的神秘主義」と区別される「客観的神秘主義」もしくは「思弁的ないし理論的神秘主義」(spekulativer od. theoretischer Mysticismus) と名づけ、それの内容は自分の自然哲学、学的認識の形をとった思弁哲学の内容とまったく同一である、と述べている。「神秘主義」と「理性主義」(Rationalismus) とを区別するところのものは、内容でなく表現の形式にすぎない、というのがシェリングの意見である。シェリングによれば、思弁的神秘主義はたんなる「信仰」や「感情」の立場ではない。それはヤコービの「感情哲学」が主張しているような「知」か「信仰」(「非知」) かという抽象的な対立を突破して、事柄自身を根源的な (あるがままの) あり方において所有する直接知たることを目ざすのである。すなわち観 (Schauen) の立場である。神智学としての思弁的神秘主義は、「神的本性ならびに諸物の神的なる発生の直接的な観」[7] (ein unmittelbares Schauen der göttlichen Natur und der göttlichen Entstehung der Dinge) に他ならない。だからこれは学的認識の理性主義としての「自然哲学」の主題でもある。神秘主義と理性主義とは、内容の側からは同一である。両者の区別は、表現形式が一方は直接的な (反省や悟性を介さない) 観であるのに対して、他方は反省による対象化をふくむ学的認識であるという点にある。このようにしてシェリングは、「神秘主義」とか「神秘家」とかいう言葉を、主張や学説の実質内容にまで拡げて使用しようとする当時の一般的傾向に反対している。「何びとも彼が何を主張するかによって神秘主義者になるのではなく、それをいかに主張するかによって神秘主義者になるのである。神秘主義という語は、学的な形式をとった認識に対する反対を表現しているだけである」[8]。

神智学としての思弁的神秘主義と自然哲学としての理性主義とはともに「実体の連動」(substanzielle

Bewegung）すなわち絶対者を主題にしている。ただし神智学はこれを反省を介さない直観知という形で語るにすぎない。そういう観は不完全な表現であり、むしろ一種の言語欠陥の状態である。思弁的神秘主義者の言葉もまた、その大部分は、高度に不可解なものである、とシェリングは言っている。神秘主義の観はそれ自身としては、いかなる悟性も反省もふくまない。そこでは神秘主義者は彼の対象に没入し、これと一つになっている。彼は対象を説明することはできず、むしろ彼自身がなお説明さるべき一個の現象にとどまっているのである。これはまだ人間精神の最高の立場ではない。最高の立場はこのような直接経験としての観の立場が、反省によってもう一度対象化されるところに成り立つ。それがシェリングの考える哲学の立場である。哲学的認識と神秘主義との関係をこのように見ることは、シェリングとヘーゲルとに共通した態度である。ヘーゲルの言う思弁的理性もまた、神秘主義的なものの対象化に他ならない。

以上のことからわれわれは、シェリングやヘーゲルの哲学と神秘主義とをつなぐ結合点の特徴をとり出すことができるであろう。神秘主義の本質は、絶対者と人間との直接的な合一もしくは同一（Identität）の立場であるが、この同一の核心にシェリングやヘーゲルは、絶対者を直接に見るもしくは眺めるという観想を見つけている。彼らにとっては、神秘主義は何より観想の立場なのである。もちろん神秘主義の「観」はシェリングが言うように、反省によって対自化さるべきである。しかし観の立場を反省した学的認識はそれ自身ふたたび、見るという観想的性格を持っていることは否定できない。いったい、フィヒテ以来の哲学の方法となった超越論的な反省（Reflexion）という作用には、与えられた意識をつくっている条件（根拠）に屈折（Reflex）してさかのぼるという面と、これによってその意識そのものの真相を、鏡に映して見るように照らすという面とが、一つに結びついている。シェリング、ヘーゲルの哲学には、この後の面が優勢的であるように思われる。それゆえ神秘家における観とこれらの哲学者における認識とは、不明瞭に見るか明瞭に見るかで区別されるだけである。「見る」という根本態度は、両方に共通しているのである。シェリングやヘーゲルの哲学的思弁が、神秘主義に共鳴するのは何よりも、この観想的性質においてである。[9]

　ところがドイツ観念論のもう一人の代表者であるフィヒテにおいては、これとは別な事情が見られる。シェリングとヘーゲルは神秘的合一の核心部を直観もしくは観想として捉えこれに共鳴したが、フィヒテはこれに反対したのである。実際、神秘主義についてのフィヒテの発言はことごとく否定的なものばかりである。神秘主義はフィヒテの眼にはたいていの場合、スピノザ主義として映っている。実体としての神の中にわれわれの自由と主体性が消失してしまうスピノザならびにスピノザ主義は、終生この自覚と自由の哲学者の敵であった。フィヒテの神秘主義批判のいくつかを引用しておこう。

　一七九八年の『道徳論の体系』（*System der Sittenlehre*）の中ではつぎのように言われている。「道徳論をたんに形式的に（**formaliter**）のみ論じてきたひとびとはすべて、もし彼らが首尾一貫してやってゆくならば、神秘家たちと同じように、不断の自己否定（*Selbstverleugnung*）、まったき自己滅却と消滅へと至らざるをえない。神秘家たちに従えば、われわれは自己を神の内に失うべきだとされるのである[10]」。「神秘家たちの錯誤は、彼らが、無限なるもの、時間の中では決して到達できないものを、時間の中で到達できると考えたところにある。絶対的な純粋理性形式もしくは神の内への個体のまったき滅尽（**Vernichtung**）と溶解は、たしかに有限的理性の最終的な目標である。ただそれは時間の中では不可能なことである[11]」。一八〇一年の『知識学の叙述』（*Darstellung der Wissenschaftslehre*）の中では、自由の意識を論じてつぎのように述べている。「実践的には自由でも理論的には拘束されているということがありうるが、それは彼がこの自由の気分をそれ以上明瞭にしないで、それを秘密な性質のままで自分の内にとどめておくことによるのである（これが自分の真の原理を照明していないすべての宗教家、神秘家、聖者たちの気分である。彼らは正しいことを実行しながら、その際、自分自身を理解しなかったのである。ところで目下のわれわれの教説は、彼らはまだ完全には自由ではない、ということができる。なぜなら、永遠者、神性といえども、自由を監禁してはならないからである）[12]」。一八〇六年の『宗教論』（*Die Anweisung zum seligen Leben*, oder auch die Religionslehre）は普通フィヒテの神秘主義の立場を示す典型とされるが、その中においても神秘主義はやはり敵と見なされている。フィヒテによれば、宗教の立場とは、「神がわれわれの内に実際に生き、働き、彼の仕事を遂行しているという深い内的意識[13]」のことである。われわれが神の生を生き、神がわれわれ自身の生の内に生きるという仕方での神とわれわれとの合一である。それゆえこの合一は、いかなる意味でもこれを眺めることのできるような状態ではない。合一は生きかつ遂行されうるのみである。合一をこのような活動として生きずに、神を観想し、空想もしくは夢想しようとするところに、神秘主義が成り立つ、とフィヒテは言う。「かかる空想がわれわれがすでに述べ、真の宗教に対立させた神秘主義の病気の一つである。真の宗教性は、生きた活動性によって、かの空想（Schwärmerei）から区別される[14]」。さらにフィヒテの最終期に属する一八一二年の『知識学』にあっても、スピノザの存在（実体）の一元論が知識学と反対の神秘主義として攻撃されている。スピノザは一切は存在としての神の内にあると説くが、フィヒテによれば、かく言うときのスピノザ自身の立場は、存在の内に入らないものである。存在が一切であると言うとき、それを言う（sagen）地平は、存在ではなく存在の概念、すなわち知なのである。ところがスピノザはこの地平を自覚していない。「存在の概念によれば、存在の外にはいかなる存在も無い。しかし概念はある。しかも存在の外にある。存在の外には何も無いと言われるなら、何ものかが、すなわちまさに、かく言うこと（Sagen）が、存在の外にある」[15]。存在と概念（知）との間に成立するこのような緊張と矛盾を解くところに、スピノザが見逃した真の哲学のテーマがあるのである。フィヒテはつぎのように述べている。「いったいなぜ、この矛盾が解かれるべきなのか。それが悟性の関心、明瞭性（Klarheit）の関心だからである。しかしまたこの矛盾を解かないままで放置しておく場合もありうる。それが神秘主義である。一切が神の内にある。神のみが存在する。このように多くのひとびとが言った。信心深い空想である。しかしいったい、いかなる仕方で一切が神の内にあるのか[16]」。

しかしながら、フィヒテが神秘主義と考えて非難したところのものと、フィヒテ自身がそれであったところの神秘主義とが区別されなくてはならない。すでに見たとおり、フィヒテは神秘主義をもっぱら観想的な受動意識の立場と見て、われわれの主体的自己の自由を貫徹しようとする自覚の立場から、これをはげしく批判したのである。フィヒテのシェリング批判もまた同じ方向に沿ったものである。それにもかかわらず、フィヒテの思想にはドイツ神秘主義の根本経験につながるエレメントがあることは否定できない。とくに後期『知識学』や『宗教論』に神秘主義的なものを指摘することは、これまでのフィヒテ研究においてもしばしば行なわれてきた。後期のフィヒテが神秘主義の見地と無関係でないということは、今日ではすでにフィヒテ研究者の常識になっている[17]。

一八〇四年の『知識学』の中でフィヒテは、絶対者を光（Licht）もしくは生（Leben）という語で表現している。「絶対者はもっとも明瞭なもの（das Allerklarste）であると同時にもっとも隠されたもの（das Allerverborgenste）である。なぜならそこにはいかなる明るさもないから[18]」。フィヒテのこの文章の中にW・ヤンケはフィヒテの神秘主義を発見して、つぎのように述べている。「これらは見透しにくい命題である。これらの命題は構成的悟性にとっても思弁的理性にとっても、一つのつまずきである。人はこれらの命題を神秘主義を表現したものと見なして、その価値を認めたり、否認したりしてきた。これは的中した見方である。一八〇四年の真理論（「絶対者」の論）は、その結果から見るならば神秘主義である。これらの命題は、自らの不可前想的な根源というものに向かっての知の内省、神の内における自我の自己滅却と存在獲得、存在の不可言表性、光と生というメタファによる絶対者の言表、というような神秘主義の諸々の特徴と成果をたずさえている[19]」。しかしながらヤンケによれば、フィヒテに見られるこのような神秘主義は、決して厳密な学としての超越論的哲学の放棄ではなくて、かえってそれの貫徹である。「それは昔の神秘主義とのあらゆる明白な類比にもかかわらず、近代的思惟の超越論的な道の比類なき完成である[20]」とヤンケは言っている。

後期フィヒテのいわゆる神秘主義は、初期からの発展を中断する仕方で、外部から入ってきたエレメントであると見る考え方に対しては、E・ヒルシュも反対している。ヒルシュによれば、道徳の上に築かれた初期フィヒテの体系に内在的にふくまれていた諸矛盾が、それ以後のフィヒテの不断の思索によって解決された成果に媒介されて初めて生み出されたものが、ひとが「フィヒテの神秘主義」と呼ぶところのものに他ならない。言い換えるならば、フィヒテ後期の変貌した体系が神秘主義の根元であって、反対に神秘主義が後期の体系の変貌の根元ではないということをヒルシュは主張する[21]。のみならず、ヒルシュは後期フィヒテのこのような神秘主義の内にすら、初期の『知識学』の見地との類似が極めて明白にあらわれていると述べている。ヒルシュはつぎのように言う。「なぜなら、倫理的確信というものをあらゆる真理と確実性との源泉として評価することが、『知識学』が生まれた最初の日から『知識学』にとって固有のことであり、そのことこそ『知識学』を他のすべての思弁的体系から区別する特徴だからである[22]」。ヒルシュのこの解釈は重要である。それは倫理的確信なるものが、じつは生の立場に他ならないという事態を告げているからである。ヒルシュは後期フィヒテの神秘主義が依然として初期の倫理的確信の見地をふくんでいると理解しているが、それは逆に言えば、初期の倫理的確信といわれるところのものがすでに、後期の神秘主義の立場につながる特質に根ざしているといえるであろう。だから問題は、この倫理的確信、明白（Evidenz）といわれるところのものが何であるかを明らかにすることである。ヒルシュの研究はこの点に関してなお不充分であることが惜しまれる。しかしすくなくとも彼が、フィヒテの神秘主義の本質に、観想でないものを見とどけていることは、正当であるというべきである。

ヒルシュが定義を保留したフィヒテの神秘主義を、われわれは生命の神秘主義として捉えたいと思う。神を固定した客体としてでなく、われわれがそれを生きる生命（Leben）として経験することは、神秘主義の伝統の根本である。フィヒテの体系はこの点において、神秘主義とくにエックハルトのそれとの深い類似を示している。しかもそれは、ひとり後期フィヒテの思想においてのみではない。もちろん、絶対者を生として規定し、かかる生きた絶対者との生きた合一という主題を正面に押し出してくるのは、後期のフィヒテである。しかしこのような生の根本見地は、さきにヒルシュによって「倫理的確信」と呼ばれた初期の思想のうちにすでに示されていると考えることができる。われわれの自我の本質を実体でなく「自己定立」(Selbstsetzen) という純粋活動として捉えた見地は、カントの実践理性の思想を超えて、われわれ自身の内に生きて働く絶対者というものを直接に経験した思想家の見地である。初期のフィヒテは、倫理主義の圏域に属する用語をもって、このような生命の見地を表現したにすぎない。フィヒテの体系の根本をなすところのこの生の概念は、至るところで観想的な神秘主義や形而上学に挑戦している。すでに見たとおり、観想の神秘主義は徹頭徹尾この哲学者の敵であった。しかしフィヒテ自身がそれであった生の神秘主義は、エックハルトの見地と無縁ではないように思われる。フィヒテはシェリングやヘーゲルのように、神秘主義についての知識や研究を介して、これに結びついたのではない。いったい、哲学者としてのフィヒテは、その思弁において既成の神信仰や宗教的関心という類のものを一切前提しなかった。またそういうものを哲学的思弁の目的としたこともない。自己と世界の根源を徹底的に掘り下げていったフィヒテの思弁はいわば素手で、エックハルトの根本知見に通ずるような圏域へ出たのである。(23)

二

つぎの文章はエックハルトが説いた神と人間との関係をもっとも鋭く示す一節として、よく知られている。「そこでは私は私の第一原因のうちに立っていた。……私は私自身の原因であった。……そこでは私は私自身を欲し、そして他の何ものをも欲しなかった。私が欲したところのもの、それは私であった。そして私がそれであったところのものを、私は欲した。……なぜなら、神が一切の存在を超え、また一切の区別を超えているごとき、かの神の本質のうちで、私自身は現存し、私自身を欲し、そしてこの〔私という〕人間の創造者として私自身を認識したのである。それゆえ、私の永遠であるところの存在（Wesen）に関しては、私は私自身の原因である。私の時間的であるところの生成（Werden）に関してはそうではない。そしてそれゆえに、私は生まれないもの（ungeboren）である。そして私の生まれないという在り方からいえば、私は決して死ぬことはない。……私の出生において万物が産み出されたのであり、かくして私は、私自身と万物との原因であった。そしてもし私がそう欲したなら、私も万物も存在しなかったであろう。そして私が存在しなかったら、神も存在しなかったであろう。神が神であることには私がその一つの原因である」[24]。

エックハルトのこの言葉は、神秘的合一を経験する魂の根柢に生起する、人間的存在の自己創造というものを表現している。そこでは人間は神によって定立されたものではなく、自己自身を定立するのである。このエックハルトの思想とフィヒテの『知識学』の根本思想とのつながりを見出すことは、それほど困難なことではない。とりわけ一七九四年の『全知識学の基礎』(*Grundlage der gesamten Wissenschaftslehre*)はその第一根本命題に、この思想をもっとも鋭く大胆な形で表現している。すなわち、「自我は根源的に端的にそれ自身の存在を定立する」[25](**Das Ich setzt ursprünglich schlechthin sein eignes Sein**)。エックハルトにおける「私」が「生まれないもの」であったように、フィヒテの「自我」もそうである。自我は被造物でも自然物でもない。自我は創造されたものでもなく、自然に生成したものでもない。自我は自己自身の存在の産出者である。自我が出てくる以前には何ものも無い。その以前はやはり自我である。自我は何ものも無いところから自らを始めるのである。さきの第一根本命題は、「我は我である」(**Ich bin Ich**)、もしくはもっと簡潔に「我在り!」(**Ich bin!**)とも表現されうる。自我とは何か。自我に関して述語は不可能である、とフィヒテは言う。我は我以外の何ものでもない。我は我であったところのもの、そして今もこれから何時までもあるであろうところのものである[26]。

フィヒテの体系は、スピノザの哲学において「実体」が占めていた位置に自由なる自我性(Ichheit)を置くことから出発している。このような自我は、死せる静止的存在ではなく、生きた働きである。むしろ働きそのものである。働きそのものとは、働きの主体とか基体とかいうものを持たない純粋な働きという意味である。働きとしての自我性からは、すべての基体的なものが排除されなくてはならない。フィヒテは『知識学への第二序論』の中でこの点をわれわれに注意している。「自我は根源的にはただ、行（Tun）である。自我を働くもの（Tätiges）と考えただけでも、それはすでに、自我の経験的な、それゆえにまず導来されるべき概念だということになる」[27]。このような純粋活動は、だから活動が活動自身の内へ行くことだといってもよい。「自我には自己内還帰（das Zurückkehren in sich）以外の何ものも属さない」[28]。

ところでフィヒテは、自己自身の内へ還っていく働きとしての自我を、やはり意識の一定の様相として捉えている。それは自己自身にのみ関係しているような意識である。自我が自己でないもの、非我（Nicht-ich）と関係する意識が概念作用（Begreifen）であるのに対して、このような意識は直観（Anschauung）である。直観とは意識が非我を介して自分自身に間接的に（反省的に）あらわれているのでなく、自分自身に直接に現前しているあり方を言う。自己内還帰の自我は、意識のそういう直接的現前としての直観である。もちろん通常の現実意識においては意識の主観と客観とは区別されるから、この直観の意識はまだ現実の意識ではなく、それ以前だとも考えられる。しかしフィヒテは、このいわば意識以前をシェリングのように無意識（das Unbewußte）とみなさず、あくまでも直接的意識として捉えたのである。なぜなら直接意識とは、意識の次元の彼方に別にある何かではなく、むしろ一つひとつの意識作用のただ中を貫通している意識の根ともいうべきものだからである。それは意識における「意識するもの」[29]（das Bewußtseiende）である。あらゆる現実意識の根本原理は、意識と別な無意識ではなく、意識それ自身の直下に働いているところの直接意識であるという思想は、フィヒテの哲学のすべての時期をつらぬく見失いがたい特色である。

だから、このような自己内還帰の働きとしての自我は、各人が直接に自己自身の内にのみ発見しうるごときものである。それを各自の外に探すことはできない。哲学の根本主題たる自我は、他でもなく哲学者自身の自我なのである。だからフィヒテは言っている。「哲学者はこのような自我の作用をただ、自己自身の内にのみ直観しうるのであり、そしてその作用を直観しうるためには、彼はそれを遂行しなければならないのである」[30]。つまり、哲学者の対象としての活動的自我はそれ自身が直観である。そこからまた、かかる自我を知る哲学者の知り方もまた直観である他ない。哲学者は自分の対象である自我の働きになり切るという仕方で、これを直接に知ることができる。そういう哲学者の直観が、「知的直観」(intellectuelle Anschauung)である。

『知識学への第二序論』の中では、「知的直観」はつぎのように説明されている。「哲学者に対して要求されたこの直観、すなわち、それを通して彼に対して自我が成立するところの作用を遂行する際における彼の自己直観を、私は知的直観と名づける。この直観は、私が働くということの、かつ私が働くところのものの直接的意識である。この直観は、私が或るものを知るのは私がこのものをなすがゆえである、ということを可能にするところのものである。かかる知的直観の能力が存するということは、概念によって論証されることはできない。さらにまた、それが何であるかは、概念から発展させられることはできない。各人はそれを直接に自己自身の内に発見するのでなければならない。さもなければ何ぴとも決してそれを知ることはないであろう。……しかしこの知的直観が、各人の意識の各瞬間に現われ来たるものであるということは、各人自身によって承認された経験の内において、各人に対して充分に証明されうるのである」[31]。

フィヒテのこの文章は、知的直観というものの行為的性格を明瞭に語っている。知的直観は、静止した存在を映す作用でなく、生きた働きを捉える作用である。生きた働きを捉えるには、捉える仕方自身が生きた働きでなくてはならない。もし知的直観が、静かに物を眺める作用だとしたら、そういう作用の対象となる働きは固定されてしまい、働きとしては捉えられないことになる。流動そのものである自我性を捉える直観は、それ自身流動のただ中へ入る挺身である他ない。すなわち、活動を見んとする者は、自らが活動になってしまうことが要求されるのである。活動を知るものはふたたび活動である。働く自我を直接に目撃するところの知的直観は、働きそのものになり切るという仕方でのみ可能なのである。だからフィヒテは述べている。「この作用において、哲学者は自己自身を目撃する。彼は彼の働きを直接的に直観する。彼は彼がなすところのことを知る。なぜなら、彼が――それをなすのであるから[32]」。自我性の活動の直接知は、活動そのものからただちに生じる、という初期フィヒテの行動主義は、ここにもっとも鋭く表現されている。なす（*tun*）が知る（*wissen*）を生ずるのであってその逆ではない。知的直観とは、純粋活動そのものになり切った意識の様相、純粋活動がそのものとして意識に現前する仕方のことなのである。

かくしてフィヒテの知的直観は、「生」（Leben）の概念と結びついてくる。フィヒテは書いている。「ただ知的直観によってのみ、私は私がそれをなすということを知るのであり、ただこの直観によってのみ、私は私の働きをかつこの働きにおいて私を、現存する働きの客観から区別する。……知的直観に生の源泉があり、それなくしては死がある[33]」。知的直観の対象は、「決して静止しているものではなくて、進展するものであり、存在（Sein）でなくて生（Leben）であるところのたんなる活動[34]」である。要するにフィヒテの知的直観の思想は、絶対的なるものは生と活動であって、それはただ生きられうるのみである、という神秘主義の見地に通ずるのである。

フィヒテに比べるとシェリングが説く知的直観は、最初から観想的性格が極めて強い。まだフィヒテの影響下にあった頃の『独断論と批判主義に関する哲学的書簡』（一七九五年）の中に、シェリングは知的直観についてつぎのように書いている。「われわれすべての者には、われわれを時間の転変から引き抜いてわれわれの最内奥へと、外部から付け加わった一切のものを脱ぎ捨てた自己へと還らせ、そしてそこにおいて、われわれの内なる永遠なるものを不易性の形式の下で直観する、という秘められた驚くべき能力が内在している。この直観はもっとも内的で、もっとも自己的な経験であって、われわれが超感性界について知りかつ信ずるところのものはすべて、この直観にのみ依存するのである。この直観はまず第一に、何か或るものが本来的な意味において在る（*ist*）ということをわれわれに納得させるのである[35]」。「知的直観は、われわれがわれわれ自身に対して客体（*Objekt*）であることをやめたときに登場する。われわれが自己自身の内へ還って、直観する自己と直観される自己とが同一であるときに登場する。直観のこの瞬間に、われわれに対して時間や持続は消え失せる。すなわち、われわれが時間の内に在るのではなく、時間が——あるいはむしろ時間ではなくて、純粋なる絶対的永遠がわれわれの内に在るのである。われわれが客体的世界の直観の内に失われるのでなく、客体的世界がわれわれの直観の内に失われるのである[36]」。

これらのシェリングの説明から明らかなように、シェリングの言う知的直観において与えられるところのものは、活動としての自我ではなく、むしろ存在（Sein）としての自我である。知的直観とは根源的な存在の地平の基礎経験なのである。もちろんシェリングも自我が客体や物でなく、自由を本質とすることをくり返し語っている。しかしその自由が活動であるという考えは、シェリングには不明瞭である。シェリングの言う知的直観は、われわれの内なる絶対的永遠というものを観想することである。それは自己の内に自己の「絶対的状態」（absoluter Zustand）を見ることである。

シェリングはこの著作でスピノザの立場を神秘主義の一種と見て、これと自分の知的直観の見地とを区別しようとしている。スピノザは知的直観の中で思い違いをした、とシェリングは言う。スピノザが自己の内に知的なものを直観したとき、絶対者は彼にとってもはや決して客体ではなかった。絶対者と彼とは一つであった。しかし、この合一の経験については二種の解釈が可能である。すなわち、スピノザが絶対者と一つになったと見るか、逆に絶対者がスピノザと一つになったと見るかである。後者なら自我の自己直観としての知的直観の立場であり、前者なら一つの絶対的客体（absolutes Objekt）の直観である。スピノザは前者の解釈を選んだ、とシェリングは言う。すなわち、スピノザは自分が絶対的客体の無限性の中へ消失したと思ったのである。しかしシェリングによれば、これはスピノザの錯覚であった。スピノザの合一経験において本当に起こったことは、彼に対して客体的なものの一切が、彼の自己直観において消失したということである。すなわちシェリングによれば、スピノザが実際に遂行したのはシェリングの意味での知的直観なのである。スピノザの誤りは、彼が遂行した事態を正しく捉えずに、それを外的状態へ移したことにある。それは知的直観の客体化なのである。

　シェリングはこのようなスピノザの場合に、一切の空想（Schwärmerei）もしくは神秘主義の原理を見出している。シェリングは言う。「Schwärmerei は、もしそれが体系となる場合は、客体化された知的直観以外のものによっては生じない。それはひとが彼の自己の直観を彼の外なる客体の直観と見なすこと、内的な知的世界の直観を自分の外にある超感性界の直観と見なすことによって成立するのである[37]」。つまりシェリングによれば、神秘主義とは知的直観が客体化された立場である。だからそれは事柄についての錯覚（Täuschung）にすぎない。シェリングの考えでは、神秘主義者の場合ですら、自分が神性の深淵にたんに呑みこまれるという思想だけで満足することはむずかしい。むしろ神秘主義者は、自己を呑む神性の場にもう一度自己を定立しているのである。スピノザの場合ですら、彼が絶対的客体の内へ没入したとして自己を直観したとき、あくまでも自己自身を直観していたはずである。神秘家といえども自己を実存するとして同時に考えることなしに、自己を否定されたとして考えることはできない、とシェリングは言う。シェリングのこの神秘主義批判は、フィヒテと共通の超越論的観念論の見地からのものであるようにも思われる。フィヒテと同じようにシェリングも、神秘主義の自己滅却の立場に「主体」や「自己」の立場を対決させているからである。

しかしながら他方シェリングは、彼の知的直観それ自身を死の状態（der Zustand des Todes）に似たものとして考えているのである。「われわれは死の状態から目覚めるように、知的直観から目覚めるのである。われわれは反省（*Reflexion*）、すなわちわれわれ自身への強制された還帰によって目覚めるのである」[38]とシェリングは言う。つまりシェリングによれば、われわれは知的直観の自己喪失、自己忘却の状態から反省によって我に還るのである。そのためには抵抗もしくは客体が必要である。反省とはこの客体にかかわる活動である。客体に向かう活動は生きた（lebendig）ものであり、自己自身の内へ消える活動は死せる（tot）ものである。人間はたんに生きものでも、たんに生なきものでもなく、両者である。人間は客体へ向かう活動によって生なきものから区別され、自己自身の内へ還る活動によって、生きもの（動物）から区別される。いったい、シェリングの考えでは直観は直接経験のことであるが、経験は直接性の度を増すほど、消滅に近づくのである。感性直観であっても無と境を接しているのである。それゆえ、もしわれわれが直観作用だけをどこまでも続行するとしたら、われわれはついに自我（Ich）たることをやめることになるだろう。そういう直観の深淵からわれわれが自分自身を救出するには、われわれは全力をもって自己を捉える反省を遂行しなくてはならない。しかし直観が客体に向かう限り（つまり普通の感性直観においては）そのような危険は存在しない。われわれは抵抗を客体に見つけて、それを介して自己自身へ還る反省を行なうからである。それゆえ、シェリングによれば反省こそ生の原理である。「もし私が知的直観をどこまでも続行するならば、私は生きることをやめてしまうだろう。私は《時間から永遠へ》行ってしまうだろう！」[39]。それゆえ、フィヒテとシェリングが非常に異なった内容を考えていることは明らかである。「知的直観」という同じ用語をもって、フィヒテの知的直観は、生の根本原理である。「知的直観の内に生の源泉があり、それなくしては死がある」、とフィヒテは明言している。知的直観によって、われわれは真のわれわれ自身、「自我性」に覚醒する、というのがフィヒテの根本点である。しかるにシェリングにおいては、知的直観はそれだけでは、むしろ死の原理である。もし知的直観のみをどこまでも続けるならば、われわれは時間から永遠へ行ってしまうだろう、とシェリングは言う。知的直観はフィヒテにとっては、自己覚醒、自覚（Selbstbesinnung）であるが、シェリングにとっては自己忘却、自己滅却の深淵である。自我は反省によってのみこの深淵から我に還ることができる。フィヒテにとっては、死から生への道であったものが、シェリングにとっては逆に生から死への道なのである。

シェリングはこの著作においては、主観と客観との絶対的同一、絶対者の立場を自我の無限の課題と考えている。これは初期のフィヒテと同じ考え方である。独断論（Dogmatismus）と批判主義（Kriticismus）との相違は、前者が絶対的同一の実現（Realisierung）を前提するのに対して、後者はそれへの近接（Annäherung）のみが可能であるとする点にある。シェリングは書いている。「もし批判主義が絶対者を実現されたとして

（実存するとして）表象するならば、まさにそれによって絶対者は客体的になる。つまり絶対者は知の客体になる。そしてまさしくそれとともに、自由の客体たることをやめてしまうのである。有限的主体に対しては、自己自身を主体として否定し、かくしてこの自己滅却を通して、かの客体と合一する以外の途は残されていない。哲学はSchwärmereiのあらゆる危険にさらされているのである」[40]。絶対者との合一を自我の自己滅却、自由の否定と見て、神秘主義のこの危険との対決に超越論的観念論の立場を見出していることは、初期のフィヒテとシェリングに共通した態度である。だから初期の両思想家はともに、絶対者を自我の無限の課題と考えたのである。

しかしながら、この外見上の類似の背後には、両者の基本的な相違が見られるように思われる。というのは、神秘主義における自己滅却は、フィヒテにとっては、単純に敵であるが、シェリングにとっては、かならずしもそうではないからである。シェリング哲学には、彼が「死の状態」にたとえた知的直観というものに対する怖れと同時に憧憬が見られる。フィヒテ哲学の倫理主義は、無限な活動への根本衝動に基づいて、絶対者を自我の理想と考えた。これに対してシェリングは、知的直観の絶対的状態に対する怖れと憧憬から、同じく絶対者を無限の課題と考えたということができるだろう。W・シュルツはこのような事態を正しく捉え、それがシェリングの「実存的不安」に由来することを指摘している[41]。それは永遠の内への自己滅却というものに対する怖れと同時に憧れである。フィヒテの意識にはおそらく一度も訪れることのなかったこのような衝動は、シェリング哲学の永続的な暗い底流である。それはフィヒテの倫理的観念論のスタイルを借りた姿で、すでにシェリングの初期に出現しているのである。

三

フィヒテの初期の『知識学』においては、知的直観は自我の自己意識と同じである。『知識学への第二序論』（一七九七年）の中でフィヒテは、この意味での知的直観が哲学の基礎地平であることを明言している。「知的直観は一切の哲学に対して唯一の確固たる立場である。意識の内に現われる一切のものは、この立場から説明されうる。しかもこの立場からのみ説明されうる。自己意識なくしては一般にいかなる意識もない。しかるに自己意識は、上に示されたような仕方、すなわち私はただただ活動的である（Ich bin nur tätig）、ということにおいてのみ可能なのである[42]」。このフィヒテの説明とよく似たシェリングの見解は『知識学の観念論の解明のための論文』（*Abhandlungen zur Erläuterung des Idealismus der Wissenschaftslehre*, 1796～97）の中に見られる。その中にシェリングはつぎのように書いている。「さてわれわれは主張する。人間精神はそれが一切の客観的なものを抽象する際、この〔抽象する〕働きの内で、同時に自分自身の直観を持つ。この直観の対象はあくまでも知的な働きであるから、われわれはこの直観を知的（intellectual）と呼ぶ。われわれは同時に主張する。この直観は、それを通じて一つの純粋な自己意識が生じるところの働きである。それゆえ、人間精神は、それ自身かかる純粋自己意識以外の何ものでもない。ここにわれわれは、その客観が一つの根源的な働きであるところの直観を持つのである[43]」。

この二つの文章を比べると、知的直観の対象を静止した存在（普通の客観）でなく、働きとして考える点で、両哲学者は一致している。シェリングはこの作品において、外見上はフィヒテにもっとも近づいたように見える。しかしすこし注意すると、両者の相違はすぐに明らかになるのである。フィヒテが知的直観をただちに自己意識と同一視しているのに対して、シェリングの言う知的直観は、自己意識そのものを生み出す働きのことである。知的直観そのものは自己意識よりも根源的である、という思想をシェリングはすでにこの著作の中で語っているのである。「なぜなら、かの働き（それは根源的に一切の意識の外に存する）が意識にまで高められて、われわれが純粋自己意識と呼ぶところのものを産出するのだからである[44]」。

もちろん、シェリングはこの著作ではまだ、フィヒテの「自我」という用語を使用している。しかしこの「自我」そのものの捉え方は、すでにフィヒテと別なのである。シェリングは書いている。「哲学のポステュラートはつぎのこと以外ではない。すなわち自己を根源的に——思惟や意欲の内においてでなく根源的に——第一の生起において——直観することである。……この根源的構成によって、哲学者に対して、なるほど一つの生産物（自我）が成立する。しかしこの生産物は、この構成作用を離れてはどこにもないのである。……ここにわれわれは今や自己意識（自我＝自我）の分析的統一を綜合的統一から導来したのである。この綜合的統一は分析的統一に先行するものであり、それはじつに、自我は根源的には自己自身による構成であるということ以外を意味しない。それゆえ、自我＝自我（Ich＝Ich）という命題は、普通に理解されているような意味においては、決して哲学の原理ではないのである[45]」。つまり、シェリングが言う知的直観は、自我の自己意識ではなく、自我を初めて自己意識にまでもたらすごとき作用である。だからその作用そのものは意識ではなく、それよりも根源的なものである。根源的というのは「意識の彼岸に」（*jenseits des* **Bewußtsein**）あるという意味である。この意識の彼岸に存するところのものが意識にもたらされる仕方が、シェリングの言う知的直観である。

知的直観に関するフィヒテとシェリングとのこのような相違は、シェリングの『自然哲学の真の概念について』(*Über den wahren Begriff der Naturphilosophie*, 1801)になるともっと明瞭に語られている。シェリングはつぎのように言う。「観念論を把握したひとびとが自然哲学を理解しない理由は、彼らが知的直観の主観的なものから自分たちを解放できないところにある。……知識学においてそうであったように、私もまた自然哲学のために知的直観を要求する。しかし私はその上さらに、この直観における直観するもの(das Anschauende)の抽象を要求する。この抽象はわれわれに、この〔直観する〕作用の純粋に客観的なものを残すのである。そしてこのものは、それ自体としてはたんに主観・客観(Subjekt-Objekt)であるが、自我ではないのである[46]」。この論文はすでに同一哲学の立場に立ってフィヒテの『知識学』を批判したものである。知的直観を直接意識の立場と考えたフィヒテにおいては、直観する主観がまだ残存しているとシェリングは批判する。そのかぎり、フィヒテの知的直観は、真に根源的な実在であるところの「純粋な主観・客観」(*reines* Subjekt-Objekt)を捉えずに、このものがすでに哲学者の意識の場へ映されたあり方、すなわち「意識の主観・客観」(Subjekt-Objekt des *Bewußtseins*)を捉えたにすぎない。シェリングによれば、そういうものは真の知的直観の名に値しない。真の知的直観は、事柄を意識の地平で待ち受けることではなく、意識以前の領域における事柄自身の根源的な生起において捉えることである、というのがシェリングの考えである。それはたんなる直接意識の主観性ではなく、およそあらゆる意識の彼方に出る立場である。だからシェリングは言う。「一般に自己自身の直観にあって、主観的な主観・客観の同一にのみ向かうごとき直観は、決して知的直観と呼べないであろう[47]」。真の知的直観は主観的意識の地平を離脱した作用、すなわち直観するものなき直観である。

シェリングの『哲学体系の第二叙述』(*Fernere Darstellungen aus dem System der Philosophie*, 1802) はこの点を非常に明瞭に述べている。シェリングはつぎのように記している。「自我性」(Ichheit) とは、そこにおいて絶対者が直接意識に対して自らを把捉する形式である、ということはわかりきった命題である。しかるに自我性の内なる自体 (das An-sich in der Ichheit) は、それ自身ただ、絶対者である。そしてかの自体を一切の制限から解放して対象として所有する知的直観においては、この〔自我性という〕形式は特殊な形式としては消滅するのである。純粋意識と経験的意識との対立と相対的統一は、それ自身すでに特殊的意識に属する。かかる対立は特殊な自我性がその上に基づくところの当のものであって、この特殊な自我性は知的直観においてはまったく消滅し、永遠者それ自身の直観においては、すべての特殊性は根絶されるのである」[48]。この文章においてシェリングは、フィヒテの知的直観が自我性の自己把捉であるのに対して、自分のそれは自我性をそれ自体において捉える立場であることを明白にしている。フィヒテは自我性の意識の直接的な明白性をただちに絶対者と同一視した。この直接的意識の絶対性は、フィヒテにとってはそれ以上解明されえない性格のものであった。自我性の絶対性といわれるところのものが、それ自体としてはそもそも何であるかという問いをフィヒテの『知識学』は出していないのである。しかるにシェリングはこの問いを提出する。自我性の内に、かつ自我性として現われているところのものは、それ自体としては自我的なものではなく「主観と客観との絶対的同一」、「主観・客観」である。それが自我性そのもの、もしくは自我性の自体である。自我はこの自体によって初めて自我である。しかしまさしくそのゆえに、この自体もしくは「主観・客観」はひとり自我だけに固有な形式ではない。それはたんに自我の独占物ではなく、すべての存在するものに普遍的な形式である。つまり「絶対者」の根本形式なのである。シェリングはフィヒテとのこのような相違を、フィヒテにおいては「自我が一切である」（Ich ist Alles）のに対して、自分の立場では反対に「一切が自我である」（Alles ist Ich）と述べている[49]。

このようにしてシェリングは、知的直観の立場を、絶対者の認識、むしろ絶対者の自己認識の立場として言いあらわしたのである。絶対的認識においては、認識するものの立場が絶対者の立場と別にあることは不可能である。もしそうなら、絶対者はたんなる客体になってしまう。そうではなくて、認識する立場そのものが絶対者の内に入らなくてはならない。認識する「主観性の滅却」（Vernichtung der Subjektivität）こそ、絶対者の認識の根本条件である。哲学は絶対者の認識であるが、そのことは哲学が絶対者そのものの立場に立つことを意味する。「絶対者の立場に立つ以外に哲学というものはないのである[50]」とシェリングは書いている。

哲学における認識とは絶対者の自己認識である、というシェリングの考えは、一八〇三年以後になるともっと決定的な表現にもたらされている。たとえばつぎのように言われている。「われわれ、君とか私とかが神について知るのではない。なぜなら理性はそれが神を肯定する限り、神以外の何ものをも肯定できないからである。理性はかくしてまた、何か或る特殊性、神の外にある何ものかとしての自己自身というようなものを認めないのである[51]」。「真実には、また自体においては、主観とか自我とかいうようなものはどこにも存在しないのである。まさしくそのゆえにまた、客観とか非我とかいうものも存在しない。そうではなく一者、神もしくは全（All）が存在するだけであり、それ以外には何ものも無いのである[52]」。「我思う（*Ich denke*）、我在り（*Ich bin*）、ということがカルテシウス以来の一切の認識における根本錯誤である。思惟は私の思惟というようなものではない。存在もまた私の存在というようなものではない。なぜなら、一切はただ、神もしくは全の存在だからである」[53]。「主観が、でなくて端的な普遍者（つまり一者）が知るような認識の仕方、そしてまさしくそれゆえにただ、端的な普遍者のみが知られるものであるような認識の仕方こそ理性である」[54]。要するに、知的直観による絶対者の認識とは、「神の内に在ること」[55]（Sein in Gott）を意味するのである。

ところで、同一哲学の時期までのシェリングは、このような絶対者をあくまでも、「主観・客観」（Subjekt-Objekt）という形式で表現している。もちろん同一哲学においては絶対者における主観と客観との同一が、あらゆる対立を止揚していることを強調せんがため、絶対者はすでに「主観的なものと客観的なものとの全き無差別（Indifferenz）」として表現されている。しかしその場合でも、かかる絶対者が、主観の客観化（Objektivierung）という形で考えられていることは否定できない。つまり、絶対者が主観と客観との同一もしくは無差別であるのは、それが自己客観化のプロセスを通じ一切を客観化しつくして、もはやそれ以上の客観化が不要だからである。それゆえシェリングの同一哲学の見地もやはり、『超越論的観念論の体系』と同じく、主観の客観化という方法に従っているのである。この著作の中でシェリングは、自分の哲学のこの方法について書いている。

「超越論的な見方の本性はそれゆえ、一般につぎの点に存する。すなわち、他のあらゆる思惟、知とか行為においては、意識を逃れ去ってゆくところのもの、絶対に客観的にならないところのものもまた、ここでは意識にまでもたらされ、かつ客観となるということ、要するに主観的なものが不断に自己に対して客観になること（ein beständig Sich-selbst-Objektwerden）に存する」[56]。すなわちシェリングによれば、哲学とは通常の意識においては絶対に客観とならないところのものを、なお客観化する立場である。意識を超えたものを意識にもたらすことが哲学の課題である。哲学のこの課題を解くためには、知的直観そのものの客観化が要求される。『超越論的観念論の体系』のシェリングは、この課題の解決を芸術の立場において見出している。シェリングは言う。「知的直観の客観性は芸術それ自身である。なぜなら美的直観とは、まさしく客観的になった知的直観だからである」(57)。芸術の立場は、主観と客観との同一という決して客観的に見られないところのものがしかも客観となる立場である。かくして哲学的認識は芸術の立場において完成するとされるのである。『超越論的観念論の体系』におけるこのような思想は、『私の哲学体系の叙述』(一八〇一年)という同一哲学の著作においても、基本的には変わっていないように思われる。同一哲学の体系展開もやはり、主観と客観との無差別としての絶対者が自らを客観にするという形をとっている。この体系の終局点は、シェリングの表現によれば、「一なる究極の主観」、「客観となることにおいて主観たることをやめない主観」、「もはや客観的になりえない主観」である。しかし、かかる主観が客観化されえないのは、すでにそれが一切を客観化し尽くし、もはやそれ以上の客観化を必要としないからである。それゆえ、同一哲学の絶対者といえども、依然として「主観・客観」であって、それ以上の次元のことではない。それがもはや(過程的に)客観的になりえないということは、はじめから(根源的に)、すなわちいかなる意味においても客観的になりえないということを意味しないからである。要するにシェリングの同一哲学においても、絶対的に客観となりえないような原理は発見されていないのである。

そうするとわれわれは、シェリングが知的直観の対象とした絶対者そのものが意外にも意識内在的な原理であることに気づかざるをえない。それは主観と客観との相関(Relation)を極限にまで拡げたものにとどまり、この相関そのものを超えて、これを成り立たせるごとき原理ではない。その絶対者の立場にはシェリング自身の意図を裏切って、主観的意識の影が投射されているかのようである。その客観的観念論はじつは、覆面した主観的意識の見地ではなかろうか[58]。

ところが、シェリングは晩年の『エアランゲン講義』(一八二一—二五年)に属する「学としての哲学の本性について」(Über die Natur der Philosophie als Wissenschaft)の中で初めて、それまで「主観・客観」と規定されてきた絶対者を一歩超えた次元を哲学の真剣な主題としてとりあげた。そこでは絶対者は、いかなる仕方においても意識の客観とならない絶対的主体(absolutes Subjekt)と考えられている。一切の定義や言表を超えた絶対者と、われわれ(意識)との関係を問うことが、哲学のテーマとなるのである。シェリング哲学における神秘主義は、ここに至って極めて鮮やかに出現しているように思われる。

シェリングはこのような絶対的主体を表現する用語にいろいろ苦心している。それは何か或るもの(Etwas)ではないから、もしろ無であるとも言えるが、しかし無もまた、たんに消極的表現にすぎない。絶対的主体はたんに何も無いという空虚ではなく、かえって充実であり一切である。「絶対的主体でないようなものは存しない。しかしまたかかる絶対的主体であるところのものが、〔どこかに〕存するのではない[59]」。それは神であるのでもなく、神ではないのであるのでもない。絶対的主体は総じて、在る(*ist*)という性格を持つことはできない。在るもの(Seiendes)は客体化の可能性を持つからである。絶対的主体は昔の神秘家が「超神性[60]」(Übergottheit)と呼んだところのものに近い、ともシェリングは言う。そして結局それを原初態(Urstand)という用語で表現している。「それは絶対的主体=原初態である。いったい、いかにしてそれは対象(Gegenstand)となることができるのか。それは絶対的主体としては対象になることは不可能である。なぜならそれは、絶対的主体としては、いかなるものとも対象的な関係に立たないからである。それは本来、超越的なもの(das Transzendente)である限り、それに対しては何ものも手出しすることのできない絶対的に原初態的なるものである[61]」。

それでは、かかる絶対的主体へ至る通路はいかにして開かれうるか。それは人間の一切の知を放下する（*lassen*）ことによってのみ開かれうるとシェリングは言う。「哲学においては、たんに私から（*von mir*）出発するがごとき一切の知を超えることが重要である。……哲学とは一言でいうと、自由なる精神の行である。哲学の第一歩は知ではなく、むしろ明らかに一つの非知（ein Nichtwissen）であり、人間に対してある一切の知を放棄することである[62]」。

これは従来のシェリングには見られなかった新しい提言である。同一哲学における絶対的認識は、フィヒテの『知識学』が代表するような主観的な知の見地を突破することではあったが、総じて知の地平そのものを突破することではなかった。それはあくまでも知の絶対化であって、決して知の否定としての非知ではないのである。しかるに今やシェリングは、知そのものを可能にするごとき次元としての非知を説くのである。例えばシェリングは言う。「かの絶対的主体は、私がそれを対象にしない限りにおいてのみ、すなわち私が知ることをせず、知を放棄する限りにおいてのみ現に在る。しかるに私がこの非知をふたたび知へと立てなおすや否や、絶対的主体はふたたび消滅する。なぜなら、それは客体となることができないからである[63]」。すなわち、シェリングの問題は今や、これまでのように自己を無限に客観化する絶対者の認識ではない。これは要するに、絶対者を客体として知ることに他ならないからである。もちろん、シェリングはこの著作においても、絶対的主体が客体になることの可能性を否定してはいない。むしろ絶対的主体のこのような客体化が世界の存在であると考えられている。しかし絶対的主体がこのように客体として知られるということは、それ自体として（an sich）は、つまり決して客体とならない主体そのものとしては隠れることである。だから主体の自己客観化はもはや同一哲学の時期までのシェリングの考えたように絶対者が現前する仕方ではなく、むしろ絶対者が隠蔽されるあり方となる。絶対的主体そのものをあるがままに知るためには、何が起こらねばならないか。シェリングの新しい関心はこの点に集中する。そしてそれは知ではなく知の放棄、非知によってのみ可能だ、とシェリングは考えるのである。もし知が主体の客観化だとすれば、非知はかえって客体から主体への転回、客体の主体化である。初期から同一哲学に至るまでのシェリングの根本方法は、ここにおいて捨てられようとする。すくなくともこの方法論のとどかない問題が出現していると言うべきであろう。

さて、シェリングはこのような非知としての知を「脱自」(Ekstase)という新しい用語で表現している。従来の彼が使ってきた「知的直観」の語が「脱自」によって代置されるのである。シェリングはつぎのように述べている。「ひとはこのまったく独特なる状況を従来はよく、知的直観(*intellectuelle* Anschauung)という語をもって表現しようと試みた。ひとがそれを直観と呼んだのは、直観すること、または(というのはこの語は日常化してしまったから)観ずること(*Schauen*)において、主観は自己を失い、自己の外に定立されると解したからである。知的直観というのは、主観がここでは、感性直観におけるように現実の客観のうちへ失われるのではなく、決して客観たりえないところのもののうちに、自己自身を放棄しつつ失われることを表現するためである。しかしこの〔知的直観という〕表現はまず説明を必要とするというまさにその理由で、そっくり傍へ置いておく方がよいだろう。かの状況を言いあらわすにはむしろ脱自(*Ekstase*)という標示を使うのがよいかも知れない」(64)。シェリングはこのように、知的直観よりも脱自の方が、知の自己否定という状況の一層ふさわしい表現であると述べたあと、脱自そのものをつぎのように説明する。「われわれの自我は自らの外に、すなわち自我の位置の外に定立される。自我の位置とは主体であるという位置である。ところが自我は絶対的主体に対するならば主体であることはできない。なぜなら絶対的主体は客体としてのあり方をとることはできないからである。それゆえ、自我はその場所（*Ort*）を捨てねばならない。自我はもはや全然現存しないものとして、自らの外に定立されねばならない」[65]。

シェリングが同一哲学の時期に、知的直観における直観する者、直観の主体を抽象したとき初めて、真に知的直観であると考えた思想が、ここでは脱自の立場として語られているのである。脱自とは自我の主観的意識の外へ出ることである。シェリングにとって重要なことは、人間が自分の内部に絶対者を定立することではなく、自分を絶対者の内に定立することであり、そのためには人間は自分を自己の内に定立する態度から解放されなくてはならない。自己を自己自身の主観的意識の内に定立することが、絶対者に至ることをさまたげる根本原因だからである。「自己の内に定立されることでなく、自己の外に定立されることが、人間にとっての大事（Not）である」[66]。だから真の哲学、絶対的主体の知としての哲学の根本条件である放下は、自己自身の放下としての脱自において完成する。脱自が放下の最後の一歩である。シェリングはこの放下についてつぎのように語っている。「真に自由なる哲学の出発点に立たんとする者は、神をすら放下しなくてはならない。それを得んとする者はそれを失い、それを放棄する者はそれを見出す、ということが肝要事である。一度は一切を捨てた者、そして一切から捨てられた者、一切が彼に対して滅亡し、無限者とともに自己ひとりを見出した者、ただそのような者のみが、彼自身の根拠に還りかつ生のまったき深みを認識したのである。それはプラトンが死に喩えた大きな一歩である。ダンテが地獄の門に書き残したところのもの、それはまた別な意味では哲学の入口に書かれるべきものなのである。曰く、『一切の希みを棄てよ。ここを入る者よ』。真に哲学せんとする者は、一切の希望、一切の要求、一切の憧憬を離れなくてはならない。彼は何ものをも欲したり、知ろうとしたりしてはならない。自らを完全なる一文無しと感じなくてはならない。一切を得るために、一切を捨てなくてはならない、というこの一歩は困難である。それはいわば最後の岸から離れるほどの困難である(67)」。

シェリングはこのような脱自の立場から、初期フィヒテの哲学の不徹底を批判している。フィヒテが自由なる働きとしての自我性を、一切の根源と考えたとき、たしかにフィヒテは哲学の根本条件たる放下を実行したのである。しかしフィヒテが放下したところのものは、客体的世界ならびに客体としての神である。フィヒテは客体的なものを捨てたが、自らの自我性を捨てることはしなかった。むしろフィヒテにとっては、自我こそ一切を放下する原点であった。シェリングはかかるフィヒテについてこう言っている。「しかしフィヒテに対して一切の外的で客体的なものが消失したとき——彼が一切の存在者を超えて高まるのを見ることをひとが期待した瞬間、彼は自分自身の自我にしがみついたのである。しかし、かの自由なるエーテルの中で飛翔せんとする者は、たんに客体だけでなく、自己自身をも放下せねばならないのである(68)」。シェリングはこのようにして、フィヒテの初期『知識学』が自我の放下を遂行しない主観主義にとどまることを結論するのである。

しかしながら、晩年のシェリングのこのような脱自の思想もなお、彼の初期からの観想的性格から自由になっていないように思われる。すでに見たようにシェリングは、脱自とはわれわれが自我や主体という主観的意識の外へ出ることであり、それによって絶対的主体は非知という仕方でのみ知られうると主張する。だからこの脱自の思想においてシェリングはたしかに、それまでの彼の基礎経験にはふくまれていなかったところのもの、いかにしても客体化されざる主体に出会ったのである。絶対的主体は知の客体として眺めることはできない。見ることのできないものは、ただそれを生きるほかないものであろう。それが絶対的主体というものの本性である。しかるにシェリングは、絶対的主体のこの本性にそむいて、これをふたたび客体的に見ようとしているのである。というのは、シェリングにおいては、このような絶対的主体は、じつは脱自を遂行する真のわれわれ自身の可能性の根拠だという考え方がついに出現していないからである。脱自は自我のたんなる消滅として捉えられているだけであって、自我意識を超えたわれわれの真の自己というものの「開け」の場としては捉えられていない。すくなくともこれに関するシェリングの記述はすこぶる不充分である。例えばシェリングは言っている。「自我は絶対的主体に対するならば、主体であることはできない。なぜなら、絶対的主体は客体としてのあり方をとることができないからである」。このテーゼには明らかに、絶対的主体の現前に面しての自我の主体性の放棄だけが語られている。絶対的主体はわれわれの主体性を根柢から奪うような仕方でのみあらわれる。しかしながら、いかなる意味においてもわれわれの自己の消滅だけを要求するような絶対的主体は、じつは主体ではなくかえって一つの客体にすぎないであろう。シェリングのいわゆる絶対的主体は、われわれの向こう側に観想された客体の残像をもっている。絶対的主体とはわれわれがそれを生きるところのものだという見地が、シェリングには見あたらないからである。

四

フィヒテの後期『知識学』（一八〇〇年以後）はシェリングとは対照的な仕方で、自己意識としての自我性

（主体性）そのものの根柢に「絶対者」をとり入れている。その場合、この絶対者はわれわれの真の「自己」を可能ならしめる原理と考えられているのである。自己存在がその内へたんに消滅してしまうごとき絶対者は、この哲学者を満足させることはできない。「永遠者、神性といえども自由を監禁してはならない(69)」というのが、フィヒテの思想発展をはじめからしまいまで貫いている根本テーゼである。それゆえシェリングが説いた意味での「脱自」はフィヒテ哲学の終点とはなりえない。「脱自」は自己のたんなる消滅点にすぎないからである。自己消失としての脱自が絶対者に対するときのわれわれの最後のあり方なら、絶対者はわれわれの向こうに客体的なものとして残らざるをえない。シェリングは脱自を通して現前する絶対的主体を自己としてでなく超自己（*Übersich*）として理解している。「人間はかかる主体をもはや知におけるように自己として認識するのではなく、超自己として認識しなければならない(70)」。しかし、かかる超自己が真の自己の基礎である、という見地は、シェリングにはついにあらわれていないのである。そのかぎり、シェリングの絶対者は、自己と別な何かであり、したがってそれはわれわれの向こう側に表象的に立たざるをえない。これは絶対者を対象的に観想するというシェリングの基本態度から由来する帰結であるように思われる。フィヒテは『私の哲学体系の叙述』においてシェリングが提出した「無差別」（Indifferenz）としての絶対理性の考え方に、理性の客体化が見られることを指摘しているが、同じことはこの絶対的主体の脱自的認識についても言われなくてはならないようである(71)。

シェリングの「脱自」に対して、フィヒテの根本見地は「生」である。シェリングと同じように、後期のフィヒテも絶対者へ至る道が知の自己否定であると考えている。フィヒテもシェリングもそこに非知（Nicht-wissen）を提出する点では一致しているのである。しかしシェリングにおいては、この非知は絶対者の観想における自己忘却という性質を帯びている。これに対してフィヒテの場合の非知とは、知の立場を尽くし(erschöpfen)て絶対者と一つになることである。絶対者を向こうに眺めることでなく、生としての絶対者を自己自身の生として生きることである。すなわちフィヒテにとって、絶対者とはあくまでも生である。しかもわれわれがそれを生きるわれわれ自身の生である。フィヒテは絶対者の観想を徹頭徹尾しりぞけている。例えば一八〇四年の『知識学』は、絶対者を「絶対的統一」と表現しているが、それについてつぎのように述べている。「一言でいえば統一は、知識学としてのわれわれが見る(sehen)または認める(erblicken)ところのものの内に存するのでは決してない。なぜなら、かかるものは一つの客体的なものであるからである。そうではなく、われわれ自身が内的に、それであり(sind)、それを駆使し、それを生きるところのものの内に存するのである」[72]。一八〇六年の遺稿のひとつの中にはつぎのように記されている。「学においてもひとは、絶対者を自己の外に直観することはできない。そうではなく、ひとは彼自身の実存において絶対者であり、絶対者を生きるのでなくてはならない」[73]。この思想のおそらくもっとも鋭い表現の一つは、『浄福なる生への指教』(一八〇六年)の中に見られるつぎの一節であろう。「神とは何かという問いに対して、ここではつぎのように答えられる。『神とは、神に自分をまかせた人、神の霊感を受けた人がなす(tut)ところのものである』と[74]」。

後期知識学のこれらの思想の中にわれわれは、エックハルトが教えた生としての神の近世的形態を発見することができるように思う。例えばエックハルトは語っている。「一切の物のうち、生ほど愛すべくまた欲すべきものはない。どんなに悪く辛い生でも、人間がそれでもなお生きたがらないといふやうな生はない。……何故に君は生きるのか。生きるためにである。然も何故に君が生きるのか君は知らない。それ程に生はそれ自身として欲しきものである。地獄にゐて永遠の苦のうちに生きる者といへども、その地獄や苦にも拘らず、その生を捨てやうとは欲しないであらう。彼等の生は高貴なもので、あらゆる中間なしに〔直接に〕神から彼等のうちへ流れ入るものである。それがそのやうに直接に神から流れ入る故にこそ、彼等は生きることを欲するのである。生とは何であるか。神の本質が私の生である。神の本質が私の生であるならば、神の存在は私の存在であり、神の存在性は私の存在性でなければならぬ。それよりも少なくもなく多くもない。彼等は永遠に神のもとに生きる。神とまったく等しいものとして生きる。それより下でも上でもない。彼等はすべての彼等の業を神のもとで能作し、神は彼等のもとで能作するのである」(75)。エックハルトはここに、すべてに先行する生の根源性を語っている。いかなる問いもいかなる否定も、生にはとどかない。すべての否定を肯定へ転ずるところのものは生である。生は地獄の底においてすら、それ自身を保持するのである。私は生きたいのだ、という言葉こそ、何故に生かという問いに対する答えである。

エックハルトにとって生が愛すべきものであるように、フィヒテの場合も生は愛である。フィヒテは言う。「生は必然的に浄福である。なぜなら生は浄福であるから。……生はそれ自身浄福である、と私は言った。生はそれ以外ではありえない。なぜなら、生は愛であるから」(76)。フィヒテも「何故なし」の生の根源性を目撃しているのである。さらに生のこのような根源性そのものを、神もしくは絶対者から由来するものとして捉えている点においても、両思想家は一致する。「神の本質が私の生である」とエックハルトが言うのに対して、「ただ直接的な生の内にのみ絶対者はある」(77)、「われわれ自身が、かかる神の直接的な生である」(78)とフィヒテは記している。フィヒテにとって宗教とは、われわれがこの神的なる生をわれわれ自身の生として生きることを意味する。絶対者はわれわれがこれを生きるところにのみあるという点に、エックハルトとフィヒテに共通な自由の根源的経験が見られるであろう。われわれがこのわれわれ自身であることを根源的に生かすごとき宗教性のために、両思想家は伝統ともっとも勇敢に闘ったのである。

しかしその場合、フィヒテには、エックハルトには見られない固有の問題性がもう一つ絡んでいる。それは、主体性の自由が学の可能性という形をとって出現しているということである。そのためフィヒテにおいては、絶対者と自己との生命的合一そのものに関して、反省（Reflexion）という自我性の根本形式が重大な役割を演じてくるのである。エックハルトはさきに引用した文章の中で、われわれの生は神から直接にわれわれの内へ流入する、と述べている。しかるにフィヒテの場合は、反省という根本形式が生の直接性の場に介在してくる。われわれと神との合一は、この反省の徹底による自己否定という仕方をとるところに、フィヒテの思想の特質が見られるのである。その点をもう少し明らかにしよう。

フィヒテにとって生は根源的である。しかしそれと同時に、われわれがあくまでもわれわれ自身であるということも根源的である、とフィヒテは主張している。生がそれ自身に根源するという見地と、われわれがわれわれ自身に根源するという見地との両方をフィヒテは同時に貫徹しようとするのである。われわれと絶対者とが生において一つであるということは、われわれがわれわれ自身であるということを抹殺してはならない、とフィヒテは考える。ところで、そのわれわれとはフィヒテにおいては、意識もしくは知である。だから、われわれがわれわれ自身であるとは、反省にほかならない。「自立性の主体としての自我は反省である[79]」、「自我形式（Ichform）または絶対反省形式（absolute Reflexionsform）は、一切の知の根拠と根元である[80]」。この意味での反省は、われわれが行なう作用というよりもむしろ、「われわれ自身の根絶しがたき本質[81]」なのである。「反省、それは同時に君自身であり、君は決して反省から離れることはできない[82]」。反省とは、「それを通してのみ、君がすべてを見ることのできるところの精神的な眼[83]」のことだ、とフィヒテは言う。見るというわれわれの意識作用は、神といえどもこれを代行することは不可能である、とこの哲学者は言うのである。かかる反省形式を通さずに神との直接的合一を遂行せんとすることは、あたかも魚を水から陸にあげるようなものである。要するに、神とわれわれとの合一は、反省形式からの脱却ではなく、反省形式のあり方に関する一つの変化としてのみ成り立つのである。それゆえフィヒテは書いている。「われわれがたんに一なる生であるだけでなく、同時にまたわれわれ（Wir）もしくは意識であるということが承認される限り、一なる生は自我形式（Ichform）のうちへ入ってくるであろう[84]」。それでは生はいかなる仕方で反省の中へ入ってくるのか。

　反省形式を通す以外に絶対者へ行く道はないが、しかもこの形式を通った生はもちろん屈折し変化する。反省は生を直接的に現前させる形式ではなく、間接化させる形式である。かかる生の間接化は生を固定することである。反省は生を明瞭にすると同時に固定するのである。そして形式によって固定化された生は、もはや根源的な生とはいえない。反省なくして生は考えられず、しかも反省があるところ生は変化する。これは反省の矛盾であるとともに生の矛盾である。この矛盾はいかにして解かれうるか。

　それは「自我形式を明瞭に通徹する（*durchdringen*）こと[85]」によってである、とフィヒテは答える。それは知が反省形式そのものの自知という立場へ上がってくることを意味する。すでに述べたとおり、一切の知は反省形式によって成り立っている。しかし反省形式によって成り立っている知には、通常はこの反省形式それ自身は知られていない。何かを対象として知る知は、この対象の内へ沈没して、自己自身を忘れている。反省形式それ自身は意識されていないのである。知はそこでは自己自身の根拠たる反省形式そのものの知へと還っていない。これはフィヒテの初期からの用語でいえば対象意識の立場である。この対象意識の立場において、生きた神的生は固定された死の世界に変貌しているのである。しかし、知がそれ自身の根拠たる反省形式そのものの知、自己意識へと転回することは、知としての本質の必然である。反省形式そのものを知ること、自己が自己自身を知ることにおいて反省の立場は完成する。それがフィヒテの言う自我形式を「通徹する」ことに他ならない。しかるに、反省形式のこの自知は、知の徹底であると同時に、知の自己否定でもある。というのは、そこでは、反省形式から成立している知が生に加えた屈折と変容、すなわち反省の産物が、生それ自身ではないことが知られるからである。

反省のこの自己否定を媒介とする絶対者とわれわれとの合一は、フィヒテにおける宗教であると同時に哲学の立場でもある(86)。その宗教の立場についてフィヒテはつぎのように語っている。「宗教の立場に君を高めたまえ。そうするならば、すべてのヴェールは消えるであろう。世界はその死せる原理とともに消え去り、神性それ自身がその最初の根源的形式において、すなわち生として、しかもそれを君が生きるべき、かつ君が生きるであろうところの君自身の生として、ふたたび君の内に現われるであろう。ただ、反省というただ一つの、根絶すべからざる形式、君の内なるこの神的生の無限性――この神的生は神の内においてはただ一つであるが――は残存する。しかしこの形式は君を苦しめない。なぜなら君はこの形式を欲し愛するからである。この形式は君を迷わすことはない。なぜなら君はそれを説明することができるから(87)」。哲学の立場については、つぎのように言われている。「愛は一般に真理と確実性の根源であるが、同様にまた愛は現実の人間および彼の生における完成された真理の根源である。完成された真理は学であり、学のエレメントは反省である。ところで、学が絶対者の愛として自己自身に明らかになり、いまや学が必然的にそうしなければならないように、絶対者を端的に一切の反省を超えたもの、いかなる可能的形式においても反省によって到達できないものとして把捉するとき、学は初めて純粋な客観的真理に入るのである。同様にまたそのことによってのみ学は、それまではなお自らを実存性と混同していた反省から自己を純粋に引き離して把捉し、反省のすべての産物を究尽しつつ（erschöpfend）提示し、かくして知の教説（Wissenslehre）を組織することができるであろう。——要するに、神的愛となり、それゆえ神の内に自己自身を純粋に滅却する反省が、学の立場なのである」(88)。

フィヒテの思想がこのように人間存在にとって反省とか学とかの持つ意味を強調することは、その反面に当然のことながら、神との合一そのものの性質においてエックハルトとの距離を示しているように思われる。エックハルトは「神の本質が私の生であるならば、神の存在は私の存在である」と言うが、フィヒテはつぎのように語っている。「かかる神との合一においてすら、神はわれわれのもっとも固有なる存在（unser eigenstes Sein）とはならないのであり、他者として、われわれの外なるものとして、われわれの前に揺動するのみである。われわれはただ、内的な愛をもってこれにわれわれ自身を捧げ、これに密着することしかできない」(89)。つまり、フィヒテが言う神の生を生きるということは、われわれが神であることを意味しないのである。われわれと神との存在性における同一の思想をフィヒテは拒否している。フィヒテの言う生の概念は、直接性よりもむしろ活動性に重心があるといってよいであろう。生の統一は単純な一でなく、どこまでも二における一である、とフィヒテは考えている(90)。生きるとは、一を二の中に実現することだからである。真の一は二を消した一ではなく、二の真只中に自己を示す一である。二を排除した一はふたたび観想の対象となる。いかなる二の中をも貫いてはたらく一、生きた一の運動を追うことに、フィヒテの思索は集中しているのである。

註

フィヒテからの引用のページ付は以下の文献による。

SW（I—VIII）Johann Gottlieb Fichte's sämtliche Werke, Hrsg. von I. H. Fichte, Berlin, 1845–1846

SW（IX—XI）Johann Gottlieb Fichte's nachgelassene Werke, Hrsg. von I. H. Fichte, Bonn, 1834–1835

シェリングからの引用のページ付は以下の文献による。

Friedlich Wilhelm Joseph von Schellings sämtliche Werke, Hrsg. von K. F. A. Schelling, Stutgart, 1856–1861.

（1）Franz Pfeiffer, *Deutscher Mystiker des 14. Jahrh.* Bd.1, 1845, S. IX.

（2）W. Dilthey, *ges. Schr.* Bd. 2, 10. Aufl. 1977, S. 320.

（3）H. Heimsoeth, *Die sechs großen Themen der abendländischen Metaphysik*, 4. Aufl. 1958, S. 31.

（4）H. Heimsoeth, a. a. O., S. 7.

（5）Franz von Baader, Sämtl. Schr. Bd. 5, S. 263.

（6）Franz von Baader, Sämtl. Schr. Bd. 15, S. 159.

（7）Schelling, SW X, 184.

（8）Schelling, SW X, 191.

（9）シェリングは他の著作において、キリスト教の本質は神秘主義であり、それは「有限者の内において無限者を直観すること」（*Anschauen* des Unendlichen im Endlichen）であると言っている。「キリスト教のすべてのシンボルは、神と世界との同一（Identität）を種々の像において表象するところの規定を示している。それはキリスト教の本来の方向にとっては、有限者の内での神の直観という規定であって、これはキリスト教の本質の最深部から由来し、かつそこにおいてのみ可能である。……われわれは有限者の内において無限者を直観することへ方向づけられた、このような精神を一般に神秘主義（Mysticismus）と呼ぶことができる」（*Über bas Verhältniß der Naturphilosophie zur Philosophie überhaupt*, 1802, SW V, 117）。「なぜならキリスト教の最内奥はそれ自身ただ、一つの内的な光であり、内的な直観であるところの神秘主義（Mystik）である」（*Philosophie der Kunst*, 1802, SW V, 443）。

（10）Fichte, SW IV, 147.
（11）Fichte, SW IV, 151.
（12）Fichte, SW II, 160.
（13）Fichte, SW V, 473.
（14）Fichte, SW V, 474.
（15）Fichte, SW X, 327.
（16）Fichte, SW X, 329.
（17）例えばH. G. HaackやD. Bergerは初期の批判的観念論と後期の神秘的時期（mystische Periode）との間には断絶があることを主張する（H. G. Haack, J. G. Fihtes Theologie, 1914 ; D. Berger, J. G. Fichte in : Wissen und Gewissen）。これに対してF・ゴーガルテンはフィヒテ後期の神秘主義を承認するけれども、初期の倫理主義の革命家が後期の寂静的神秘家へ変身したという見方には反対する（F. Gogarten, *Fichte als religiöser Denker*, 1914）。メディクスはフィヒテの神秘主義は超越論的・批判的分析の真理論から出現したものであると見ている（F. Medicus, *Die religiöse Mystik und die klassische deutsche Philosophie*, 1918）。さらにルドルフ・オットーも有名な『東西の神秘主義』のうちで、エックハルトの神秘主義の根本傾向が後期のフィヒテの中に復活していることを指摘する。のみならず彼は、初期フィヒテの思想に固有な絶対自由の「自己の感情」（Selbstgefühl）とエックハルトにおける「高調感情」（Hochgefühl）との類似をMitschöpferseinの感情と名づけている（R. Otto, *West-östliche Mystik*, *Dritte Auflage*, 1971, S. 265）。
（18）Fichte, SW X, 205.
（19）W. Janke, *Fichte Sein und Reflexion——Grundlagen der kritischen Vernunft*, 1970, S. 302.
（20）W. Janke, a. a. O., S. 303.
（21）E. Hirsch, *Fichtes Religionsphilosophie*, 1914, S. 81.
（22）E. Hirsch, a. a. O., S. 129.
（23）エドアード・フォン・ハルトマンは、カントやフィヒテは哲学史の見地から見るとなお素人であったが、シェリングは専門家であったと言っている。哲学史に関する確実な知識を入手して、これを自己の思想形成に利用した最初の注目すべき思想家はシェリングだというのである。シェリングにはつねに先行者の影があるが、フィヒテにはそれがない。すくなくとも不明瞭であることは事実である（E. v. Hartmann, *Geschichte der Metaphysik*, 2. Bd. 1969, S. 90）。

（24）Meister Eckhart, Pfeiffer S. 281–284.
（25）Fichte, SW I, 98.
（26）フィヒテ哲学の根本原理である自我（das Ich）が、経験的自我つまり個体としての私（ich）でなく、むしろすべての個人に普遍的な「純粋自我」（超越論的自我）であることはもちろんである。しかしこのような純粋自我は、どこまでも各人が各人自身の自我として、この現実の自我の直下に見出すべきものである、ということがフィヒテの力説する点である。純粋自我は個体ではないが、しかも個体を離れては無である。フィヒテとシェリングとの論争も根本では、自我とはいったい誰（wer）のことかという、この困難な問題につながると見てよいだろう。ルドルフ・オットーもこの重要な点に触れて、フィヒテの純粋自我と経験的自我との関係は、エックハルトの「生まれないもの」としての霊と被造物としての人間との関係と同じであると言う。オットーはつぎのように述べている。「［エックハルトにおける］人間の永遠なるイデー、永遠に神の内にかつ神とともに存在するところのイデー、まさしくこのイデーは、神がそれをたんなる原型として、それに従って現実の人間を創造するような、神のたんなる思想ではない。そうではなくて、現実の人間は、彼の永遠なるイデーにリアルに関与している（partizipiert）のである。現実の人間は、根柢的にはこのイデーなのである（ist）。そしてかかるイデーとして現実の人間は、神の内にかつ神とともに存立しているのである。……フィヒテの場合もこれと同じである。たしかに私はこの小さい経験的自我である。しかし私はまた自我である。そして私が自我であるがゆえに、奴隷的な物体界のすべての決定論を超出して、主人のごとく物体界を私に服従させ、それに私の法則を命ずるのである」（R. Otto, *West-östliche Mystik*, S. 267）。
（27）Fichte, Zweite Einleitung in die W. L., SW I, 495.
（28）Fichte, SW I, 458.
（29）Fichte, SW I, 457.
（30）Fichte, SW I, 459.
（31）Fichte, SW I, 463.
（32）Fichte, SW I, 461.
（33）Fichte, SW I, 463.
（34）Fichte, SW I, 465.
（35）Schelling, *Philosophische Briefe über Dogmatismus und Kriticismus*, SW I, 318.

（36） Schelling, SW I, 319.
（37） Schelling, SW I, 320.
（38） Schelling, SW I, 325.
（39） Schelling, SW ebenda.
（40） Schelling, SW I, 331.
（41） W. Schulz, *Philosophie in der veränderten Welt*, 1972, S. 266.
（42） Fichte, SW I, 466.
（43） Schelling, SW I, 420.
（44） Schelling, SW I, 420, Anm.
（45） Schelling, SW I, 448.
（46） Schelling, SW IV, 87.
（47） Schelling, SW IV, 371.
（48） Schelling, SW IV, 355.
（49） Schelling, SW IV, 109.
（50） Schelling, SW IV, 115.
（51） Schelling, *Aus den Jahrbüchern der Medizin als Wissenschaft*, 1806, SW. VII, 148.
（52）（53）（54） Schelling, a. a. O., ebenda.
（55） Schelling, SW VII, 150.
（56） Schelling, SW III, 345.
（57） Schelling, SW III, 624.
（58） ハルトマンはシェリングが「無意識的な絶対知」*unbewußtes* absolutes Wissen の立場を純粋に固守できずに、それをやはり意識との関係において捉えていることを指摘している。そして意識の立場へのシェリングのこのような執着の理由は、一つには彼がまだ無意識的な知という概念に親しんでいなかったこと、二つには一八〇六年頃から超越神論への傾向が出現して、絶対的無意識としての神の思想が中断されたことだと述べている（E. v. Hartmann, *Schelling's Philosophisches System*, Leipzig 1897, Neudruck, 1979, S. 43）。

(59) Schelling, SW IX, 217.
(60) Schelling, ebenda.
(61) Schelling, SW IX, 225.
(62) Schelling, SW IX, 228.
(63)(64)(65) Schelling, SW IX, 229.
(66) Schelling, SW IX, 230.
(67) Schelling, SW IX, 217.
(68) Schelling, SW IX, 218.
(69) Fichte, SW II, 160.
(70) Schelling, SW X, 117.
(71) フィヒテはシェリングを批評してこう述べている。「理性について外からあれこれ言うことがではなく、実際にかつ極めて真剣に理性的であることを行ずることが、哲学の事柄なのである」(Fichte, SW X, 198)。
(72) Fichte, SW X, 133.
(73) Fichte, SW VIII, 372.
(74) Fichte, SW V, 472.
(75) Pf. S. 202. 西谷啓治『神と絶対無』(創文社、一九七一年、六六頁)。
(76) Fichte, SW V, 401.
(77) Fichte, SW VIII, 370.
(78) Fichte, SW V, 471.
(79) Fichte, SW V, 514.
(80) Fichte, SW VIII, 369.
(81) Fichte, SW V, 461.
(82)(83) Fichte, SW V, 458.
(84)(85) Fichte, SW VIII, 371.
(86) フィヒテによれば、宗教は一切を神の内なる生として捉える信仰(Glaube)の立場であるのに対して、哲学はこのような信仰の事実（Daß）をその生成の仕方（Wie）において説明する観（Schauen）の立場である。その場合この観は、信仰の立場に内容的に何かを加えるものではない。宗教はすでにそれだけで絶対的なのである。哲学は完全なる人間の条件として「高次の道徳性」（*höhere* Moralität）に属する。哲学を宗教よりも高い具体的立場と見るヘーゲルの主知主義とフィヒテとの差異がここに見られるであろう（Fichte, SW V, 472)。

（87）Fichte, SW V, 471.
（88）Fichte, SW V, 542.
（89）Fichte, SW V, 461.
（90）Fichte, SW V, 402.

Ⅲ　日本の宗教と哲学の使命

西田幾多郎の宗教思想

一　生命の要求

周知のように、西田幾多郎の哲学は初めから終わりまで、宗教と密接な関係をもっていた。体系構築に苦闘していた時期の西田は、宗教については「やがて書く」と言っていたといわれているが、高坂正顕はこのことについてつぎのようなエピソードを伝えている。大学を出て間もない頃の高坂に「宗教と哲学はどういう関係にありますか」と聞かれた西田は、「両者はあまりに近いので、なかなか一つになれないのだ」という答え方をしたというのである。(1) これは、哲学と宗教とのあいだにある相互の反発と親和という関係を西田が早くから直観していたことを示す非常に面白い答えであり、おそらく最晩年に至るまで、これが西田の正直な気持ちではなかったかと想像される。無神論論争期の頃のフィヒテ（J. G. Fichte, 1762–1814）もこれと似たことを述べている。「**Leben** は本来まったく **Nicht-Philosophieren** であり、**Philosophieren** は本来まったく **Nicht-Leben** である。ここには完全な反立がある。合一点は、両方の立場が自分には与えられているという現実の哲学者の意識の内にしか存しない」[2]。フィヒテがLebenと呼ぶものの究極は宗教である。一方、哲学はすべての生に対する徹底的な反省である以上、宗教と哲学とを合一する哲学などというものはありえない。真の哲学者において、この合一点は生きられる他ないのだという考えであり、この考え方では西田はフィヒテとよく似ているように思われる。

同じ問題について近代ヨーロッパの思想家たちの考え方を見ると、ヘーゲル（G. W. F. Hegel, 1770–1831）では、宗教は哲学に対して下位にあるということが明確に言われている。それに対して後期フィヒテでは、人間の生き方の頂上はむしろ宗教であり、哲学ではないとも言われている。もちろんフィヒテも、知るということを軽視したわけではない。周知のようにフィヒテは、哲学（Philosophia）を「知識学」（Wissenschaftslehre）というドイツ語に訳しかえ、人間存在における知や反省の意義をもっとも重視した人であるが、その同じ哲学者が、人間の生の段階としては宗教が頂上であり、もっとも深いものであると述べているのである。フィヒテの場合にも、哲学と宗教とは本来一つでありながら、なかなか一つにはなりにくいものであり、その連関の構造の秘密は容易に論じ切れないものであった。

『善の研究』の序文に「余がかねて哲学の終結と考へて居る宗教」という言葉があるが、哲学と宗教との関係が西田の念頭を終始去らなかったことは、昭和二十年に書かれた最後の論文「場所的論理と宗教的世界観」の表題からも、また西田がこの論文をぜひとも弟子たちに読んでもらいたいという希望を手紙で漏らしていることからも、うかがい知ることができる。西田が「やがて書く」と言った宗教の問題そのものは、しかし、その最初の著書である『善の研究』にすでに現われている。そこでは、宗教は「生命」の問題として捉えられている。この書の第四編第一章「宗教的要求」はつぎの文章で始まっている。「宗教的要求は自己に対する要求である。自己の生命についての要求である。我々の自己がその相対的にして有限なることを覚知すると共に、絶対無限の力に合一してこれに由りて永遠の真生命を得んと欲するの要求である」[3]（一・一六九）。そしてその要求を説明して、「パウロが既にわれ生けるにあらず基督我にありて生けるなりといったように、肉的生命の凡てを十字架に釘付け了りてひとり神に由りて生きんとするの情である。真正の宗教は自己の変換、生命の革新を求めるのである」（同）と言われている。自己が旧き生き方に死んで新しく生まれ変わることこそ生そのものの核心であり、そこに宗教の本質があるという考えが、西田の思索の根柢に初期の段階からあったと言うことができる。

さらに詳しく、さきの文章をたどれば、「世には往々何故に宗教が必要であるかなど尋ねる人がある。しかし、かくの如き問は何故に生きる必要があるかというと同一である。宗教は己の生命を離れて存するのではない、その要求は生命其者の要求である」（一・一七二）という言葉がある。この引用文中、最後の「その要求は生命其者の要求である」というところが、西田の考えの核心の部分であろうと考えられる。この大切な点について、初期の論文ではまだ論理的分析が充分になされたとは言えないが、後期の論文と読み合わせながら『善の研究』の文章を検討すれば、西田の問題が一貫していたことがわかる。つまり、「生命其者の要求」とは、生きたいという個人の要求や願望のことではないのである。宗教的要求は人間の内にあるということができるが、しかもそれは個体としての人間を超えた大いなる生命自身の要求なのである。

われわれ個人がもついろいろな願望、例えば、健康で長生きしたい、会社や事業で成功したい、学問芸術などにおいてよい仕事がしたい、等々の願望もみな、ある意味では生きるということから発動しており、生命の願望の一つであると言ってよい。しかし、このような願いは生命全体の要求ではなく、その一部の要求であるにすぎない。生命の本来の要求、言いかえれば宗教は、個人が主観的に願望しているものではなく、個人の中にあって個人を超えている大いなる「命」そのものが要求している事柄、命が命を欲している要求として捉えられなければならない。宗教が他の人間のいろいろの願望や営みと根本的に異なる点はそこにある。この違いを明確にしなければ、宗教というものは特定のひとびとだけの異常な心理にすぎないという、たんなる主観主義的な宗教理解に終わるであろう。

中世ドイツの神秘主義思想家マイスター・エックハルト（Meister Eckhart, 1260?–1328）は、「一切の物のうち生（Leben）ほど愛すべく、また欲すべきものはない。どんなに悪く辛い生でも、人間がそれでもなほそれを生きたがらないといふやうな生はない。……何故君は生きるのか。生きるためにである。然も何故に君が生きるのか君は知らない。それ程に生はそれ自身として欲しきものである。地獄にゐて永遠の苦しみのうちに生きる者といへども、その地獄や苦にも拘ず、その生を捨てやうとはしないであらう[4]」と述べている。生きたいという願望は個人の願望ではなく、生命そのものの願望であることをエックハルトも言っているのである。あらゆる個人的願望を人間から取り去った後、最後に残る願望は、ただ生きたいという生命そのものの願望であると言うことができる。人間からこれを取り去ることができないのは、それが個人の願望ではないからである。エックハルトは、生それ自身が望ましきものであることを言うために、生は神から流れてきているからであると述べているが、この神をかならずしも生命を創造した創造主という意味で捉える必要はないであろう。すなわち、生よりも神が根源的なものとしてあって、そこから生が流れ出てきているということではなく、生それ自身が根源的であること、つまり生に先立つものは何もないということを、エックハルトは「生は神から流れてきている」と言いあらわしたと考えられる。

われわれは、ある時には生きたい、長生きしたいという願望をもち、また、ある時には、いっそ死にたいという願望をもつこともある。これはしかし、状況によって生そのものの願望がプラスに出たりマイナスに出たりしているだけのことであり、その両方の現われ方の根本には、個人の願いを超えた、大きな生命そのものが、個人の中で自分自身であろうとしていると言えるのではないだろうか。宗教的信仰とは、そうした生それ自身の要求が自己の中にもあり、しかもその要求はかならず叶えられると確信するところに成立するように思われる。仏教であろうとキリスト教であろうと、すべての真の宗教の根柢には、生命そのものの願望はかならず叶えられる、しかも、生そのものによって叶えられるという考えがある。それは、個人の努力や個人の活動、個人の考え方などの相違にかかわらず、生命そのものが万人に保証してくれる確信である。つまり、生の自己証明ということであり、この生の自己証明そのものに対して人間が覚醒するところに宗教があるのではないだろうか。宗教的要求は人間から取り去ることはできないという西田の言葉も、そのような事態を言いあらわしたものとして理解することができるであろう。

二　死と再生の弁証法

生命についての西田の分析は、その哲学の進展に従い、しだいに深まりをみせていった。『自覚に於ける直観と反省』（一九一七年）の時期においては、西田は自分の立場とベルクソン（Henri Bergson, 1859–1941）の立場との近さを認めているが、ベルクソンの哲学は「生の哲学」と言われるように、直観による生の把握を基礎においている。ベルクソン自身はその立場を明確に宗教という語では言いあらわしていないが、そのような観点から理解することも可能であるように思われる。一方、これとは反対の位置に、リッケルト(Heinrich Rickert, 1863–1936)などの新カント派の知(Wissen)の立場、学問としての哲学の立場がある。きわめて単純化して言えば、西田はこれら対極にある二つの立場をその根源から統一したいという意図をもっていたと考えられる。『自覚に於ける直観と反省』は、直観すなわち生と、反省すなわち知とを自覚の立場に立って統一しようとする悪戦苦闘の跡であったと言うことができるであろう。

これは西田が一面においてベルクソンに対して批判的であったということでもある。その批判の要点は、ベルクソンの言う「生命の飛躍」には否定がないということであった。『無の自覚的限定』(一九三二年)所収の論文「私と汝」の中で、西田はベルクソンの「生の飛躍」の立場のもつ連続的な内的発展を批判しながら、「真の生命といふべきものは……死して生れるといふことでなければならぬ。生命の飛躍は断続的でなければならぬ。ベルグソンの生命には真の死といふものはない」(六・三五六)と述べている。西田によれば、生はいったん死んで蘇るものでなければならず、死・復活――これはキリスト教の教義に限定されない――ということが生の本質をなしている。生命はつねに底なき無の底、あるいは否定をくぐり抜けて新しく湧いてくるものであるというのが西田の基本的な生命観であった。

西田はベルクソンの生の認識に、このような欠陥を見るのであるが、その根本には、ベルクソン哲学が時間を中心としているだけで、その中に空間的逆転がないこと、すなわち、生命を自己否定を含まない連続運動として考えたということがあるのではないだろうか。言いかえれば、ベルクソンの場合、生命はどこか外から眺められうるもの、つまり対象的なものとして捉えられているということがまだ残っているからではないだろうか。もちろんベルクソンは、生命は外から知的に観察することによっては把握されない、生はただ生きることを通して初めて把握される、ということをくり返し述べている。それにもかかわらず、彼の言う生命が自己否定をふくまない限り、ベルクソンのこの主張は維持されえないのではないか、というのが西田のベルクソンに対する批判の眼目であったように思われる。

「絶対無の場所」の思想を入手した西田は、そこからもう一度生命とは何かということを改めて問い直している。『一般者の自覚的体系』（一九三〇年）の「総説」において、西田は自覚の根柢を「絶対無の自覚」という言葉で言いあらわし、それを「見るものも見られるものもなく色即是空空即是色の宗教的体験」というふうに説明している。絶対無とは、たんに何もないということではなく、意識がノエシス的に自己自身を限定する極致を言うのである。もちろん、それはどこかに対象的にあるのではない。絶対無はこれを対象的に捉えることはできないが、しかしそれ自身を限定するところの生の事実としてある。そうして、このような絶対無の自己限定に西田は、ノエマ的限定とノエシス的限定とを区別している。ノエマ的限定の方向に成立するのが知の立場、反省の立場で、ノエシス的方向に無限な生命の流れの立場が成立する。同書に収められた「叡智的世界」という論文の中では、判断的一般者、自覚的一般者、叡智的一般者の三つの一般者（場所）が区別されている。そしてこの三つの一般者は、あとの一般者が先の一般者を包むという関係にある。一般者の一般者へという方向がわれわれの自覚の深まりなのである。

すべて、ものを知るということは、主語（特殊）が述語（一般者）に包まれる、述語においてあることとしての判断であると考えられるが、これは逆の方向から言えば、一般者が自己の中に自己自身を限定し、自己を特殊にすることである。このような判断的一般者がそこにおいてある、もう一段深い一般者が自覚的一般者である。これがいわゆる自己意識的自己というものであるが、そういう自覚的一般者をさらに包む一般者として叡智的一般者というものが考えられている。これは自己意識をその底へノエシス的に超越したところであり、そこにおいて哲学や芸術などの人間精神の営みが成立するのである。だから西田においては、哲学はもともとたんなる自己意識の立場で成立するものとは考えられていないことがわかる。すでに大正五年五月九日付の田辺元宛の手紙には、「真の哲学は意識の上にあらず。我を潰して出て来らざるべからずと存じ候」（十九・五三一）と書いている。真の哲学とは我から始まるのではなく、我を潰し、我を捨てて初めて出てくると言われているわけである。

先に言ったように、この「絶対無の場所」の立場においては、絶対無の自覚のノエシス的限定として生命というものが考えられる。生命はノエマ的に捉えることはできないものであり、どこまでも暗い生命の流れとしてのみ存在する。これに対して、哲学するということは絶対無のノエマ的限定である。しかしそれは、ノエシス的限定と切り離されたものではなく、ノエシス的限定の極小のことである。それゆえ、哲学もまた一種の内的生命なのである。哲学は哲学するという生のいとなみなのであり、道徳や芸術と同じく、イデーを見んとする内的生命の行為である。哲学が成り立つ根柢には絶対無がある、と言うことができるが、それは対象的にあるものではなく、すべての事実が事実としてここに、このように限定されてあるということの成り立つ根柢に他ならない。つまり、われわれが今現にここに生きているということがすでに、われわれが絶対無の場においてあるということである。哲学はこのわれわれが現にここにあるというその事実を抜きにしては始まらない、ということを西田は言うわけである。これはハイデッガーが、基礎的存在論としての哲学は現存在（**Dasein**）の根柢にある無が現存在を襲うことから生まれる、と言うのに通じると考えられる。ハイデッガーは『形而上学とは何か』（*Was ist Metaphisik?*）の中で、**Metaphisik**とは講壇哲学の一科目ではなく、Daseinにおける根本的事件であり、Daseinそのものがあるということについてまわると述べているが、どこかそれに通じるところがある。西田にとってもやはり哲学はたんなる教養や知的関心のいとなみではなく、真に自己を生きることを意味していたのである。

しかしながら、「絶対無の自覚」ということを言うだけで、すべてが理解できるということではもちろんない。絶対無のノエマ的限定というもの、つまり絶対無が自己を「映す」ということ、自己を「知る」という側面が哲学にはどうしても必要になる。しかし、このノエマ的限定がどうして出てくるかについては、そのWarumやWieを問うことはできない。それは事実そうだというDaßということであり、それが「現にある」ということしか言えない。何故というような問いもそこから起こるのである。哲学というものは、つねにWarumを問いつづけるものであるが、その根源にあるDaßを明らかにすることはできない。しかし、哲学者がこのようなDaßというものにたえず直面して、それにぶつかりつづけていくところに、生きた哲学のつねに新しい源泉があり、本質的な答えを見出す端緒がそこから開かれると言えるのではないだろうか。

生命というものを考えるときに、西田は生そのものの本質に否定を見ていたということは前に触れた。生命はたんなる自己肯定ではなく、死の底から蘇ることであると西田は考えていたと言える。この生の否定面を西田は生の構造の中にどのように位置づけているかをもうすこし見てみたい。『無の自覚的限定』に収められた「私と汝」の論文の中で西田はつぎのように述べている。

我々は我々の個人的自己の自己限定の底に於て、絶対の無に撞着するのである、明日の我として蘇るものを越えて、再び自己として蘇らないもの、唯、他人として蘇るものに撞着するのである。そこに絶対に非合理的にして合理的なるものを生む真の物質といふ如きものも考へられるであらう、永遠に死し

て生まれないもの、唯一度的なものに触れるといふことができる。（六・三五七）

この引用文中の「再び自己として蘇らないもの」とか「唯、他人として蘇るもの」というのは、独特のニュアンスをこめたメタファーに近い言い方であるが、これはおそらく、真の弁証法というものは、初めから蘇生を期待して死ぬのではない、本当に死に切って生きることでなければならないということを言っているのであろうと思われる。否定（**Negation**）というだけで、ただちに**Negation**が**negieren**されて、今度は**Position**に移るという、そのような連続的な移行が弁証法なのではない。真の弁証法は初めから蘇生を期待するところには成立しない。本当に死に切ることだけが蘇生の条件であるということを、西田は「絶対の死に入ることによつて蘇る」とか「死の底から蘇る」という言葉で言いあらわしているのである。

これについて思い出されるエピソードを一つ述べてみたい。『病牀六尺』は、脊椎カリエスを患い死に瀕していた最晩年の正岡子規の作品であるが、その第四十二回目の明治三十五年六月二十一日の記事の中で、はげしい病苦に苦しむ子規がもっとも共感した「本郷の某氏」より来た慰めの手紙が紹介されている。その「某氏」はまず第一に、貴君のような境遇にあるものは、「天帝または如来とともにあることを信じて安んずべし」と言い、つづいて「もし右信ずること能はずとならば人力の及ばざるところをさとりてただ現状に安んぜよ」と述べている。そして第三に、「もし右二者共に能はずとならば号泣せよ煩悶せよ困頓せよ、而して死に至らむのみ」と記している。この手紙の差出人はおそらく、当時森川町に浩々洞を開いていた清沢満之であろうと推測される。

清沢が手紙で述べたことは要するに、逃れがたい病苦に対して人間がなしうるのは、その現実をあるがままに受け入れ、時には号泣し煩悶して死ぬこと以外にないが、それがとりもなおさず、如来とともにあるのだということである。換言すれば、そのような絶体絶命のところからしか絶対の肯定というものは生まれてこないということではないだろうか。清沢の手紙が死に近い子規を満足させ一種の安らぎを感じさせたのは、人間の容赦のないこの真実の呈示に子規が共感したからであると考えられる。

糸瓜咲いて痰のつまりし仏かな

死ぬ前日に書かれた子規の辞世の句であるが、黄色い糸瓜の花の光が仏のように、死にゆく子規を平和に包んでいるような明るい句である。子規は特定の宗派の信仰を持った人ではなかったが、しかし真の意味での宗教心というものとは無縁でなかったことが、この句からも読みとれるのではないだろうか。

以上のように、生というものが、その構造において自己否定をもっていること、すなわち、絶対否定というものを根柢にしなければ、真に生きた生というものは成り立たないということが、西田のベルクソン哲学に対する批判の要点である。西田はさらに、生の解釈学に対しても批判を加えている。生命はつねに解釈され了解せられるものであり、生命の立場に立つということは、とりもなおさず解釈学の立場に立つことだ、としばしば言われる。しかし西田によれば、「いのち」というものは本当は解釈されえないものであり、自証する以外にないものである。そして生命の自証とは、主観が意識的に生を自覚することではなく、自意識の砦の外に脱出して自己自身を表現することである。自己自身を「表現」する立場から初めて、あるいは、自己自身を「形成」する立場から初めて、生命の何たるかがわかる、というのが晩年の西田の考えである。ここで言われる「表現」という概念を、ディルタイ（Wilhelm Dilthey, 1833–1911）などの Ausdruck という意味にとると、西田理解を誤ることになるであろう。西田が言う表現作用とは、自分の主観の中にあった観念やイメージとかいうものを外へ形にして出す（ausdrücken）という意識の連続的な働きではない。「表現」とは、西田では、結びつかないものが結びつくという非連続の連続の出来事である。このような考え方が出てくるもっとも基本のところには、「絶対無」というもの、「見るものなくして見る」という立場があるのである。絶対無の自己限定ということを基礎にして、人間のさまざまな行為や哲学的認識や宗教、そして世界そのものの構造を捉えようとするのが西田哲学の企図であったと言うことができる。

三　生の自己否定性

以下においては、生命というものの構造契機としての「否定」ということについてもうすこし具体的に考えてみたい。近代の自然科学的な生命論は機械論の立場に立つのが一般的であり、物質から生命現象を物理・化学的に理解してゆこうとする傾向をもっている。この自然科学的生命論に反対するものとして、古くから物活論（hylozoism）という立場がある。現代社会の問題に即していえば、例えば脳死をもって人間の個体の死とする考えに反対するひとびとはおそらく物活論的な見地に立つものと思われる。脳死になっても細胞の一つでも生きていれば、人間はまだ生きているのだと主張するような人も、物活論者の類型のなかに入るであろう。しかし西田によれば、生命は物活論的には理解できないが、機械論的にも理解できない。絶対無の場所の自己限定に由来する「絶対矛盾の自己同一」という形をもった歴史的世界における出来事として理解しなければ、生命を真に理解することはできないというのが西田の考えである。例えば「論理と生命」という論文にはつぎのように述べられている。

生れるといふことも、単なる無から有が出ると考へないかぎり、環境から生れ出ると考へなければならない。而も単なる環境から生命は出ない、単なる物質から生命は生まれない。……生命の生れ出る世界は、生命と環境とが弁証法的に一つの世界でなければならない。……場所が場所自身を限定するということから生命が成立するのである。……我々の自己は歴史的実在の世界の底から生れるのである。（八・二八四）

生命というものは自己の内に否定を含む歴史的生命であることを、西田はここで語っているわけである。これは言いかえれば、場所が場所自身を限定するということによって、生命は初めて生命たりうるということである。西田は生を死に還元する見方に立つ機械論的な立場、自然科学一般を単純に排斥するのではなく、歴史的世界の自己否定面として、それを活かすことを試みたのである。

晩年の論文「知識の客観性について」および「自覚について」において、西田はつぎのように記している。

歴史的世界は、一面に何処までも物質的である。我々の自己表現は第一に物質的法則によらなければならない。斯くして始めてそれが客観的であるのである。……物質界とは我々が自己を映す鏡と云ふこともできる。（十・三九三）

物質的生物的世界は単に本能的に知覚的に知られる世界ではなくして、自然科学的に知られる世界となる。我々の歴史的身体と云ふものは、単に本能的知覚的なる所謂肉体と云ふ如きものではなくして、科学的にも行動するのである。例へば、電子的に考へ電子的に見る、電子的に行為的直観するのである。（十・五四九）

真に具体的な生きた歴史的世界というものはアニミズム的に考えられるのではない。むしろその反対の世界、生きているものをたんなるアトム的集合と見る死の世界——無限なる抽象——、この否定面をふくまなければ、真の具体的世界というものは考えられない、というのが西田の考えであった。このような考え方は、その後の自然科学がもたらした核エネルギーをはじめとするさまざまな影の部分というものを知らずに、ただ上昇期にある科学だけを知っていた西田の楽観的な発言ということができるかもしれないが、いずれにせよ西田の自然科学に対する見方がこの中によく表現されていると言えるであろう。つまり西田によれば、われわれの自然科学が世界の客観的知識であるのは、われわれの生命が自然科学的でもあるからだということになる。自然科学の理論が客観的でありうる理由を、西田は、われわれの生命そのものが一面において自然科学的――物質的――であるという点に求めているわけである。例えば、物理学者が粒子を知るのは、主観的意識の卵殻の外に出て知るのであると言う。「そこでは我々の自己は粒子となる」（十・三九五）と言われている。

今日の問題として具体的な例をあげると、脳幹を含む全脳の統合のファンクションの不可逆的停止ということが臨床的につきとめられるならば、人間の自然科学的生命は生き返らないという厳然たる事実がある。これは一部のひとびとが言うように、医者が作り出したフィクションではなく、救急医療の現場で起こる臨床の事実である。おそらく今日の脳死の問題に関しては、西田であれば反対しないであろうと思う。脳死を個体死として認めてもなお人間の尊厳は守られうる、という考えをとったであろうと想像される。

仏教の立場から見ると、われわれの身体は「五蘊仮和合」と言われ、身体は実体性（自性）のないものとされ、また、われわれの精神も実体性のないものとされる。身体はいわば宇宙からの授かり物であり、個人が私有権を主張できるものではない。したがって、身体の一部である臓器を他人に移植することに対して仏教の立場からは積極的に反対する理由は見あたらないのである。今日の仏教学者の中には、心臓は人格の一部であり、心臓を除去すれば人格の統一が崩れると主張するような人がいるが、本来、仏教にはそういう意味での人格概念は存在しないはずであり、この主張は仏教の見地からは成立しえないと思われる。カント（Kant, 1724–1804）の人格論から言っても、人格（Person）の次元と物（Sache）の次元とは厳密に区別されるべきものであり、身体が人格の一部であるというような主張は意味がない。むしろ、そうした主張は、仏教的知見や哲学的理性ではなく、一種のアニミズムに立脚しているように思われる。しかし、このようなアニミズムの立場からは、真に生きた生命を考えることはできないし、また、アニミズムの対極にある機械論に対して本当に歯止めをかけることも困難であろう。

西田はアニミズムにも機械論にも荷担せず、両者を統合するもっと深い見地から、真に生きた生命を考えようとしたと言うことができる。そこから初めて、真にものを考える、あるいは、真にものを知るということが可能になるというのが西田の考えであった。そのような意味で西田は、哲学はその出発点において自己意識を潰さなければならないと言うのである。この点について、西田は歴史上の偉大な哲学者たちと見解を一にしていたと言うこともできる。

例えば、シェリング（Friedlich W. Joseph von Schelling, 1775–1854）は、真の哲学の根本条件としての「脱自」（Ekstase）ということを問題にしたいわゆる「エアランゲン講義」（一八二一—二五年）の中で、「真に哲学せんとする者は一切の希望、一切の要求、一切の憧憬を離れなくてはならない。彼は何ものをも欲したり、知ろうとしたりしてはならない。自らを完全なる一文無しと感じなくてはならない。一切を得るために一切を捨てるというこの一歩は困難である。それは、いわば最後の岸から離れるほどの困難である」[5]と述べている。つまり、本当の哲学はすべてを捨て去ることによって始まるのである。そしてシェリングは、フィヒテに対して、確かにフィヒテはすべてを捨て去ったが、ついに自我を捨てることができなかったという批判を行なっている。しかし詳しく検討すれば、これはシェリングの誤解と言えるのではないだろうか。フィヒテが言うIchとは、個体としてのIch、われわれが普通に考えている社会的な個人、あるいは身体と結びついた個人では決してない。そのような個人というものがそこからはじめて考えられる、その原点をIchという言葉で指し示したのである。むしろ、普通に言う自己を捨てた立場をフィヒテはIchと呼んだのである。一八〇四年の『知識学』の中でフィヒテは、「われわれ（Wir）とかIchからはいかなる哲学も始まらない。Ichを超えたところから始まる哲学があるだけだ(6)」と述べているが、自我を超えたところというのは、普通に自我と考えられている心理学的な色彩をもった自己意識、個人的意識を超えたところという意味である。そのような自己意識を超えたところこそが、真に哲学の名に値する哲学の出発点である、とフィヒテもやはり考えたのである。

ともかく、西田は、生命というものを連続的な持続とは考えず、生命はつねに死んで蘇るものと考えていたということができる。死んだ後に初めて極楽浄土、あるいは天国に生まれるというのではなく、生のただ中で、死んで蘇るのである。現代の生化学は、われわれ個体の生物学的生命においても、一日に三千億個の細胞が死に、新しく生まれているということを教えている。同じものが永続的にあるのではなく、古いものが死んで新しくなるということが生命の本質である。生物学的次元の生においても、死と再生ということが絶えず起こっているのである。死ぬことができ、しかも死ぬだけではなく、そこから蘇るというのが、およそ生命といわれるものの理法である。この理法に関しては、それが個体の内部の出来事、つまり一個体内の細胞の次元における現象としては一般にも肯定されやすいが、個体を超えた次元、つまり種の次元においてはかならずしも受け入れられていない。しかし、種《しゅ》の次元においても同じことであり、麦なら麦の種子が地に落ちて死に、そこからもう一つの独立した新しい個体が発生することによって生命は維持されているのである。個体から個体が生まれるということは、たんなる連続関係ではなく、個体の死と再生によって、個体を超えた種の生命が一つの個体からもう一つの個体へと飛躍することに他ならない。生物学的次元ではその飛躍の切断の面、非連続面が明確でなく、連続面だけが目につくが、やはり原理的には生命というものは、いつも死と再生によって成り立っていると言うことができる。

四　生命の尊厳の根拠へ

このような否定を介しての肯定という生命の弁証法が、もっとも顕著に現われるところが、おそらく宗教と呼ばれる生の次元である。宗教的生は個体として死んで普遍的な生命を得るという意味での再生である。現代人には、この個体以上の全一生命というものへの感覚が驚くほど鈍くなってしまっている。「いのち」と言えばこの世の命という、肉体と結びついた命だけを考える。そして生命の尊厳という場合、結局は、生の一回性ということがその根拠となるようである。そのために、なぜ「いのち」が大切なのかという問いに対して明確に答えることができない。「いのち」は一つしかないから、あるいは人生一度きりだから、という答えで多くの生命論は終わりになってしまうようである。しかし、なぜこの世に生きていることに価値があるのか、という問いに対して、「いのち」は一つだからだというだけでは、じつは何の答えにもならないのではないか。臓器移植の問題に結びつけて言えば、「私の心臓は私のもの」、「あなたの心臓をもらってまで私は生きたくない」という反対論者たちの考え方は、生命論としては非常に弱いところがあるように思われる。

長い生命の歴史の中にある個体の「いのち」だから、あるいはいろいろな生きものたちとの連関の中にある「いのち」だから大事だと言われるような場合もあるが、これらも「いのち」の尊厳の真の根拠について充分に答えていないと思う。なぜなら、これまでの地上の生命がどれくらい長い歴史をもつにせよ、結局は時間の中で滅びていくものだからである。その滅びていくものになぜ尊厳があるのか。その滅びていく「いのち」を尊厳たらしめている所以のものはいったい何なのか。それを発見することが、生命論の一番の眼目でなければならないと思う。その答えを偉大な歴史宗教は仏と言い、神と呼んできたのではないか。例えば「ヨハネ福音書」の中では「我はいのちなり」と言われているが、この「いのち」という言葉は、やはり、個体の生命をして尊厳たらしめている所以のものを指している。そのことが「我を信ずる者は死すとも生きるであろう」という言葉で言いあらわされている。ここで「我」と言われているのは「いのち」と同じである。それはイエスという個体以上のものであり、西田が真の生命と言いあらわしたものである。パウロの「もはや我生きるにあらず、キリスト我がうちに生きるなり」という言葉は、私を生かしているものに私はいま初めて出会った、いま私は初めて「いのち」というものを得た、という再生の体験を言いあらわした言葉であると解釈することができる。

『浄福なる生への指教』(一八〇六年)のフィヒテも「ヨハネ福音書」について同じような理解をもっていた。「ヨハネ福音書」(第十一章第二十三節)の中の話であるが、イエスが「あなたの兄弟は復活するだろう」とマルタという信者に告げたときに、マルタは「終わりの日、復活のときに彼が復活するであろうことは存じています」と答える。しかしこれに対してイエスは、「そうではない。私は復活であり、生命である。私を信じるものは死んでも生きよう。また生きて私を信じるものは永遠に死なないだろう」と説いている。これは、私の言葉を信じたその時に復活するのだという意味であると考えられる。聖書には「そうではない」(Nein)という言葉はないが、フィヒテはわざわざNeinを書き入れたのである。復活は人間の死後にやってくると考えられる最後の日のことではない。真の復活は信仰の現在における経験として起こるのだとフィヒテは考えたのである。大きな「いのち」の言葉を受け入れたときに人は真に生きるのであり、それを受け入れない限り、たとえどれだけ長く生きていても、死んでいるのと同じことだ、という確信をフィヒテはこのNeinという言葉によって言いあらわしたのだと思われる(7)。

フィヒテは同じく一八〇六年の『現代の特徴』という講演のなかで、なぜ歴史宗教が衰えてきたのか、なぜキリスト教が現代ヨーロッパ人の精神生活の根柢に働き続ける力を維持できずに衰えてきたのかということを考察し、その理由を、現代人が永遠の浄福ないし神の国というものをたんに墓場の彼方に置いてしまったということに見出している。真の意味での天国ないし神の国は、今のこの私の現在の根柢にあって私を生かしている永遠の生だということが忘れ去られたからだということを述べている。そのために、キリスト教はひとびとに現実の生のいろいろな困難を乗り越えさせる力を失ってしまったのだということを、フィヒテは言うのである(8)。

ニーチェ(Friedlich Wilhelm Nietzshe, 1844–1900)は、体制としてのキリスト教に対して仮借のない批判をした人であるが、そのニーチェでさえ、宗教というものは、先ほどから述べているような生命そのものの要求への答えであるという意味のことを語っている。その意味での宗教から人間はいつの時代でも絶対に解放されることはない。どれだけ人間が宗教を捨てようと、人間を生かしている大きな生命が人間に要求している、真の生を得よという要求から解放された人間は一人もいないのである。人間がどれだけ宗教から逃げようとも、宗教の方が人間を逃がさないと言ってもよいであろう。それは、特定の信仰箇条を受け入れるというようなことではなく、われわれが生かされている理法に覚醒することを生命はわれわれに迫ってやまないということである。ニーチェはこう書いている。「福音とは何か。真の生、永遠の生が発見されているということである。永年の生は約束されているのではない。それは現に在るのであり、君たちの内に現在しているのである」。「イエスとは一つの新しき信仰ではない。むしろ信仰というような地平からの一つの転回、平生の生き方のことだったのだ(9)」。

この大いなる生命のわれわれの魂に対する促しをアーノルド・トインビー(Arnord Joseph Toynbee, 1889–1975)は、「宇宙の神秘と対決する挑戦」という言葉で言いあらわしている。宇宙と対面する挑戦にさらされることなくして、いかなる人間の霊もこの世を通過するわけにはいかない、とトインビーは語っている(『一歴史家の宗教観』一九五七年)。このような意味での宗教というものを、ニーチェもまたもっていたと言えるだろう。『アンチ・クリスト』の中で彼は、十字架上に死んだ人が身をもって生き抜いたものだけがキリスト教的なのである、このようなイエスの生き方は現代でも可能だ、根源的な生き方としてのキリスト教はどんな時代においても人間存在の可能性として肯定できる、ということを書いている。体制としての宗教やその信仰箇条と、人間の根源的な生としての宗教性というものとは基本的に異なっていると言うことができるであろう。

西田も人間の存在構造や世界構造は本来「宗教的」であると語っているが、それはいま言ったような意味での宗教性を人間は本来もっているということを主張したものと考えられる。特定の宗教を信じているか、いないかということではなく、われわれの存在や世界そのものの構造が初めから宗教的であるということである。すなわち、われわれの存在や世界はいつも矛盾を超えるという仕方で成り立つということ、そういう意味で歴史的世界の論理的構造は宗教的であると、西田は言うのである。西田によれば、生命は自己媒介的なものである。直接的にあるのではなく、否定を介して蘇生するものである。生命そのもののこの自己媒介というものにわれわれの心を開くことが、真の弁証法（Dialektik）の意味するところである。哲学者の頭の中で作り上げた弁証法ではなく、生命そのものの弁証法というものに西田の精神はどこまでも肉薄しようとしたと言うことができる。

『哲学論文集第三』（一九三九年）所収の論文「人間的存在」において西田は、「私は宗教的体験の立場から論じて居るのではない。歴史的現実の徹底的な論理的分析から云つて居るのである」（九・五七）と述べている。西田哲学は初めから禅を前提しているとか、禅経験を哲学的な表現で言っただけであるとかいう種類の哲学者たちの批判に対して絶えず西田は不満をもっていたことが、こういう言葉の背景にあったと考えられる。自分はあらかじめ用意した禅経験を哲学的に表現しようとしているのではない、ただ自己を忘却して、われわれがそこで生まれそこへ死んでゆく歴史的世界の現実というものの形をあるがままに見ようとしているだけだ、という西田の主張をこの言葉から読みとることができる。現実世界というものを徹底的に分析するならば、そこにどうしても宗教的と呼ばざるをえない構造が見出される。西田はそのことを言おうとしたのだと考えられるのである。

註

（1）高坂正顕『西田幾多郎と和辻哲郎』（新潮社、一九六五年、一一二頁）。
（2）Fichte, *Rückerinnerungen, Antworten, Fragen*, SW. V, 343.
（3）西田幾多郎からの引用は『西田幾多郎全集』（岩波書店）による。引用文の後の数字は巻数と頁数を示す。
（4）『西谷啓治著作集』第七巻（創文社、一九八七年、五三頁）。
（5）Schelling, SW. IX, 217.
（6）Fichte, *Die Wissenschaftslehre zweiter Vortrag im Jahre* 1804, SW 237.
（7）Fichte, *Die Anweisung zum seligen Leben*, 1806, SW V, 487.
（8）Fichte, *Die Grundzüge des gegenwärtigen Zeitalter*, 1806, SW VII, 227.
（9）*Der Antichrist*, Friedlich Nietzsche Werke in drei Bänden, 1955, München, Zweiter Band.

三木清における親鸞とパスカル

本書（『パスカル・親鸞』）には三木清の全作品の中から、『パスカルに於ける人間の研究』「親鸞」の二篇、師の西田幾多郎との二つの対談『西田博士との対談』と『西田先生のことども』という短い文章を選んで収めた。『三木清全集』全十九巻が岩波書店から出版されているが、四十八歳で突然の死を迎えた人としては、驚嘆にあたいする分量である。

この厖大な量の著作の中から、ひとは各人の自由によって、いろいろな事柄を学びとり、さまざまにこの哲学者の像を描くことができるであろう。だから、ここに選ばれた著作をもってこの思想家を代表させようとしているわけではない。しかし、三木の死後、半世紀以上経った現在の時点でその仕事を回想するとき、三木清という名前とともに浮かんでくる作品の中のもっとも鮮烈なものとして、やはり『パスカルに於ける人間の研究』と「親鸞」の二つをどうしても無視できないように思われる。前者は三木のはなばなしい哲学的活動の発端をなす処女作として大正十五（一九二六）年六月二十五日、単行本として岩波書店から出版された。後者は昭和二十年九月二十六日、拘置所で獄死した後に疎開先で発見された遺稿であり、まもなく編集されて『展望』の創刊号に掲載された（その委細については後に述べる）。

一人の思想家の処女作と絶筆とを一冊に収録するということは、それだけで、たんに偶然的ではない理由をもっていると考えられる。しかもこの二篇はともに、この哲学者が終生にわたってひそかに追いつづけていた人間における永遠なる問題をとりあつかっているのである。三木はこれまでの日本の哲学者には珍しく、すぐれたジャーナリストとしての敏感な時代感覚にも恵まれ、多くの愛読者をもち、時には時代の潮流に乗る派手な言論活動をした人である。しかし、この二つの作品は、そういう哲学者がたったひとりの魂の底でつねに対面していたところのものが、宗教的救済という真剣な実存の問題に他ならなかったことを有力に物語っている。哲学の最後の問題が宗教の問題であるということは、師の西田幾多郎がつねに力説したことであるが、師のそういう思想を三木も共有していたことがわかるのである。『西田博士との対談』や『西田先生のことども』の中にも、この重要な人間の根本問題をめぐる議論が展開されている。

『パスカルに於ける人間の研究』

この書の成立の事情については三木が『読書遍歴』（昭和十六年）に回想風に述べている。すでに何人かの研究者たちも引用しているが、あらましをこれによって紹介しておく。

三木は京大を卒業して二年後の大正十一年ドイツへ留学した。初めはハイデルベルクで主としてリッケルトの講義を聞いたが、まもなくマールブルクへ移った。ちょうどフライブルクから転任して来たハイデッガーにつくためである。「マールブルクでは私は殆ど純粋にハイデッゲル教授の影響を受け容れたといって宜いであろう」（『全集』第一巻、四二三頁）。当時ハイデッガーはゼミナールではアリストテレスの『自然学』

やフッサールの『論理学研究』などをテキストに使っていた。一つの思想をその根源的な発現における関心から解釈しようとする哲学的方法に基づくものであった。「私が当時彼等（ドイツの青年たち）の精神的雰囲気を作っていたヘルデルリンを初め、ニーチェ、キェルケゴール、ドストエフスキーなどに深い共感をもって読み耽けるようになったのは、マールブルクに移って、ハイデッゲル教授について学ぶようになってからのことである。ハイデッゲルの哲学はそのような「戦後不安」の表現であった」（同、四一五頁）。

大正十三（一九二四）年八月、三木はパリへ移る。大学には席を置かずただの旅行者として翌年の二月まで滞在する予定だったのである。小学校の女の先生についてフランス語の日常会話を勉強したり、ソルボンヌの公開講義に出かけて、哲学者のプランシュヴィクの講義を聴いたり、下宿にこもってルナンやテーヌを読んだりする生活であった。ところが、パスカルの『パンセ』が三木の予定を十月まで延長することになる。「そうしているうちに私はふとパスカルを手にした。パスカルのものは以前レクラム版の独訳で『パンセ』を読んだ記憶が残っているくらいであった。ところが今度はこの書は私を捉えて離さなかった。『パンセ』について考えているうちに、ハイデッゲル教授から習った学問が活きてくるように感じた。……そうだ、パスカルについて書いてみようと私は思い立ったのである。……『パンセ』は私の枕頭の書となった。夜更けて静かにこの書を読んでいると、いいしれぬ孤独と寂寥の中にあって、ひとりでに涙が流れてくることも屢々あった」（同、四二九頁）。

ふとパスカルを手にしたとあるように、『パンセ』はあらかじめ三木の研究対象として計画の中にあったのではなく、偶然の遭遇の形で三木の魂をつかんだのである。このような出会いの思いがけなさこそ、本当に出会うにあたいするものとの出会いといってよいかもしれない。ほんものの出会いが持つかけがえのない運命的な重さと深さが、時空の中では、ふとした偶然という何げない姿をとってあらわれたのであろう。仏教的にいえば宿縁の不思議である。

このように『パンセ』との出会いは偶然であったが、出会われた対象に対して三木はさっそく、ハイデッガーによって訓練された解釈学的存在論という新型の武器をもってはなばなしく肉薄している。「パンセについて考えているうちに、ハイデッゲル教授から習った学問が活きてくるように感じた」と言うのは、このことを指すのであろう。だから『パスカルに於ける人間の研究』はハイデッガーの解釈学的存在論の強い影響の下に生まれた書である。「序」の中で三木は、『パンセ』の主なる目的が宗教的のものであったことは疑われないが、自分はパスカルの宗教思想をもっとも特色づけたものが人間についての彼の観察であるとみる見地から、この本ではただ後者と関係ある限りにおいてのみ前者を論ずることとしたと書く。そして、この場合の人間の概念をさらに限定して、つぎのように述べている。「『パンセ』に於て我々の出逢うものは意識や精神の研究でなくして、却って具体的なる人間の研究、即ち文字通りの意味に於けるアントロポロジーである。アントロポロジーは人間の存在に関する学問である。それはこの存在に於てそれの「存在の仕方」を研究する。我々は斯くの如き学問を一般に存在論と名附けるが故に、アントロポロジーはひとつの存在論である。『パンセ』を生の存在論として取扱おうとすることは私の主なる目論見であった」（同、四頁）。

これは方法論におけるハイデッガーの影響であるが、内容においてもいろいろな箇所にそれが現われているように思われる。ここでは「第一章　人間の分析」の中に出てくるつぎのような論述を引用するだけで充分であろう。「普通には情緒若くは感情と見做されているこれら凡てのもの（恐怖や戦慄、驚愕や感歎）は、この場合心理学上の概念ではなく、却って人間の存在論的なる原本規定である。従って私はそれを人間的存在の状態性と名附けようと思う。……状態性とはまさしく世界に於ける我々の「存在の仕方」、あるいは我々が世界に「出逢う仕方」に他ならない。人間は世界の中にあると共に或る状態性にある」（同、一四頁）。「状態性」と言われているものは、やがてハイデッガーが『存在と時間』（一九二七年）において、世界―内―存在としての現存在（人間存在）が自分を見出す仕方を**Befindlichkeit**と名づけたところのものにあたる。三木が出席していた講義やゼミで、ハイデッガーはすでにこの語を語っていたのであろう。三木はさっそくこの独特な概念に敏感に反応して、ハイデッガーよりもややゆるやかな仕方で、人間存在の根本規定として使用しようとしたわけである。

本書は六つの論文から成り立っているが、そのうちの五つは、パリへ移った年の大正十三（一九二四）年の冬に書き始められ、大正十五年五月までのおよそ一年半のあいだに完成されたと推定される。これらの論文は仕上がったものからつぎつぎに日本へ送られ、『思想』に発表されたが、後に本になったときには、若干題名が変わっているものもある。『思想』に掲載されたときの各論文の題名、順序および年次はつぎのとおりである。

パスカルと生の存在論的解釈　第四十三号（大正十四年五月）
愛の情念に関する説―パスカル覚書―　第四十六号（大正十四年八月）
パスカルの方法　第四十九号（大正十四年十一月）
パスカルの「賭」　第五十号（大正十四年十二月）

本書の第四論文となっている「三つの秩序」は、パリから郵送されたはずであるのに、どういうわけか『思想』には掲載されなかった。また本書の最終章となっている第六論文「宗教における生の解釈」だけは、大正十四年十月、日本に帰ってから京都で書かれたものである。

著者はパリから友人にあてた手紙の中で、原稿ができてしまって読み返してみると、その不完全なこと、未熟なことに自分ながら驚くが、パスカルの研究をさらに新しく始めるために、古いものを自分の手元から払い除けておくことがよいと考え、あえてこれを発表することにした、と書いている。とくに、第一論文となった「パスカルに於ける人間の分析」については、このようなものがはたして哲学の論文として受けとられるかどうかについて不安を感じながら『思想』へ送った、とも後に回想している（『読書遍歴』）。『読書遍歴』の中の言葉をさらに借りると、「私の処女作出版は失敗であった」と三木自身は述べている。当時、岩波から出ている本の中で、これほど返品が多かった本はないということだった、とも書いている。

その理由は他でもなく、二十九歳の青年のこの処女作のもっている非常な新鮮さにあったと言ってよいであろう。当時はパスカルといっても、哲学の専門家を別にして一般の読者においては、中学校の数学の時間にパスカルの定理というものを習った記憶があるくらいであった。まして、そのパスカルと『人間の研究』とのあいだに、どんな関係があるのか、一般には理解できない状態であった。そもそも『人間の研究』という言葉それ自体が、当時の読者には親しみにくいものだったのである。「三木さんの思想はモダンである。……『パスカルに於ける人間の研究』はあまりにモダンすぎて、反って出版当時は売れないというようなこともあった」と唐木が書いているとおりである（唐木順三『三木清』筑摩書房、昭和二十二年、二〇頁）。あまりにも新鮮すぎる魚や肉には、人間の味覚はすぐにはなじめないということがあるが、おそらくそれに似たような雰囲気が出版当時のこの作品にはあったのであろう。

しかし、まもなくそういう事情は変わった。『パンセ』をはじめとするパスカルのいろいろな著作が翻訳され、広くひとびとに読まれるようになるとともに、この本もしだいに多くの読者を集め、何度も版を重ねることになる。この書はひとり三木自身の思想の発展にとっての最初の一里塚となっただけではない。日本の哲学界におけるハイデッガー研究のさきがけとなったことをもふくめて、わが国の哲学の歴史においても重要な意味をもっている。世界のパスカル研究はその後いろいろと新しい成果をもたらしたと思われるが、その中に伍して本書の価値は現在でも決して失われていないと言うことができる。

「親鸞」

「親鸞」は三木清が豊多摩拘置所で獄死（昭和二十年九月二十六日）した後、埼玉の疎開先で発見された遺稿である。絶筆と見なされてよいものであるが、いつ頃執筆されたかははっきりしない。発見された草稿を最初に編集して雑誌『展望』の創刊号（昭和二十一年一月）に掲載した唐木順三は、「恐らく絶筆であろう」と書き添えている。しかし、後の著書『三木清』の中では、この推定がやや早急に過ぎたものであって、絶筆ではないと訂正している。そして、いくつかの理由をもとに、未定稿「親鸞」は相当以前に書き始められ、これを完成させようとして疎開先に持参したのではないか、というのが唐木の推定である。

一方、桝田啓三郎は本稿を収めた『三木清全集』第十八巻の「後記」の中で、執筆時期については、いろいろ憶測されているが、編者は絶筆と断定して誤りないように思うと記している。その根拠の第一は、文章のスタイルと仮名書きの多いことである。仮名書きはすくなくとも昭和十六年以前には多く見あたらず、後年になるほど著しくなった傾向だということである。もう一つの根拠となるものは、使用されている原稿用紙である。桝田によれば、全部で二百八十四枚の原稿には、「布教研究所原稿用紙」に書かれた二枚の覚え書を除いて、他はすべてそれぞれ「大日本出版株式会社」「三木清用箋」「三木清用紙」の印のある三種の原稿用紙が用いられている。そのうち「三木清用箋」は昭和十八年の終わり頃にもまだ使用されていたが、「三木清用紙」は埼玉に疎開（昭和十九年九月）する直前か後かに自家用として作らせたらしく、当時の用紙の乏しさを思わせるかなり粗末な質のものである。後に精しく述べるように、遺稿のうち「人間　愚禿の心」（三十五枚）、「三願転入」（二十四枚）および覚え書の断片七枚がこの用紙に書かれている。「大日本出版株式会社」の原稿用紙は、覚え書に三枚用いられた他は、本文の大部分、すなわち「第一章　人間性の自覚と宗教　第一節　緒論」五枚、「人間性の自覚」十六枚、「歴史の自覚」という題の四つの論文計九十七枚のすべてに当てられている。この原稿用紙も、その紙質から推してだいたい「三木清用紙」と同じ時期のものと思われる。これに対して、「三木清用箋」は本文には一枚も使用されておらず、覚え書と引用文の大部分がこれに記され、そのうちの数枚が本文のところどころに綴じこめられているだけである。そういうわけで、常用していた「三木清用箋」が欠乏して、新しい「三木清用紙」ができてくるまで、ありあわせの「大日本出版株式会社」の原稿用紙に書かれたのではないかと推定される、と桝田は記している。

このような理由に基づいて、桝田はこの遺稿の執筆時期について、つぎのように書いている。「「用箋」に記された覚え書は、疎開前に書きとめられ、疎開の前後に「人間性の自覚と宗教」、「人間性の自覚」、「歴史の自覚」、「宗教的真理」、「社会的生活」が書かれ、「人間　愚禿の心」と「三願転入」とが疎開地で検挙されるまで書かれていたということになる。……こうしてこの遺稿は、昭和十八年の末ごろから、二十年三月、検挙直前まで書きつづけられ、そしてついに未完成のまま残された絶筆であると見なすことができるであろう」(『全集』第十八巻、五五二頁)。

遺稿は二百字詰の原稿用紙二百八十四枚の論文と五十五枚の断片とから成っている。浄土教に関する各種の聖典からの引用文や断片的な覚え書を記した五十五枚の中の一つに、全体の計画らしいものが、つぎのように書きとめられている。

一、人間性の自覚
二、歴史の自覚
三、宗教意識の展開(三願転入)
　宗教の論理的構造(教行信証)
四、真理論
五、行業論
六、信仰論
七、救済論
九、社会的社会

八が欠落しているのは、三の後半を四として独立させるためであろうと思われる。本巻は『三木清全集』第十八巻を編集したときの桝田の方針に従って、これらを収録している。このことに関して、もう少し説明を加えておきたい。

第一の「人間性の自覚」に相当すると思われる原稿は三つある。その第一は、

第一部　宗教的意識の展開

第一章　人間性の自覚と宗教
第一節　緒論

という書き方で始まる五枚（原稿用紙は「大日本出版株式会社」のもの）。第二は、

第一章　人間性の自覚
一

として、その一ページ目に四行だけ書かれ、つぎのページは「二」として書き始められたもので、全部で十六枚になる（原稿用紙は「大日本出版株式会社」のもの）。第三のものは、

親鸞
第一章　人間　愚禿の心

という書き方で始まる三十五枚（原稿用紙は「大日本出版株式会社」のもの）。この三十五枚のものが本文とされ、それにつづいて、第二の五枚と第三の十六枚とが収められている。本文とされた三十五枚の終わりの方がしだいに断片的な書き方になっていることから見ても、この章は未完結であることが判明する。

第二の「歴史の自覚」にあたるものには、

第二章　歴史の自覚

という題のものが二つ（どちらも最初の一ページだけで、四行しか書かれていない）ある他に、

歴史の自覚
一

として書き始められている九枚のものと八十六枚のものとがある（両方とも原稿用紙は「大日本出版株式会

社」のもの）が、九枚のものは八十六枚のものの初めの部分とほとんど同じ内容である。そのためここでは、八十六枚のものを本文として収録し、それの後に一枚だけの原稿二つと九枚のものとをかかげている。遺稿全体を通して見ても、この章の分量がもっとも多く、かつもっともよくまとまった作品である。もっとも、この原稿にはところどころ、別紙（九箇所十五枚）がそれぞれのａｂｃの文字をつけて綴じこまれている（原稿用紙はその三枚だけが「三木清用箋」で、他はすべて本文と同じ「大日本出版株式会社」のもの）。注にあたると思われるもの、本文に挿入されてよいと見られるものもあるが、ここではすべてを注の形で、それぞれの文節の終わりに収めてある。

第三の「宗教的意識の展開」（三願転入）にあたるものは、「三願転入」と題した二十四枚（原稿用紙は「三木清用紙」）であろうと考えられるので、その原稿全部を本文として収録している。

第四の「真理論」に相当するものは、

第四章　宗教的真理

という書き出しで始まる十八枚（そのうち一枚は綴じこみの注で、原稿用紙はすべて「大日本出版株式会社」のもの）で、この草稿をそのまま本文として採録している。この章の最後の文章は、第十七ページ末行の「弥陀の本願はこの仏」でつぎのページに移るはずなのに、つづきの原稿用紙は紛失している。

第五「行業論」、第六「信仰論」、第七「救済論」にあたると思われる原稿は、断片の他には存在せず、第九「社会的社会」にあたると思われる「社会的生活」と題した草稿三十四枚（うち綴じこみが三枚。原稿用紙はすべて「大日本出版株式会社」のもの）が見られる。目次の草案と見なされる一枚に「社会的社会」となっているのは、単純な誤記であろうと思われる。

以上のような二百八十四枚の論文の他に五十五枚の断片があるが、その内容はつぎのとおりである。赤鉛筆で欄外に「人」と書いて綴じられている覚え書と聖典からの引用文が十三枚（原稿用紙は「三木清用箋」）、「信」が十枚（「三木清用箋」）、「救」が三枚（うち一枚は「三木清用紙」、二枚は「三木清用箋」）と三枚（「大日本出版株式会社」）、「歴」が一枚（「三木清用箋」）、赤鉛筆の欄外記入なしに見出しに〇印をつけたものに「真実」が三枚（「三木清用箋」）、「必得往生」が二枚（「三木清用箋」）、「超越」が三枚（「三木清用箋」）、「信心と滅罪」が二枚（「三木清用箋」）、「易行」が二枚（「三木清用箋」）、「往生」が二枚（「三木清用箋」）、「懺悔と讃仰」が一枚（「三木清用箋」）、欄外記入も〇印もなく「無常」という見出しのものが五枚（「三木清用紙」）、その他に、引用文一枚（「三木清用箋」）、「2」のページ番号がついた文章で前後が見あたらぬもの一枚（「三木清用紙」）、「時間、空間」の見出しがついた覚え書一枚（「布教研究所原稿用紙」）、この原稿とは別の目的のための覚え書と思われるもの一枚（「布教研究所原稿用紙」）、それに、さきに触れた全体の目次と見なされるもの一枚（「三木清用箋」）、以上で全部である。ちなみに、「布教研究所原稿用紙」に書かれた二枚のうちの一つは、西田哲学批判のためのものであるように思われ、二枚とも四つに折られた跡があり紙もしわくちゃでいたんでいることから見て、ポケットに入れて持ち歩かれたらしい、と桝田は推定している。

以上の「断片」五十五枚は、どの章のための覚え書や引用文なのか判断しにくいものがあるので、この遺稿が発見されたままの形で収める方が適当であろうという考え方から、全部が一括して「断片」として末尾に収録されている。なお、文中に括弧〔　〕を付してかこんだ数字は、欄外に記されているもので、すべて引用された原典のページを示すものであろうと思われる。著者の用いたテキストは判明しないが、書名などの略記されてあるものについては、今回正確な書名に書き改めることにした。

このように本稿は未完成ではあるが、親鸞についてのたんなる断想でもなければ、研究論文の不完全な一部というようなものに尽きる作品でもない。三木という人をよく知っていた唐木は、「私はこの文章を写しているうちに、故人の息吹を直々に感ずるようなところ、あの丈夫な姿が眼の前に浮び上って来るような箇所に度々逢着した」と書いているが、哲学者三木清の実存の全重量が、この短い未完の絶筆にかかっていることはまぎれもない事実である。処女作『パスカルに於ける人間の研究』とこの遺稿とがともに、人間存在のもっとも根本的な問題であるところの宗教をテーマにしていることは、この哲学者の思想の全体像を描こうとする場合に、決してゆるがせにすることのできない重要な点であると思われる。これまでの三木清論のほとんどは、三木清と宗教との関係については、その問題の重要性が指摘されることはあっても、主題としてとりあげてはいない。これにはいろいろな理由があるであろうが、根本的には現代日本の哲学者、批評家たちが一般に宗教というものに対して抱いている無関心もしくは冷淡な態度によると言えるかもしれない。

三木清と親鸞の浄土真宗との因縁は、彼が哲学者になる以前の少年時代から始まり、青年期になっても変わることなくつづいている。これについて記した二つの三木の文章を紹介しておこう。

仏教の教典では浄土真宗のものが私にはいちばんぴったりした。キリスト教と浄土真宗との間には或る類似があると見る人があるが、そういうところがあると考えることもできるであろう。元来、私は真宗の家に育ち、祖父や祖母、また父や母の誦する『正信偈』とか『御文章』とかをいつのまにか聞き覚え、自分でも命ぜられるままに仏壇の前に坐ってそれを誦することがあった。お経を読むということは私どもの地方では基礎的な教育の一つであった。こうした子供の時からの影響にも依るであろう、青年時代においても私の最も心を惹かれたのは真宗である。そしてこれは今も変ることがない。いったい我が国の哲学者の多くは禅について語ることを好み、東洋哲学というとすぐ禅が考えられるようであるが、私には平民的な法然や親鸞の宗教に遥かに親しみが感じられるのである。いつかその哲学的意義を闡明《せんめい》してみたいというのは、私のひそかに抱いている念願である。後には主として西洋哲学を研究するようになった関係からキリスト教の文献を読む機会が多く、それにも十分に関心がもてるのであるが、私の落着いてゆくところは結局浄土真宗であろうと思う。(『読書遍歴』、昭和十六(一九四一)年『文芸』に連載。『全集』第一巻、三八三頁)

京都へ行ったのは、西田幾多郎先生に就いて学ぶためであった。高等学校時代に最も深い影響を受けたのは、先生の『善の研究』であり、この書物がまだ何をやろうかと迷っていた私に哲学をやることを決心させたのである。もう一つは『歎異鈔』であって、今も私の枕頭の書となっている。最近の禅の流行にも拘らず、私にはやはりこの平民的な浄土真宗がありがたい。恐らく私はその信仰によって死んでゆくのではないかと思う。後年パリの下宿で――それは廿九の年のことである――『パスカルに於ける人間の研究』を書いた時分からいつも私の念頭を去らないのは、同じような方法で親鸞の宗教について書いてみることであった。(『我が青春』不詳。昭和十七(一九四二)年六月『読書と人生』に収録。『全集』第一巻、三六四頁)

これらの回想風の文章からも知られるように、親鸞の宗教を哲学的に究明するということは、著者が後年になって初めて思いついたことではなく、処女作を書いている青春期の心中にすでに胚胎し、その後もつねに、その念頭を去らなかったわけである。しかもそれは、著者の旺盛な知的好奇心が挑戦した、さまざまな問題のうちの一つといったものではない。なぜなら、親鸞の宗教が問題としたところのものは、もともと人間の知的好奇心の対象とはなりえないような、人間存在のもっとも深淵的な問題だからである。著者ほど時代の現実的な諸問題に敏感に反応し、華麗なレトリックと論理を駆使して、これを縦横に論じた哲学者は稀である。この哲学者を狭隘なアカデミズムの領域の内だけにとどまらせなかった理由の一つは、たしかに彼のこのようなジャーナリスティックな才能にあったと言えよう。著者が一時期、マルクス主義や弁証法的唯物論の立場に接近したのも、三木という思想家を形成するこのような側面と見ることができる。しかしながら、これだけをもってこの思想家の全部を尽くすことはできない。これらはいわば自己意識と社会意識の面に現われた限りでの三木清の姿であって、それよりもっと深い意識の基層には、およそこれとは似ても似つかないもう一人の別の三木清がいたように思われる。そして遺稿「親鸞」はまさしく、そういう三木清の実存の深みから生まれたのである。

唐木順三は『三木清』の中で、雑誌『心』（昭和四十一年五月号）に載った「大東亜戦争と日本の知識人たち」という座談会に出席した竹山道雄、木村健康、大島康正、鈴木成高などのひとびとが三木清という人物について発言した言葉を紹介している。四人とも三木という人物の「えたいの知れないところ」を言い、ある人は「二枚舌を使い分けられる矛盾」を言い、ある人はその「不純」を言い、またある人は「才人」だと言ったというのである。これに対して唐木はつぎのように書いている。「私はそれを否定しようとは思わない。ただ、出席者の四人が言っていないところを私は知っている。三木清は強がりをいい、ときに大言壮語するが、実は非常に孤独なひとだった。その孤独さには一種異様なものがあって、その孤独を理解することも、近づいて慰めることもできないような、そういうものであった。文学的な孤独ではなく、生物的な孤独、いわば異人種のそれのようなところがあった。三木さんとよもやま話をしていて、ふいと、三木さんが黙りこみ、なんともいいようのない沈鬱な姿になることを経験した人は、私以外にもあるだろう。すいっとどこか異国へいってしまったような感じ、あるいは対面していながらこちらもとりつくしまもなくなってしまうような感じである」。

このことに関する三木の文章を引いておこう。

何処から何処へ、ということは、人生の根本問題である。我々は何処から来たのであるか、そして何処へ行くのであるか。これがつねに人生の根本的な謎である。……いったい人生において、我々は何処へ行くのであるか。我々はそれを知らない。人生は未知のものへの漂泊である。我々の行き着く処は死であるといわれるであろう。それにしても死が何であるかは、誰も明瞭に答えることのできぬものである。（「旅について」）

死の問題は伝統の問題につながっている。死者が蘇りまた生きながらえることを信じないで、伝統を信じることができるであろうか。蘇りまた生きながらえるのは業績であって、作者ではないといわれるかも知れない。しかしながら作られたものが作るものよりも偉大であるということは可能であるか。……その人の作ったものが蘇りまた生きながらえるとすれば、その人自身が蘇りまた生きながらえる力をそれ以上にもっていないということが考えられ得るであろうか。（「死について」）

私はいま人間の不死を立証しようとも、或いはまた否定しようともするのではない。私のいおうと欲するのは、死者の生命を考えることは生者の生命を考えることよりも論理的に一層困難であることはあり得ないということである。死は観念である。それだから観念の力に頼って人生を生きようとするものは死の思想を摑むことから出発するのがつねである。すべての宗教がそうである。（同）

唐木が感じた三木の「生物的な孤独」というものについて直接語った三木自身の言葉はこうである。

いかなる対象も私をして孤独を超えさせることはできぬ。孤独において私は対象の世界を全体として超えているのである。（「孤独について」）

右に引用したいくつかの文章はいずれも『人生論ノート』（一九四一年『全集』第一巻所収）の中のものである。これらの断章はみな、人間存在の最深の次元にかかわる超越の問題、つまり人間の生とはそもそも何のためか、人間は死ねばどうなるのか、という問題に他ならない。それはすべての世俗的交渉を超越したところに身を置いたこの著者を襲った、どうすることもできない孤独によって初めて購われ得た問いと答えだったように思われる。

遺稿「親鸞」の全体を貫いている問いは、真実もしくは真理とは何かという問いである。三木は親鸞をこのただ一つの問題の容赦なき究明者として捉えている。三木は哲学的反省の知的緊張を失うことなく、真実一つを全身全霊をあげて問いつづけたこの宗教家の魂に、ひたむきに自分を重ねようとしているかのようである。「宗教的真理」と題する第四章の冒頭は、つぎのような文章で始まっている。

親鸞がこころをつくして求めたのは「真実」であった。彼の著作を繙《ひもと》く者は到る処においてこの注目すべき言葉に出会う。『教行信証』という外題で知られる彼の主著の内題は『顕浄土真実教行証文類』と掲げられている。そしてその全四巻は「顕浄土真実教文類」「顕浄土真実行文類」「顕浄土真実信文類」「顕浄土（真実）証文類」というように、一々真実という言葉が附けられている。すなわち、真実の教、真実の行、真実の信、真実の証を顕わすことが彼の生涯の活動の目的であった。まことに真実という言葉は親鸞の人間、彼の体験、彼の思想の態度、その内容と方法を最もよく現わすものである。……宗教は真実でなければならない。それは単なる空想であったり迷信であったりしてはならぬ。宗教においても、科学や哲学においてと同じく、真理が問題である。(『パスカル・親鸞』、二〇九頁)

ところが、このように、ひたすら真実とか真理とは何かを問いつづけた親鸞の文章は、至るところ彼個人の人格的・実存的な体験に浸透されていることも事実である。例えば、とりわけ『教行信証』では、数多くの経典や論釈(経典についての高僧たちの著作)が引用されているが、これはたんなる文献学的もしくは歴史学的関心によるものではなく、ことごとく自己自身の体験によって裏打ちされているのである。つまり、いったん親鸞の存在の深層をくぐり抜けてきた言語ばかりである。そのため、親鸞の文章は最澄、空海、道元などの文章と比べて、人間的な情感や味わいがはるかに豊かである。ここからして、親鸞の仏教の特色は、人間的、現実的なところにあるという一般的な見方が生まれ、しばしば「体験の宗教」と称せられたりするのである。近代日本の文学者や評論家たちが好んで親鸞をテーマにしてきた理由の一つはおそらく、親鸞の仏教のこのような性格のためであろう。

それではあるがままの真実や真理を問うことと、あくまでも自己自身の体験に立脚するということ、この二つの反対に見える事柄はいったいどのように結びつくのだろうか。「親鸞」はその第一章と第四章をこの重要な問題の究明にあてている。さしあたり、つぎのように言われている。「宗教を単に体験のことと考えることは、宗教を主観化してしまうことである。宗教は単なる体験の問題ではなく、真理の問題である」(同書、四二三頁)。三木は真理の概念と体験の概念とをやや形式的に対立させているため、この問題の解決に苦しんでいるように見える。「真理は単に人間的なもの、主観的なもの、心理的なものでなく、飽くまでも客観的なもの、超越的なもの、論理的なものでなければならぬ」（同）。このようなテーゼは従来の西欧哲学の常識に従ったもので三木自身の独自性はあまり見られない。たしかに体験（Erlebnis）という概念は主観性に由来するものかもしれないが、師の西田幾多郎はすでに『善の研究』（一九一一年）において経験の概念を主観性を超えた「純粋経験」という立場にまで深めていたし、まもなくハイデッガーは、『芸術作品の根源』（一九三五年）その他の著作において、存在の真理の経験というものを、自我もしくは主観性の体験とはまったく別な場面で明らかにしてくるようになる。このような思想に対して当時の三木はまだ真剣な関心を示さなかったようである。体験の概念が主観主義的に理解されるにとどまっているわけである。しかし、宗教的体験とは、たんなる個人的もしくは心理的なものではなくて、自己の存在そのものの根柢との出会いの体験、すなわち真理の体験のことではないだろうか。体験とはそもそも何かということについての、三木の分析の不足が惜しまれるのである。その代わりに三木の関心はもっぱら、宗教における真理とは何かという問題の究明に向かっている。

三木によれば、あらゆる真理の基本的な徴表は客観性である。しかし宗教的真理の客観性は、科学の場合のような物理的なものでもなく、哲学の場合のように理性的なものでもない。宗教的真理の客観性を保証するものは何であろうか。三木によれば「経」という仏説の言葉がそれである。「宗教的真理の客観性は経において与えられている。経は仏説の言葉である。信仰というものは単に主観的なもの、心理的なものではなく、経の言葉という超越的なものに関係している」（同書、四八四頁）。宗教的真理の客観性を物質とか理性とかにではなく、仏説の言葉というものに見出そうとしていることは注目すべき見解である。それでは、真理であるような言葉とは、いったいどのような性格の言葉だろうか。

親鸞は『教行信証』の「教巻」の初めに、「それ真実の教をあらわさば、すなはち『大無量寿経』これなり」と書き、この『大無量寿経』について「如来の本願を説きて経の宗致とす、すなはち仏の名号をもつて経の体とするなり」と記している。親鸞の浄土教思想の根柢を要約したと見られる、この短い重要な文章の哲学的分析に三木は力を注いでいる。経とは釈尊が説いた言葉であるが、それは人間の自己中心的な自我性、主観性を超えた言葉、つまり釈尊の自証、悟りに基づく言葉である。ところで、この釈尊を理想とする自力聖道門の仏教は、釈尊の言葉や経よりも自証そのものを重んじる立場である。大切なものは経の言葉よりも、言葉を超えた法、つまり真理そのものの自証である。しかしながら三木は、釈尊といえども歴史上に現われた人物であるならば、その言葉はいかにして真の客観性、真の超越性を持ちうるであろうか、と問う。そうして三木は、浄土門は経の真理の根拠を釈尊という偉大な個人に見出そうとする自力聖道門とちがって、釈尊個人を超越した次元に求めるのであると理解する。釈尊個人を超越した次元とは、言うまでもなく弥陀の本願と名号である。『歎異抄』の第二章には、「弥陀の本願まことにおはしまさば、釈尊の説教虚言なるべからず」という有名な語句があるが、三木もこの思想に従っている。『大無量寿経』をして真実の教たらしめているゆえんのものは、釈尊の自証の体験ではなく、この自証の内に現前した弥陀の本願と名号である。この本願と名号に嘘いつわりがないからこそ、これについて説く釈尊の言葉に嘘いつわりはないのである。だから三木はつぎのように記している。「弥陀如来の本願や名号は釈尊を超越するものである。真に超越的なものとしての言葉は釈尊の言葉ではなく名号である。名号は最も純なる言葉、いわば言葉の言葉である。この言葉こそ真に超越的なものである。念仏は言葉、称名でなければならぬ。これによって念仏は如来から授けられたものであることを証し、その超越性を顕わすのである。本願と名号とは一つのものである」（同書、四八五頁）。

弥陀の本願の顕現である南無阿弥陀仏の名号を「最も純なる言葉」「言葉の言葉」として捉えているところがすこぶる注目を引く。名号が純粋な言葉であるということは、人間の言葉との対比から言われうるだろう。従来の言語論は、言葉とは人間生活のための手段や道具だという見方を自明のものとして前提しているようである。しかし、言葉の本質へもっと突っこんで問うならば、そういうふうに見られた言葉は、すでに人間の自己中心性の領域で歪められ、不純なものに変質してしまった言葉だと言うべきである。つまり、人間の我の立場での言葉であって、あるがままの言葉、それ自身としての言葉とは言えない。人間的主観の自己中心性の色に汚染されない言葉、弥陀の智恵と慈悲の方から人間に語りかける言葉としての名号が、ここで「最も純粋な言葉」と言われているのである。

名号が「言葉の言葉」と言われる意味もだいたい同じである。アウグスチヌスは、神は「生命の生命」であると言ったが、これは人間の生命をして真に生命たらしめるゆえんのものを指した語である。神であるところの大きな生命に生かされることなしに、われわれの生命はどこにもない。言葉というものについてもこれと似たことが言える。言葉は人間存在の構造そのものに属しているが、そういう人間の言葉は、それ自身の内に基づいているのではなく、言葉をして初めて言葉たらしめる超越の次元に根柢をもっていなくてはならない。本願の名号は、およそ言葉がそこから初めて言葉として成り立つ根源である。そしてこの言葉の根源はそのまま根源的な言葉であるから「言葉の言葉」と言われるのである。『大無量寿経』が真実の言葉だとすれば、名号は言葉の言葉である。『大無量寿経』の一々の釈尊の言葉を通して、このような名号が人間に語りかけているわけである。

かつて鈴木大拙は、浄土教を会得するとは名号の何たるかを会得することであり、真宗教学の全機構は名号の上に築かれているのに、いまだ名号の論理を解明した学者はいないように思われるのが不思議である、と指摘したことがある（『浄土系思想論』昭和十七年『全集』第六巻、岩波書店）。ちょうど三木がこの論文を書こうとしていた頃にあたる。鈴木大拙が伝統的な真宗学の中に名号の論理を解明した学者はいないようだと言うのは、真宗学ではこれまで名号論が書かれていないという意味ではない。それどころか、名号の概念を精しく説明した宗学の論文や著書は枚挙にいとまがないくらいである。鈴木が言うのは、名号の概念的説明ではなく、弥陀の本願が他でもなく、名号という根源的な言葉として自己を示したのはなぜか、という問いが伝統宗学の思考に欠けているという事実である。弥陀の本願による十方衆生の救済が、名号という真実の言葉によって行なわれるという浄土真宗の思想の核心を、三木の哲学的分析は正確に捉えているのである。ただ、この重要な洞察がそもそも言葉とは何かという問題連関にまで拡げられて、より体系的に究明されるまでには至っていないことが残念である。

三木が親鸞の思想におけるもう一つの特色として明らかにしようとしているのは、歴史の自覚という問題である。「親鸞の思想は深く人間性の自覚に根差している。どこまでも生の現実に即いているところに彼の教えの特色がある」（同書、四三七頁）。このように書いた三木はさらにつぎのように述べている。

> 人間性の自覚は親鸞において歴史の自覚と密接に結び附いている。彼の歴史的自覚はいわゆる末法思想を基礎としている。（同書、四四二頁）

末法思想は言うまでもなく仏教の歴史観で、仏滅後の歴史を正法、像法、末法の三つの時代に区分する思想である。正法の時期とは釈迦の教と行と証とがともに存在する時代である。教法をうける者はよく修行し、修行する者はよく証果に入る。証が存在するということが正法の時代の基本性格である。つぎに像法の時期というのは、教があり行があることは正法と似ているが肝心の証が存しない時代である。第三の末法の時代になると、教があるだけで行ずる者も証するものもない。教があってもあたかもないような時代であるから、末法と言われるのである。この時期の長さについては諸説があるが、『教行信証』は道綽の『安楽集』を引いて、正法五百年、像法一千年、末法一万年の説を採用している。親鸞は他に仏滅後の時代を五百年ずつに分かつ『大集月蔵経』や最澄の作といわれる『末法灯明記』の説をも引用して、それによって現在（元仁元年、一二二四）は『涅槃経』などの説によると、末法に入ってすでに六百八十三年たっていると算定している。このような年代計算そのものは、本質的に重要な事柄ではない。三木が強調しているように、正像末史観は親鸞において歴史のたんに客観的に見られた時代区分として把握されたのではなく、あくまでも、自己自身の現在として主体的に把握されたのである。歴史を自己の外部に客観的に眺める立場からは、そもそも末法思想という如きものが生まれるはずがない。歴史には進歩の面も退歩の面もあるという程度の相対的な見方があるだけであろう。それでは主体的にということはどういうことであろうか。

三木は親鸞の末法思想の中に三つの要素をとり出している。第一に、現在が末法の時であるという歴史的意識は、経典の教説によってたんに超越的に上から与えられたものではない。「それは彼の時代の歴史の現実そのものの中から生じたものである」（同書、四四六頁）。もちろん末法思想は、ひとり法然や親鸞だけに固有のものではなく、鎌倉時代における宗教改革者たち、日本仏教の新しい創唱者たちの共通の背景となっていた。栄西や道元や明恵でさえ末法思想を持たなかったわけではない。ただ、この末法の時代をいかに見るか、これにいかに対処すべきかについては、これらのひとびとの見解は同じではなかった。中でも道元の仏教においては、末法は決定的な意味を持っていない。「仏法に正像末を立つ事、しばらく一途の方便なり。真実の教道はしかあらず。依行《えぎょう》せん、皆うべきなり」（『正法眼蔵随聞記』五の八）と道元は言っている。真の仏道はいかなる時代にあっても、正法の自覚において成り立つという立場である。しかしこれは親鸞から見ると、真にわれわれのいるこの現実の上に立脚していない仏教観ということになるだろう。仏法の問題をどこまでも現在の現実の場を踏まえて自覚するという意味での歴史の自覚が欠けているからである。「現在のこの現実が問題である。釈迦はすでに死し、弥勒は未だ現われない。今の時はいわば無仏の時である。過去の理想も未来の理想も現在において自証されない限り意味を有しない。現在の現実の自覚における唯一の真実は現在がまさに末法の時であるということである」（同書、四四八頁）。親鸞には罪悪深重の凡夫としての自己の救われ難さを述べた十六首の『愚禿悲歎述懐』があるが、この十六首は『正像末和讃』の一部であることに注意しなくてはならぬ、と三木は書いている。親鸞は自己の現在の体験にかえりみて、末法時を告げる経典の言葉の予言的な真理性に驚いたのである。正像末三時の教法は、その真理性の証明を歴史的現在の現実そのものに持っている。「親鸞は時代において自己を自覚し、自己において時代を自覚したのである」（同書、四五二頁）と三木は書いている。

第二に、親鸞が自覚したところの歴史とは史学の対象となる年代記的な歴史のことではない。そうかといってたんに時間を遊離した永遠の真理の構造でもない。それは年代記的な時間的秩序とは次元を異にするものでありながら、しかも一層深い歴史に属しているのである。ハイデッガーが、Historieと区別して提出したGeschichteという概念に近いと言ってもよい。それゆえ、自己を末法という時代において自覚するとは、自己の罪を時代の責任に転嫁することでもなければ、時代の悪を弁解することでもない。「時代を末法として把握することは、歴史的現象を教法の根拠から理解することであり、そしてこのことは時代の悪を超越的な根拠から理解することであり、そしてこのことは時代の悪をいよいよ深く自覚することである」(同書、四五二頁)。末法の時を生きる自己の罪深さは、たんに偶然の出来事ではなく、何らかの超歴史的な次元に根拠をもっていることを思わずにはおられない。末法の自己のこのような歴史的現実の超越的根拠を示すところのものが、末法を説く教法である。

ところで第三に、親鸞はこの末法の現実はまさしく従来の教法そのものの転換を要求しているのであり、すでに喪失されてしまった正法に代わる新しい正法、歴史的現実に本当に相応した正法が再生する時期だと考える。仏法の真の本質は、かえってこの末法の時にこそ露わになるというのである。種々の経文は、末法の時代には、正法が滅んで戒法そのものがなくなっていることを教えている。戒法そのものがなくなっている以上、もはや持戒も破戒もない。親鸞が自筆で写した『西方指南抄』の「十一箇条問答」の中には、持戒と往生との関係についての問いに対する法然の答えが記されている。持戒の行者で念仏の数が少ない場合と、破戒の行者で念仏の数の多い場合とではどちらが往生しやすいかという問いをある人が出した。これに対して法然は、自分が坐っている畳を指して、この畳があるから破れているかいないかということが問題になる。しかし、この畳が畳としての価値を失ってしまったならば、そんな議論は意味がないではないか、と答えている。

このようにして無戒の末法時は、それ自身のうちに新しい正法時への転換の可能性をふくんでいるのである。三木はこのような転換について、つぎのように分析している。「無戒は持戒と共に破戒でないということとにおいて、末法時は正法時に類似している。このことは末法時においては、持戒及び破戒の時期である正法像法とは全く異なる他の教法がなければならぬことを意味する。このとき教法と考えられるものは正法時、従ってまた像法時とは全く別の、むしろ逆のものでなければならぬ。……無戒の末法は教法のかくの如き転換を要求する。無戒の時はまさに無戒として従来の教法がその歴史的意義を喪失してしまったことを意味するのである。かくして自力教から他力教への、聖道教から浄土教への転換は、無戒時というものによって歴史的に必然である。もし単に持戒と破戒とのみであるならば、かかる転換の必然性は考えられない。そのときには破戒はただ持戒へ、従来の正法への復帰であるべきのみであろう」(同書、四五五頁)。

三木の「親鸞」が解明しようとした重要なテーマは要するに、宗教的真理における永遠性と歴史性とがどのようにつながるのかという問題だったと言ってもよい。この二つのものの緊密なつながりが親鸞の仏教において具体的に示されたことに三木は共鳴しているのである。一般に親鸞以前の伝統的仏教は、人間存在の本質的な歴史性ということ、教えの顕現や信受は歴史的な場においてのみ起こるということに対して鋭敏な関心を示してこなかった。正像末の区分は一時の方便にすぎないというさきの道元の言葉にもその傾向が見られる。これに対して親鸞は、教法の真理が本質的に歴史性と密着しているということを強調したのである。弥陀の本願という絶対的真理は釈迦によって歴史的に開顕されたのであり、しかもそれは末法という時期に相応する正法として、親鸞自身の歴史的自覚をくぐり抜けて初めて信受されたのである。自己の歴史的現実の自覚というものを抜きにしては仏法の真理に本当に出会うことはできないのである。

しかし、このように教えの歴史性を重視することは歴史主義という一種の相対主義を受け入れるということではない。弥陀の本願による救いという真理の絶対性は、末法の時期になって歴史的に開示されたけれども、たんに末法の時期だけに局限される真理ではなく、あらゆる時期に通じる真理である。「まことに知んぬ、聖道の諸教は在世・正法のためにして、まつたく像末・法滅の時機にあらず。すでに時を失し機に乖《そむ》けるなり。浄土真宗は在世・正法・像末・法滅、濁悪の群萌、斉しく悲引したまふをや」という親鸞の言葉を三木は引用している。本願の真理の絶対性は、歴史を離れた真理でもなければ、歴史的時間とともに消え去る真理でもない。それ自身としては超歴史的でありながら、しかも歴史の内にあって、いついかなる時も歴史を貫くところの具体的な絶対性である。「特殊的であると同時に普遍的であり、時間的であると同時に超時間的であるところに、真の絶対性があるのである」（同書、四六四頁）と三木は書いている。この哲学者の緊張した視線がつねに向けられていたものは、歴史的なものと永遠なるものとの交差の構造に他ならなかったことがよくわかるのである。

三木の獄死が報道されたのは、終戦後四十日もたった日の新聞の片隅であった。政府が自由主義や民主主義を語り始め、人権の尊重がようやく人々の口にのぼり始めた頃である。豊多摩拘置所の不潔な環境の中で疥癬という皮膚病をうつされ、それが進行して急性腎炎を引き起こし、この稀有な知識人の命を奪い去ったという事実は、戦時下の日本社会の異常なまでに馬鹿げた状況をあらためてひとびとに感じさせ、社会に衝撃を与えずにはおかなかった。三木の死の日の様子について唐木順三はつぎのように記している。「九月二十六日の朝は食欲がないというので食事はとらなかった由、獄医は一応は診たが危険はないと言って外出してしまったという。そしてその日の午後三時に死んでしまったのである。臨終には誰も居合わせず、ベットから降りて床に倒れたままこときれていたそうで、その倒れ方から察するに、尿意でも催して、静かにベットを離れて、歩いている途中で倒れたというのではなく、恐らく苦しさの余りベットに立上り、そのままガックリと床にころがりおちて、そのままになってしまったらしいという話であった」(『三木清』、五頁)。

このような三木の最期の姿には、彼が考えつづけた親鸞における永遠なるものと歴史的なものとの接点のイメージが重なってくるようである。証拠物件として押収されたものは、マルキシズムや弁証法的唯物論についての研究ではなく、デカルトの訳稿と、その他にはたぶん西田哲学批判がふくまれていたろうと言われている。敗戦直前の日本の歴史の激流の中に身をさらして、この哲学者が情熱を傾けていたところの問題が、政治的なものではなく、人間における永遠なるものであったことは、哲学者というもののまぬがれがたい孤独な運命を物語っている。三木清という人の本質的な孤独を思わずにはおれないのである。

「西田博士との対談」

「日本文化の特質――西田幾多郎博士との一問一答――」という対談と「ヒューマニズムの現代的意義――西田幾多郎博士に訊く――」という対談との二つから成る。前者は昭和十年の十月十日から十六日まで六回にわたり、後者は昭和十一年の九月六日、八日、九日、十日、十一日の五回、いずれも『読売新聞』誌上に掲載されたものである。

日本文化に固有なものをひろく世界文化の場で捉えてゆこうとする西田の根本的な考え方が、三木の適切な質問によって、率直に具体的に言葉になっている。当時の社会に流行しかけていた偏狭な日本主義とか狂心的な日本精神とかいう立場ではなく、どこまでも世界的視座に立つことが大事だという思想は、時代を先取りする洞察であり、今日の日本文化論の方向をも照らし出す有効な光を用意している。ヒューマニズムの問題をテーマにした第二の対談についても同じことが言える。人間中心の近世文化のヒューマニズムではなく、東洋の「無」を基礎にした新しいヒューマニズム、新しい人間の意味を探ろうとしているのであるが、それは同時に、一種の心境のようなものになっている従来の東洋の無に、新しい論理を与えんとする試みに他ならない。

ところでこれらの対談は、三木と西田とのあいだの師弟関係の親密さをよく物語っている。三木自身の目に映った西田とその思想の姿は『西田先生のことども』（『婦人公論』昭和十六年八月）その他の三木の文章にあらわれているとおりであるが、対談は同じことを別な方面からいきいきと示しているように思う。

ヨーロッパ留学から帰って来た三木は、当然師の後を継ぐものと自他ともに予想していたのであったが、いろいろな事情のためにこれは実現しなかった。つまり、京大文学部哲学科の近世哲学史の助教授として採用されなかったのである。そして三木は東京へ去ることになる。この辺の事情については、三木を知っていた何人かのひとびとが書いているし、『西田幾多郎全集』第十七巻の昭和二年一月六日の日記には、「夜三木来る、かれの為に忠告」とあり、一月十一日には、「三木来る。東京行に決心せりという」という記事が見える。しかしここではその事情に立ち入る必要はない。

そういうこともあって、三木には京大哲学科に対するある種の感情はあったであろう。世間一般には三木清の上京や法政大学への就職は、西田からの別離を宣したものと見られていた。しかし、そういうことがあったにせよ、それは一時の波乱のようなものであって、西田と三木とのあいだの師弟の真の交流は途絶えることはなかったと思われる。上京後まもなく書かれた「直観の深さ」という一文を見ても、西田に対する尊敬の念にいささかも変わりがないことがわかる。三木に対する西田の愛情についても同じである。たとえば、昭和十年十月に鎌倉姥ヶ谷の西田邸の縁側に並んで腰かけている二人の写真があるが、その西田のリラックスした楽しそうな表情は今いったことを物語ってあまりある。最後に「二人の間の最も美しい師弟の交情」について書いた唐木の文章がとくに印象深いので、それを引用することにする。

五月の初め、友人と一緒に鎌倉の先生を訪れ、やがておいとましたとき、私だけ廊下で呼びとめられた。「君はこのごろ三木がどうなっているか知らないか」と小声で問われ、高倉テル氏の脱走に関係したというような噂だがと言われたが、詳しくは存じない旨をお答えすると、そうか、と言われたまま、何ともいわれぬ憂愁な顔をされ、踵をかえして静かに部屋へ入られた。そのときの先生の猫背と白足袋の足つきが、世界中がシィーンとなるような印象を与えたのである。これが先生にお目にかかった最後となったのだが、そういう最後というもののもつ思い出の印象ではなく、三木さんをおもう先生の熱いものが、さながら名優の所作以上の表現となり、それが強くきて忘れないのである。三木さんの二度目の奥さんが見込のない病床にあったときも、「気の毒で手紙も書けぬ」と言われ、申しようのない表情をされたことなども併せて思い起され、とにかくそういう動作や顔で象徴する外ないのだが、先生の三木さんに対する愛情には比類のない熱いものがあった。三木さんが一時こうむった社会的な悪評などは物の数でないばかりでなく、反ってそのおもいを増されたようである。一方三木さんが先生をこの上なく尊敬していたことは「西田先生のことども」を見れば解ることであって、この二人の間柄には最も美しいとでもいうより他ないような古典的なものがあった。私はこの弟子によってこの先生を書き残して貰いたかったのである。（『三木清』、七頁）

ちなみに、三木の故郷の兵庫県龍野市にある記念館（霞城館）には、さきに述べた二人の写真の大きな複製がかかっている。「臨危不変」という西田の扁額の字も陳列されているが、これは三木が昭和五年に日本共産党に関連した事件の嫌疑で検挙され起訴されたときに、西田が与えた書だということである。

悲哀における死と再生

一　生の根本形式としての死と再生

死と再生とは、生の深淵に本質的に、もともとふくまれている構造、生がそれによって初めて生たりうるような根本形式である。哲学者のマックス・シェーラーは、死は生という絵を成り立たせる額縁、絵そのものに属しているような額縁だと言っているが、死だけでなく再生もまたこのような額縁にふくまれるのである。生命とか人生とかいわれるものは、水の流れのような連続であって、死とはこの流れを外から断ち切る事故であると、多くの現代人は考えている。生は死で終わるのに決まっており、再生などは個人的な希望か主観的な信念にすぎないという観念は、今日のわれわれを深く呪縛しているのである。

しかし、これは生を外から、つまり生でない立場から観察するからではないか。外から見られた生は、現に生きている生ではなく、すでに生きられてしまった生、すなわち一つの死にすぎない。生は外から観察することはできない。というよりも、外からは決して観察できないものを生と呼ぶのである。生の何たるかは、それを自分が生きることによって初めてわかる。生きているということ自身の内部から生を見るということ以外の仕方では、生を捉えることはできない。例えば、ベルクソン哲学が生の鼓動の内的聴診を説き、西田幾多郎が主観的意識の卵殻の外に出る「行為的直観」を教えたゆえんである。

生のこのような内的聴診の立場に立つならば、生はたんなる連続的な流れではなく、死という切断と否定をふくみ、さらにこの否定を超えて蘇る再生の形をもつことが知られる。生はたんなる連続、直接的な自己肯定ではなく、非連続の連続、自己否定をくぐり抜けることによる自己肯定なのである。生の自己否定とは、否定というものが生の外からくる偶然の出来事ではなく、生そのものの内にもとからふくまれたものであることを意味する。

生そのものの本質に属するこのような死と再生の性格は、生物的生命の次元にもすでに見られる。個々の生物は死んだ物質とちがって、個々の生物の内部に一つの力の中心というようなものを持ち、その中心から発動する力によって自己の同一性を維持しているのである。生物のアイデンティティはどこまでも内面的である。しかも、この内的な力は、その都度その都度固定した形を破るという一種の自己否定性をもっているのである。生物が生きるということは、固定した形を保持することではなく、形をとりながら、しかも絶えず形を破ることによってまた新しい形を作っていくことである。固定した形に止まるということだけなら死にすぎない。個体的生命の内部構造には、このような生の自己否定性があるわけである。有機体のいとなみは、老朽した古い細胞が死んで新しい細胞が生まれることである。われわれの身体の中では一日に約三千億個の細胞が死んで、新しく生まれていることを現代の生化学は教えている。

これは個体的生命の枠の内での出来事であるが、さらに個体を超えた種《しゅ》の次元を見てもやはり同じことがある。たとえば、麦なら麦の種子ができると、それが地に落ちて死に、そこから今度はもう一つの独立した個体としての麦が生まれる。個体から個体が生まれるということは、個体を超えた種《しゅ》の生命が個体から個体へと飛躍することである。ここには個体としての死と種としての生命の再生とが一つに結びついて現われている。ある種の動物における生殖活動においては、親が死ぬこととひきかえにつぎの個体を産むという死と再生が同時に起こっている。

生のもっと高次の段階、すなわち道徳や芸術や宗教と呼ばれる精神的な生のいとなみにもやはり、死と再生がある。道徳的生とは、われわれが感性的自己の欲求に死んで、普遍的理性の命令に従って生きることを意味することはカントの実践哲学が教えたところである。芸術家の生とは、個人として死んで作品の生命として再生する人間のいとなみと言えるだろう。しかし、死と再生の姿がもっとも明瞭になるのは、言うまでもなく、宗教と呼ばれる人間的生の領域においてである。釈尊やイエスなど世界宗教の偉大な開祖たちが等しく教えたように、宗教とは人間が個体に執着する自己中心的な生を捨てて、超個体的な大いなる生命そのものの中に自己を再発見する、死と再生の経験に他ならない。

しかし、科学技術と官僚組織によって支配された社会に生きている今日のわれわれには、生のこのような基本構造は、はなはだ見えにくいものになってしまった。現代人の多くは、ただ今日明日の生活のことだけを心配し、個人および集団のさまざまな欲望の充足を追求し、物質的な豊かさと長命を最高善と考えている。政治的社会的な体制の完備と歴史の存続だけを信じているのである。一言で言えば、おそるべき世俗化である。

世俗化とはたんに人間の欲望の増大とかモラルの混乱とか、生存競争の激化とか、功利主義や能率主義等々の支配を指すのではない。これらのことは、世俗化というものが伴う現象面にすぎない。世俗化の本質は、われわれが生きているあいだの世界、この世の生というものが生のすべてだという生の見方にある。生がこの現世自身に向かって閉じられてしまって、それ以上の次元に対して開かれなくなったこと、生の一種の閉塞状態を言うのである。

死と再生という形を喪失した生とは、そういう閉塞状態における生に他ならない。現代における芸術や宗教の可能性は、要するに、われわれがいかにすればこの死と再生の経験をとりもどせるかということの問題だと言えるだろう。この問題を考えるための手がかりに、われわれの古典と仏教思想にあらわれた死と再生の姿を探ってみることにする。

二　上代日本人の現世主義

上代日本人が抱いていたと思われる死生観の原初的な型態は、『古事記』（七一二年）の上巻の初めに記された一連の物語の中に見られる。「天地の初め」「島々の生成」「神々の生成」「黄泉《よみ》の国」「禊《みそぎ》」とつづく神話の中で、とりわけ「黄泉の国」の観念が重要である。イザナギの命《ノミコト》、イザナミの命《ノミコト》の二神をめぐるこの物語は、今日でもなお日本人の精神生活の基層を流れている死生観を表現していると思われるからである。この最古の死生観は、明確な思想の形をとらない情念の暗流とでも言った方がよいものだが、それゆえにまた、それは上代日本に移入された仏教思想によってはすぐには克服されえなかった。だから、その後の日本仏教は、仏教とは異質のこの暗い生の基層との対決を通して初めて誕生することができたのである。

『古事記』は神々の国土と生成の記述から始まる。高天の原にいろいろな独身の神々が生まれては身を隠した。いわゆる神世七代の神々の最後に生まれたのが、イザナギとイザナミの二神である。この夫婦の神によって多くの神々と島々が生まれる。しかるに、この豊饒な生産活動の真っ只中に突然一つの出来事が起こる。イザナミの死である。それは老衰による死ではなく、火之迦具土神《ほのかぐつちのかみ》を産んだときの火傷に基づく劇的な死である。生殖活動という生命エネルギーの最高潮の中に、突然出現した若いイザナミの死は、上代日本人が死を生と隣り合わせのものとして感覚していたということを暗示している。ここからの『古事記』の記述は、あらましつぎのとおりである。

イザナミに死なれたイザナギは、妻の亡骸の枕辺や足の辺のぐるりを這いまわって悲嘆慟哭する。彼が流した多量の涙の中から泣沢女神《なきさわめのかみ》という神が生まれた。死んだイザナミの亡骸は、出雲の国と伯耆の国の境にある比婆《ひば》の山に葬られる。そしてイザナギは、身に帯びていた十拳剣《とつかのつるぎ》という剣を抜いて、わが子である迦具土神の頸を斬ってしまった。すると、太刀の切尖や鐔元や柄から血が岩にしたたり落ちて、八つの神々が出現した。さらにまた、殺された迦具土神の身体の各部分から、合わせて八つの神々が生まれた。

しかし、イザナギは死んだ妻にもう一度会いたいと思って、黄泉の国まで後を追って行く。御殿の閉ざされた戸口からイザナミが出迎えたとき、彼は「愛しい妻よ、お前とともにつくった国はまだ完成していない。だからもう一度こちらへ還って来てほしい」と言う。するとイザナミは、これに答えてつぎのように言う。「残念なことに、あなたが来るのは遅すぎました。私はもう黄泉の国の食物を食べてしまったのです。しかし、愛するあなたがこうして来てくださったことだし、何とかしてもう一度還りたいから、黄泉の国を支配する神様に相談してみます。そのあいだは、決して私の姿を見ないでください」。こう言い残してイザナミは御殿の内に還って行ったが、いくら待っても出て来ない。待ちかねたイザナギは髪にさした櫛の太い歯を一本とって灯火にして、中に入ってのぞいて見ると、妻の体にはいっぱい蛆がわいて鳴っており、四肢のあちこちから八つの雷が発生していた。

妻のこのすさまじい形相を見たイザナギは、にわかに恐怖に襲われ、黄泉の国から現世へ逃げて帰ろうとすると、イザナミは「私に恥辱を与えた」と言って、黄泉の国の魔女たちや雷神に軍勢を連れてイザナギの後を追わせる。彼らの追跡をやっと振り切ったイザナギは、どうにか「黄泉比良坂《よもつひらさか》」の下まで逃げて来ることができた。

とうとうイザナミ自らが追いかけて来る。そこでイザナギは、大きな石を黄泉比良坂に置いて道を塞ぎ、その大石をはさんでイザナミと対面し、もうお前とは夫婦ではないと離別を宣言する。そのとき、イザナミは「愛しいあなたがそんなことをなさるなら、私はあなたの国の人間を一日に千人締め殺してしまいます」と言う。するとイザナギは、「愛しいお前がそうするのなら、私は一日に千五百人の子を産ませよう」と答えた。こうして、そのイザナミの名を「黄泉津大神《よもつおおかみ》」と言い、またイザナギに追いついたので「道敷大神《ちしきのおおかみ》」とも言う。また、黄泉比良坂を塞ぐことによって、イザナミを追い返した大石のことを「道反之大神《ちがえしのおおかみ》」とか「塞り座す黄泉戸大神《さやりますよみどのおおかみ》」とも言うのである。

この神話の解釈はいろいろな立場からいろいろになされうるだろう。今これを死と再生というわれわれのテーマに即して読むならば、さしあたり、つぎのようなことが知られる。

第一は、妻の死に直面したイザナギのはげしい悲しみである。愛する者に死なれた悲しみとは何であろうか。それはたんなる外物を失ったときの感情ではない。そうではなくて、愛する他者の喪失が同時に、自分自身の喪失であるところに初めて、死別の悲しみが生まれるのである。他者の死が生者の存在の内部に影を投げかけ、それによって生者が否定されるという経験がなければ、悲哀という情念は起こらない。外からきた事柄によって起こった自己への否定が内面化されて自己否定となるところに、事柄へのたんなる憤激や非難といったものから解放された悲哀という情念が生まれる。死を悲しむ者は、自己自身の消滅を経験するのである。

しかしながら、同時にこのことは、自己がただ消滅してしまうことではなく、自己がより深い自己というものを見る経験なのである。悲哀というものを通して、より深い自己を見るとは、否定をくぐった自己肯定を意味する。イザナギの悲哀は一種の癒しをもたらしたわけである。イザナギの流した多量の涙の中から泣沢女神が生まれ、十拳剣で斬り殺した迦具土神の血の中や肢体から多くの神々が生まれたということは、悲哀の情動にふくまれる、このような否定の否定による肯定という弁証法を示しているようである。

しかし第二に、イザナギはこれでもって満足せず、イザナミその人を現世にとりもどすという意味での再生を要求して、妻を黄泉の国まで追って行った。そして、現世へ還してもらえるかどうか相談するうちは、決して私の姿を見ないでほしいと言った妻の言葉に従わないで、腐敗してゆく妻の亡骸を見てしまったとたん、にわかに恐怖感に襲われ、驚いて黄泉の国から逃げもどろうとする。イザナミを現世へ再生させようとしたイザナギの願いは中途で挫折してしまったわけである。さらにその上、イザナギは黄泉比良坂に大石を置いて、妻に対して離婚を宣言し、愛する妻が現世にもどってくることを拒絶している。

このことは、さきに言った悲哀の情念のもつ弁証法が達成されなかったことを物語っている。それはイザナギの悲哀が、妻の死体を見たとたん、恐怖の情念にとって代わられるという仕方で消失したためである。

見ないでほしいという妻の言葉に従わずに死体を見たということも、イザナギが自己の悲哀に忠実でなかったこと、妻の死をそのまま受け入れるという、悲哀の自己否定において不充分であったことを示しているように思われる。死の中をくぐり抜けるという自己否定なくして、およそ再生はありえないからである。

イザナギが黄泉比良坂に置いて現世へのイザナミの再生を拒んだ「塞り座す黄泉戸大神」という不透明な大石は『古事記』の死生観のシンボルのようなものである。江戸時代になって本居宣長は、「汝《いまし》の国の人《ひと》草《くさ》、一日に千頭《ちがしら》締《くび》り殺さん」といったイザナミの言葉を注解して、「汝の国とはこの現《うつ》し国をさすなり。そもそも自ら生み成し給へる国をしもかく他《よそ》げに詔《のりたま》う。生死の隔《へだた》りを思へばいとも悲しき御言にざりけり」と記している。しかし、イザナミのこの発言には、これに先立つイザナギの別離宣言があることを忘れてはならない。いずれにせよ、黄泉比良坂にイザナギという生者によって置かれた大石は、生と死との両界を区別する原理、しかも生によって死を否定しようとする原理である。イザナミは永久に現世にもどることはない。死者の再生する途はいかなる仕方でも不可能である。『古事記』は、およそ人間存在に再生というものはないということを述べた悲しい物語である。

それでは第三に、死者が行く黄泉の国とはどのような世界であろうか。黄泉の国から逃げ帰ったイザナギは、竺紫《つくし》の阿《あ》波《は》岐《き》原《はら》で「吾は穢き国に到りてありけり」と言って、河原で身体を潔める禊《みそぎ》をしている。黄泉の国とは何かについて宣長はこう記している。「さて其よみの国は、きたなく悪しき所に候へ共、死ぬれば必ずゆかねばならぬ故に、此の世に死するほど悲しき事は候はぬ也」（『鈴屋答問録』、一七七八年）。

上代日本人が抱いていた強い現世主義の死生観がここに露呈している。しかも、この現世主義にはどこか心情的なニヒリズムの影がつきまとっているようである。なぜニヒリズムというかと言えば、「きたなく悪しき所」とされる黄泉の国は、例えばギリシャ神話の冥府《ハデス》とか仏教やキリスト教での地獄とかいわれるような、現世とは別な世界ではなく、むしろ、ほとんど無のシンボルに近いからである。これは言いかえると、死後に現世と別なもう一つの世界があると言うより、死後の世界は無いと言うのに等しい。また、このニヒリズムがなぜ心情的かというと、穢れた黄泉の国という観念は、人間の生死についての真の内省から生まれたものではなく、むしろ死の恐怖と悲哀の心情が行く手に投射されて固定した姿に他ならないからである。つまり、『古事記』の日本人は、死後の世界は悪い所だから、そこへ行く死は悲しいと言ったのではなくて、死ぬことはあまりに恐ろしく悲しいから、死者の国は悪く穢い所だ、と言ったのである。現世にしかリアリティを感じない『古事記』のこの独特な現世主義は、その後も根絶されることなく、現代日本人の精神の基層を依然として流れているのである。

プラトンの対話篇『ソクラテスの弁明』の中でソクラテスはつぎのようなことを語っている。いったい、死が最上の幸福なのか、それとも最大の悪なのかは誰も知らないはずである。それなのに、死ぬことは悪いことだと思って死を怖れるのは、自分が本当は知らないことを知っていると思うことによるのではないのか。ソクラテスはこのように語って、死についてまったく無知であるにもかかわらず、無知を知らずに知者のふるまいをする驕りたかぶりが、死を怖れたり、死ぬことを最大の悪だとする人間の判断の根元にあると教えたのである。プラトン（前四二七—三四七）より千年以上も後の上代日本人は、人間の生死の問題に関しては、ほとんど思想らしき思想を持たなかったと言えそうである。仏教的な視点から見れば、上代人の一見素朴に見える悲哀の心情の中にも、すでに自我の分別（はからい）の意識がひそんでいるわけである。

三　日本人の伝統的死生観と『往生要集』

大陸から仏教が伝来したのは、時代的に見れば『古事記』の成立に二百年近く先立つ欽明天皇十三年（五三八年）である。ところで、この最初の仏教は、暗い黄泉の国の情念を、仏国という光明の世界の観念をもって置き代えるはたらきをしている。

宣長は『鈴屋答問録』のさきに引用した文章の前にこう書いている。「神道の安心は、人は死に候へば善人も悪人もおしなべて、皆よみの国へゆくことに候。……ただ死ぬれば、よみの国へ行く物とのみ思ひて、悲しむより外の心なく、これを疑ふ人も候はず、その理屈を考へる人も候はざりし也」。しかし、このような立場では、じっさいは死の不安は本当は超えられないはずである。すべての死者は暗い黄泉の国へ行く。それが人間の避けられない運命なのだとあきらめて悲しむ他にどんな途もない。これが神道の安心だ、と宣長は書いているが、これは、神道とは要するに安心のない世界観だという方が正しいだろう。しかし死をもって終わる現世の不安は、死が存在しない仏の生の国を死後に期待する以外に超えることはできないはずである。

推古時代の仏教は、このような死の無い国への再生をひとびとに保証する思想だったのである。死者は暗くて穢れた黄泉の国へ行くのではなく、光明にあふれた仏の国、死の無い天寿国へ行く。そして、そのことを保証してくれるものは、寺々に安置された美しく光り輝く仏たちである。これらの仏たちを崇拝すれば、われわれはこの世に死んでも仏の国に生まれることができる。これは明らかに、『古事記』や『万葉集』には見られない日本人の新しい世界経験である。

しかし、よく見ると、このような死後の仏国はまだ、死を本当に超えた世界、真の意味での仏国土ではないということがわかる。その仏国は現世からの真の超越ではなく、現世から死というものをとり除いた世界、つまり理想化された現世にすぎない。つまり、この世でかなえられない永生の願望が彼岸へ投射されただけの観念である。『古事記』の神話に見られる日本人の現世主義は、その仏教理解の中にも依然として存続していたのである。

日本人が初めて、このような現世主義そのものを震憾させる超越的な彼岸の思想に出会ったのは、源信(九四二―一〇一七)の『往生要集』(九八五年)においてである。『往生要集』の根本思想は「厭離《おんり》穢土《えど》、欣《ごん》求《ぐ》浄土《じょうど》」である。いったい『古事記』や推古時代の仏教理解においては、現世そのものを否定する思想がはっきりしないようである。聖徳太子のような仏教理解は、当時一般にはなお孤独であったと言わなくてはならない。『古事記』によれば、この世は死をもった悲しい世界ではあっても、決して穢れた世界ではない。むしろ、死後の黄泉の国の方こそ、穢れた悪い世界だったのである。しかるに源信において、現世ははっきりと、悪くて汚れた「穢土」になる。それだけではなく、この穢土はそれ自身の底に地獄をもっているのである。穢土はすぐ地獄につづいており、いつも地獄へ落下する可能性をもつ世界である。それゆえ、穢土としての現世に生きる人間には、穢土を捨てて「浄土」に生まれることを願う途しか残されていない。『往生要集』は、八つの地獄の戦慄すべき恐ろしい姿を克明かつ鮮烈に描いて、穢土を厭離し、浄土を欣求すべきゆえんを説いている。

しかし、地獄と穢土は連続しているが、穢土は浄土に連続してはいない。黄泉の国や地獄へゆくには何の条件も要らないが、極楽浄土に往生するには、阿弥陀仏の慈悲の力をたのみ、念仏することが絶対の条件となる。人間の力では決して行くことのできない浄土の超越性、西方十万億土を隔てた遠い他界への再生の思想が、源信という日本人によって初めて明確に語られたのである。この超越的な浄土の観念の出現は、日本人の死生観の歴史における重要な出来事として注目されねばならない。

平安時代にはもちろん一方では、呪術的信仰や加持祈禱としての密教が上代以来の日本人の現世主義的な生き方を支えていた。『源氏物語』に描かれた怨霊や悪霊の調伏をはじめとして、実生活でも種々の現世祈禱が仏教の名で行なわれたのである。しかし、他方では、この種の現世主義の限界に対する精神の目ざめとともに、源信の往生浄土の思想は、しだいにひとびとの心を捉え始める。藤原道長の場合は、その典型的な一例である。要するに、現世とは絶対の非連続の他界である浄土の出現によって、現世の地平を死後にまで拡張しようとしてきた『古事記』以来の日本人の伝統的な意識の流れに初めて一つの切断が起こったのである。生から死への意識流の中に、死から生へと逆流する新しい流れが生まれたと言ってもよい。

しかし、それにもかかわらず、この新しい逆流は、旧い意識流と本当に対決して、これを克服する流れになったとは言えない。それはあくまでも旧い流れを基層として保存したまま、その上部を反対方向に流れただけなのである。源信の浄土教はまだ日本人の精神生活の現実の内部に入って、一層深い精神の覚醒をうながすところまでには至らなかったのである。その理由は、真の再生を生み出すための精神の自己否定が、『往生要集』においては充分に顕在化していないところにあると思われる。

いったい、源信の浄土教の特色は、「臨終往生」もしくは「来迎往生」の強調にある。往生の条件は念仏であるが、とりわけ大切なものは、人間がこの世の命を終わるときの念仏である。『往生要集』は「臨終の行儀」を細かく定めて、臨終の正念こそ弥陀の来迎にあずかる決定的な条件であることを懇切丁寧に説いている。往生という人間の一大事が決定するのは、臨終の瞬間であると教えたのである。

しかし、このように往生が臨終の念仏において初めて決定するものだとすれば、生きているあいだはどこまでも不定のままだということになる。むろん源信その人は、この臨終の一大事を平生のただ今へ引き寄せて、行住座臥に念仏の生を生きたであろう。また一瞬一瞬を臨終のように生きることが彼の教えの真の精神であったにちがいない。それにもかかわらず、一般にはこれと反対に、平生の事を臨終という未来に先送りする教えとして受けとられたのである。ともかく、臨終往生の立場では、浄土は生きているあいだの人間にとっては、はるかに思いやる未来の国でしかない。そういう未来の浄土を憧れる心には、つねに臨終の時の不安がつきまとっている。往生は未解決の宿題として死ぬときまで残されているからである。

これは本質的には、悲しく不幸な浄土教であると言わなくてはならない。『源氏物語』や『平家物語』に見られる、落日の彼方に、やがて往くであろう遠い極楽浄土を思うというような描写は、そういう不幸な意識を物語っているからである。源信の浄土教は、その偉大な功績にもかかわらず、現世を生きる人間存在の不安を根柢から癒す教えとはなっていない。黄泉の国の暗い幻影と心情的なニヒリズムを、完全に克服することはできなかったのである。

四　親鸞の浄土教における再生体験

このような悲しい再生の浄土教思想は、やがて鎌倉期の法然、一遍、親鸞などの「日本仏教」の巨人たちによって凌駕されることになる。とりわけ、法然の専修念仏の立場に導かれた親鸞（一一七三―一二六二）の浄土真宗において、源信の浄土教に残っていた彼岸主義の色彩が一掃された新しい立場が開かれたといえる。たとえばつぎの文章は、源信の臨終来迎の往生をはっきりと批判した親鸞の手紙の中の一節である。

来迎《らいこう》は諸行往生《しょぎょうおうじょう》にあり、自力の行者《ぎょうじゃ》なるがゆゑに。臨終といふことは、諸行往生のひとにいふべし、いまだ真実の信心をえざるがゆゑなり。また十悪・五逆の罪人のはじめて善知識にあうて、すすめらるるときにいふことなり。真実信心の行人《ぎょうにん》は、摂取不捨《せつしゅふしゃ》のゆゑに正定聚《しょうじょうじゅ》の位《くらい》に住《じゅう》す。このゆゑに臨終まつことなし、来迎たのむことなし。信心の定まるとき往生また定まるなり。来迎の儀則《ぎそく》をまたず。

（『浄土真宗聖典』〈註釈版〉、七三五頁）

臨終の時に念仏して阿弥陀仏の来迎を待って浄土に往生しようと考えている人は、じつはまだ阿弥陀仏の救いの力を信じ切っていない人だ、と親鸞は言うのである。念仏はしているけれども、その念仏は自分がする行であると考えている人だから、仏の力に全面的にまかせているのではなく、自分の力を心のどこかで信じているのである。親鸞は別なところでは、このような念仏を「他力の中の自力」の立場だというふうに言っている。阿弥陀仏の他力に自己のまるごとをまかせた純粋無雑の他力の信心の立場とは言えない。源信が記した「臨終の儀式」は、室内に安置した阿弥陀如来像から引いた五色の糸の端を臨終の病人が自分の手にしっかりと握って、ひたすら念仏を唱え、浄土に導かれることを定めている。阿弥陀如来から来ている糸を臨死の人が自分の力で握るというところに、この立場に残っている自力のシンボルが見られるわけである。そしてまさしく、この自力のゆえに、臨終の人と浄土との間には、最後まで超えることのできない不安な一線が残らざるをえない。念仏する人の自力が浄土を向こうへ遠ざけているのである。

これに対して、このような自力を捨てて、阿弥陀仏の他力に自分をまかせた「真実信心の行人」は、まかせたその瞬間にすでに、阿弥陀仏の摂取の光圏の中に入って、そこに住むことになるから、いかなることがあっても捨てられることはない。「正定聚の位に住す」とは、まちがいなく浄土に往生して成仏する身になるという意味である。言いかえると、往生が定まるのは、臨終の時ではなく、信心の定まる時である。生死を超えるという人間の一大事は、生と死との境い目になってではなく、生きている平生に信心が起こったその時に解決されるということになる。だから、そういう真実信心の人には、死に際になって、心の乱れを正すような念仏の儀式はいっさい不要になる。彼は死ぬ前から、自分が大いなる如来の生命に生かされていることを知っているからである。

親鸞は『大無量寿経』(下)が説く「諸有衆生　聞其名号　信心歓喜　乃至一念　至心回向　願生彼国　即得往生　住不退転」の「即得往生」という文字を「正定聚の位に住す」ることと同じ意味に理解して、つぎのように記している。「「即得往生」といふは、「即」はすなはちといふ、ときをへず、日をもへだてぬなり。また「即」はつくといふ、その位に定まりつくといふことばなり。「得」はうべきことをえたりといふ。真実信心をうれば、すなはち無碍光仏の御こころのうちに摂取して捨てたまはざるなり。摂はをさめたまふ、取はむかへとると申すなり。をさめとりたまふとき、すなはち、とき・日をもへだてず、正定聚の位につき定まるを「往生をう」とはのたまへるなり」(『一念多念証文』浄土真宗聖典〈註釈版〉、六七八頁)。

浄土教の歴史の中で、「往生」という語を臨終や死後の出来事としてではなく、現実の生における信心の現在と結びつけて語った最初の人は親鸞である。信心の現在以外に「往生を得る」ということはない。親鸞のこの「現世正定聚」や「即得往生」の思想には、人間存在がこの世においてじっさいに経験しうる再生のことが語られている。むろん、これは、浄土真宗だけでなく、「世界宗教」の名で呼ばれる他の宗教においても、それぞれの用語によって、それぞれの程度において語られてきた信仰体験であって、ひとり親鸞だけに限られたものではない。

例えばキリスト教では、「もはや我生きるにあらず、キリスト我がうちに生きるなり」というパウロの有名な言葉も、信仰における死・復活の体験を言いあらわしている。「ヨハネ福音書」の中のイエスがマルタに対して言った、つぎの言葉もやはり、現世における死・復活の体験の真理を伝えている。「私は復活であり、生命である。私を信じる者は死んでも生きる。生きている私を信じる者は誰も、決して死ぬことはない。このことを信じるか」（第十一章第二十五、六節）。

もっとも、キリスト教の教会の教義の上では、この復活は信仰の現在のことではなく、終末の未来のこととされるようである。聖書の中でも、「あなたの兄弟は復活するだろう」と言うイエスに対してマルタは、「終わりの日、復活のときに、彼が復活するであろうことは存じています」と答えているのである。しかし、例えばフィヒテの『宗教論』はイエスが語っている復活とは終末の未来のことではなく、信仰の現在の経験であることを強調している（フィヒテ『浄福なる生への指教』、一八〇六年）。仏教とキリスト教との区別はあっても、宗教的信仰の核心は、人間がこの世においてすでに、永遠の生命の光芒を浴びるという再生の経験に他ならない。

しかし、日本仏教の諸宗派の中で、人間の現実の生活の中でのこの宗教的再生の思想が、教義の面でも経験の上でも、もっとも明瞭になっているのは浄土真宗の場合である。浄土への往生は臨終の未来においてではなく、信心が定まった現在のときに定まるというこの思想は、ひとり専門的な宗学者や僧侶たちに限られず、知識や教養をもたない大衆の生活においてもじっさいに生きられてきているわけである。例えば、妙好人として有名な浅原才市（一八五一―一九三三）は、他力の信心において与えられる再生の体験をつぎのような歌に表現している。

わしのりん十《臨終》あなた《如来》にとられ。
りん十すんで、葬式すんで、
あとのよろこび、なむあみだぶつ。

りん十まだ来の《来ぬ》、このはずよ。すんでをるもの。
りん十すんで、なむあみだぶつ。

（『鈴木大拙全集』第八巻、岩波書店、一九八頁）

わたしや、しやわせ、しなずに《死なず》、まいる
いきさせて《生きさせて》参る上《浄土》をどが
なむあみだぶつ。

（同、第十巻、二七二頁）

しかしながら、このような他力の信心における再生は、あくまでも心が浄土に移ることであって、身体をもったこの現世の自分がこのまま仏であるということではない。浄土にじっさいに往生して成仏するという意味での再生は、信者の臨終の時に初めて生起するものであることを親鸞は教えている。この点が浄土真宗

の立場と「即身成仏」を説く真言、天台、華厳、禅などの教えとの根本的なちがいである。つまり親鸞は、信心における往生決定としての再生と、この信心の人の往生が成就する臨終時の再生（「臨終一念の夕べ、大般涅槃を超証す」）という二種の再生を語ったのである。そして前者が後者の唯一の条件であることを強調している。

ところで、何よりも大事なことは、このような親鸞の他力の信心としての再生は、人間の完全な自己否定、自己の徹底的な無力の自覚において初めて成り立つという点である。「臨終まつことなし、来迎たのむことなし。信心の定まるとき、往生また定まるなり」という生の大いなる絶対肯定は、救われがたい罪悪深重、煩悩具足の凡夫の自己のまったき無力の自覚と一つなのである。ここに、さきに言った悲哀の弁証法が極限まで徹底された場合を見ることができる。

宣長は死ねば黄泉の国へゆく他ない人間存在を悲しんだ。そうして、このような悲哀の立場に立って、仏教や儒教の死生観を批判して、つぎのように書いている。「しかるに、儒や仏はさばかり至つてかなしきことを、かなしむまじきことのやうに、色々と理屈をまおすは、真実の道にあらざること、明らけく候なり」（『鈴屋答問録』）。しかし、この批判はすくなくとも親鸞の仏教に対しては当たらないと言わなくてはならない。親鸞の浄土真宗は、宣長が知らなかった、もっと深い悲しみの自覚の底から生まれているのである。

宣長は死んでゆく自分を自分が悲しんだのである。しかし、そういう悲しみは、じつはまだ自我の意識の内にとどまる悲しみである。そこでは、悲しみはまだ底をついていない。最晩年の親鸞が「悲歎述懐讃」という和讃に記した悲しみは、そういうエゴイズムを離れることのできない罪悪深重の凡夫としての自己への悲しみである。自我の意識の底が抜けてしまったこの悲しみの底で、親鸞は、宇宙を包む無限大の悲しみ、いかなることがあっても凡夫を摂取して捨てないという如来の大悲心というものに出会ったのである。それが親鸞に訪れたよろこばしい再生の経験だったように思われる。

仏教研究批判と哲学の使命

一　仏教を学ぶことの意義

日頃、宗教とは何かを哲学的に考える仕事にたずさわっている自分を振り返ってみるたびに、鮮やかに思い起こされる二人の師の言葉がある。一つは仏教学の長尾雅人博士の言葉であり、もう一つは、私が永く教えを受けた故西谷啓治博士の言葉である。これについてはすでに一度書いたことがあるので、その文章をここにそのまま記すことにする。

学生時代、はじめて長尾雅人先生（京都大学名誉教授・学士院会員）の仏教学についての講義を受けたときのことを今でも覚えています。たしか「仏教学概論」の第一回目の時間だったと思いますが、先生はつぎのようなことを言われました。

「仏教という言葉には三つの意味がある。第一に、仏教とは仏（釈尊）によって説かれた教えである。第二には、仏（法・真理）について説かれた教えである。第三に、仏教とは、今・ここに現に生きているこの私(自己)というものが、仏に成ってゆくことの教えである」

そうして先生は、さらにつけ加えてこう言われたのです。

「この三つの意味のうちで、第三番目のことが最も大事な点であって、今日から仏教を学ぼうとする諸君は、このことをいつも忘れてはならない」

なにしろ、もう何十年も昔のことですから、これはそっくり先生の言葉どおりではないかもしれませんが、これを耳にしたときの、はっとするような強い印象と共に、今でも私のこころに刻みつけられている言葉です。(浄土真宗本願寺派『宗報』平成十一年二月号)

たくさんな思い出の中でとくに二つの言葉が鮮明である。あれはいつだったろうか。西谷先生はこう言われた。「宗教哲学などをやろうとする者なら、そうだな、まあ片一方の足はいつも棺桶の中へ突っ込んでいるようなつもりでないと……」。もう一つはこの時より後で、私が四十歳になった頃だったと思う。その頃の私は、夜中に目を覚ますと、死ということの不安が痛切に襲ってくる経験が多かったので、そのことを先生に申し上げた。しばらく黙っておられた先生はやがて、「それは夜中だけのことですか」と問い返されて、つづいて「昼間でもその感じが来るようになったら、もっとよくなるだろう」と言われた。(『創文』三一九号「西谷啓治先生を悼む」平成三年三月)

今から思うと、一見おだやかではあるが、じつは真理を容赦なく突きつける白刃のような言葉である。宗教の学問的研究は、自分自身がじっさいに人生を宗教的に生きるということがなかったら、その研究は本当の研究とは言えない。仏教というものの学的研究というものも、根本では、自分自身が本当の意味で仏教者になるということを意味する。宗教や仏教についての学問的研究というものが、たんなる好事家の趣味とか、人生の閑事業や遊戯に陥らないで、真の意味での仏教や宗教の学問たりうるための根本条件というものが、それぞれの言葉で語られたのである。今日なお、私にとっての公案と言ってよい言葉である。

そんなことはあらためて言う必要もない自明で、当たりまえのことではないかと言われるであろうか。たしかにそうかもしれない。しかし、この自明で当たりまえのことは、それがまさしく自明で当たりまえであるがゆえに、かえってもっとも忘れられやすいのである。宗教や仏教の学的研究にたずさわっていない一般僧侶の口からは、時として、仏教の専門的研究ばかりやっていても、信心がないと何にもならない、という意味の意見が述べられることがある。この意見があやまりだとは思わないが、これはどちらかというと、信心の大事さを言うよりも、学的研究というものを軽視する心情を表明しただけの言葉であるかもしれないのである。専門の仏教学者や宗教学者たちからも、西谷先生や長尾先生が言われたような種類の言葉を聞いた記憶はほとんどなかったように思う。何のための仏教学であり、何のための宗教学であるかという大事な問いが、研究者たちには、しばしば忘れられがちなのである。しかし、もしこの大事なことが忘れられがちだとしたら、このことはじつは、その本質においては、決して自明でも当たりまえでもない、と言わなくてはならないことになる。この自明の事柄は、その自明さゆえにもっとも深く研究者たちに対して隠されているのではないか。このことへの覚醒が現代における宗教や仏教の研究者にとって不可欠な要件であるように思われる。

このことは言葉をかえていうと、宗教や仏教を研究するときの自分の位置とか視座とかいうものを宗教（仏教）と現代世界の状況との両者が接触し交差する地点に自覚的に据え、つねにそこから離れまいとすることである。宗教や仏教の研究は言うまでもなく過去に書かれたテキスト（聖典）を対象にするわけであるから、客観的で精密な文献研究が大切であることは言うまでもない。しかし、仏教学や宗教学は人間の外にある物質や社会現象の科学的研究ではない。過去のテキストがわれわれに何を語っていて、それが現代の人間の自己理解にとって何を意味するのかという問いに答えないと、仏教や宗教の真の研究にはならない。そうすると、研究者の眼は過去のテキストに向かうだけでなく、今この自分自身の立つ現実の状況にも向かうという一種の複眼であることが根本的には要求されているということになる。テキストは過去のひとびとの作品であっても、それの研究者自身はどこまでも今・ここの現在を離れることはできない。現代にしか生きられない研究者が過去のテキストの真理に出会い、それを現代世界にもたらすことができるためには、研究者の内でどういうことが起こらなくてはならないのか。あらゆる宗教研究や仏教研究は、現在この根本的な問いをつきつけられているのである。

二　現代社会と宗教

仏教でもキリスト教でも、教学（神学・宗学）や教団のあり方をもっと現代化して、現代社会に生きている人間のいろいろな問題に対処できるような姿にすることの必要性が言われ出してからずいぶん久しくなる。しかしこれは今日でも依然として、今日の伝統的な宗教界が背負っている困難な課題である。現代社会と伝統宗教とのあいだには非常に厄介な関係が発生している。それは、もう二十年以上も前に西谷啓治が指摘したように、現代には宗教が欠落し、宗教には現代というものが欠落しているという不幸な状況である（西谷啓治「現代における宗教の役割」、『理想』五四一号、一九七九年六月）。現代の宗教（仏教）研究者が立脚すべきところは、宗教と現代世界との交差する地点だとさきに述べたが、その地点は今いったような不幸な状況の中にあるのである。

まず、現代社会に宗教が欠落しているというのはいかなる意味であろうか。それは、現代人はもはや種々の宗教的な活動や儀礼に無関心になっているというような意味ではない。そうではなくて、現代人の生活やものの考え方の中では、宗教的原理というものが原動力になっていない、という意味である。人生を生きる上での難所を乗り越えるときの力は、宗教的信仰ではなく、非宗教的なものの力、例えば科学技術とか、社会的組織につながる意識とか、体制への帰属感とかいうものに求められているわけである。個人的な生活だけでなく、政治や経済、さらには教育や文化などの集団生活もやはり、宗教抜きでいとなまれており、宗教の原理は作用していない。いわゆる世俗化は現代社会を隅々まで規定している根本体制となっているわけである。このことは、明らかに宗教に反対したり無関心であるような現象だけでなしに、宗教であることを自称しているような現象、既成ならびに新興の種々の宗教団体のいとなみについてもあてはまりそうである。伝統宗教にとって大切な教義の理解そのものの中にも、現代世界のこの宗教不在の傾向が、こっそりと侵入していることがある。

しかし他方では、今日の多くの宗教には、現代というものが根本的に欠落している。それは、宗教の教団が現代社会の中で何も活動していないという意味ではない。それどころか、種々の教団は現代社会の趨勢に遅れまいとして、社会奉仕や福祉事業にいろいろ精を出し、ときには擬似宗教的なポーズをとったりしている。つまり、世俗化した現代人のニーズに応え、現代に適応することを考えているのである。しかし、このような態度がただちに、宗教が現代社会に生きているということを意味するとは思われない。それは、じつは現代社会の中への宗教の自己喪失であり、つまりは宗教に真の現代がないということである。宗教に真に現代があるというのは、世俗化した社会へのそのような適応に腐心するということではなく、現代社会の世俗化の現状をはっきりと洞察し、それと対決して宗教本来の役目を遂行することである。しかし残念なことに、多くの宗教の現状はどうもそうではなさそうである。どの既成教団の教学活動や実践活動も、そういう現状の中にたんに浸っているだけであって、現状の正しい分析と診断にまで至っているとは思われない。現代社会のいろいろな症状に対して一時的な処方箋を書き投薬するのではなく、これらの病的症状が出てくる根本の原因を正確に診断するということこそ、他のどんないとなみでもなく、ひとり宗教というものに課せられた固有の役目である。宗教が自分自身の本来のこの役目に対して垂直的に覚醒しない限り、宗教には現代というものが不在であると言わざるをえないのである。

三　ブルトマンとハイデッガー

このような仏教の現状の問題点を、ここでは主として仏教学の研究、それも真宗学の場合に限定してとり上げてみよう。真宗学の研究は言うまでもなく『大無量寿経』その他の大乗経典、経典についての論や釈、『教行信証』をはじめとする親鸞のいろいろな著作をテキストとして行なわれる研究である。それはあくまでもこれらのテキストに即した厳密な研究であって、研究者の主観的な思いつきや恣意的な読み込みによってテキストの真意を歪めることになってはならない。これは言うまでもないことである。しかしながら、そうだからと言って、これらのテキストの言葉が、どの研究者に対してもすぐにその本来の意味を開示してくると考えたら、これは大きな誤解である。宗教のテキストは、例えば誰が見ても同じである外界の現象のように存在するのではない。研究者自身がなすところのテキストの解釈（Interpretation）なくして、およそテキストの言葉はどこにも存在しないのである。宗教の文献があるということは、いつでも解釈されてあるということである。テキストにそう書かれてあるからといっても、その言葉の真の意味や精神がいつも正しく受け取られているとは限らない。万人にいつも明白であるような無垢なテキストというようなものは存在しないのである。どんな古典も解釈の対象である。これは経典の真理の相対性を物語るのではなく、正しい解釈を通してのみ再生する生命が、古典の中につねにあるという意味である。しかし、テキストの中の生命を蘇生させるためには、テキストに無意識的に加えられた不純な変容を破壊してゆくという態度がどうしても必要になってくる。既成の概念を細かく分析したり、既成の知識をただ組み合わせたり増大させたりするのではなく、概念の外殻を解体して、その内部の生命、もしくは言葉のひびき（ハイデッガーのいわゆる **Klang**）に触れ、そこからもう一度その概念の意味を捉えなおすという態度である。

言うまでもなくこれは、現代ヨーロッパの哲学者や神学者が解釈学（**Hermeneutik**）と呼んだ研究態度である。例えば「新約聖書の非神話化」を遂行したブルトマンの神学はこれを代表する一例である。彼はハイデッガーが『存在と時間』において示した現存在（人間存在）の自己理解の方法を、聖書の真理の解釈学的再現のために大胆に駆使した。ブルトマンは例えば「ヨハネ福音書」の解釈において、その終末論から時間の要素を一掃し、聖書に語られた終末の時とは生き生きとした信仰の現在のことだとして理解している。そう理解しなければ、聖書の言葉は現代人にとってたんなる神話になるというのが彼の見解である。もちろんこのような見解は、素朴なキリスト者たちの信仰理解や教会当局の意見とは衝突したが、大きな反響も呼んだのである。いずれにしても彼が明確に保とうとしたものは、聖書の真の理解は自分自身の言葉への翻訳でなければならないという解釈学の原理だったのである。

この問題は初期のハイデッガーが書いた『アリストテレスの現象学的解釈』という草稿の序文「解釈学的状況の提示」という標題のもとに明快に論じられている。(1) そこでは大体つぎのようなことが言われている。いったいテキストの解釈（Interpretation）とは、われわれが過去を理解しつつ、それを自分自身の身につけること（体得すること）である。ところが、このような過去というものの理解・体得がどこまで成功するかは、解釈をする現在のわれわれ自身が立っている原点、すなわち解釈学的状況（hermeneutische Situation）の選択と錬成がどこまで根源的であるかにかかっている。ひとつの哲学的解釈が根源的なものであるかどうかは、たんに過去のテキストの文字に忠実なだけでは決まらない。過去はたんに過去へだけ向けられた視線によっては決して見えないのである。過去が真に過去として蘇るには、解釈を遂行する現在のわれわれが、われわれ自身に負わされている問いを生き生きと保持するということがなくてはならない。解釈学的状況という人間存在の現場の深みへと垂直的に立てられる問いの根源性だけが、過去をして過去自身を語らせるための根本条件なのである。

言いかえると、テキストの解釈とは、現在のわれわれの現実から生まれてきた問いをもって過去を照射することである。それはテキストの中への何らかの読み込みを警戒し、主観性を排除するというだけの恣意的ないとなみではない。このような自称客観的な態度といえども、一つの読み込みや主観的構成から決して自由になってはいない、というのがハイデッガーの意見である。それゆえ、テキストの言葉の真意に肉薄するには、現在の一点から一定の視座と視線方向をもった光線を対象のテキストに送らなければならない。照射なくしておよそ解釈というものはない。しかし、いかなる解釈も自分が主題とする対象を過度に照らしがちである。それゆえ、真の解釈は、いったん遂行した過剰照射を適切な仕方において撤回するという形で初めて成り立つことができる。

それでは過剰照射のこのような撤回は何によって生まれるのだろうか。これについてのハイデッガーの説明はないが、それは探求者の立つ現場の方が逆に対象の方から来る光に照らされることに他ならない。現在から過去へ解釈の光を投げることによって同時に、過去から現在へやって来る光を浴びる思惟のいとなみのこの緊張こそ、テキストの哲学的解釈の核心である。このようないとなみがなければ、どんな古典の言葉も一つの薄暗がりの中にとどまる。つねに薄暗がりの中でのみ見られている対象は、解釈学的状況を踏まえてなされる過剰照射をくぐり抜けることによって初めて、それが薄暗がりの中に与えられているままの姿で、変更されることなく自己を提示することになる、とハイデッガーは述べている。

これはハイデッガーだけの特殊な意見として受けとられてはならない。彼はむしろ、昔からすぐれた哲学者たちがとってきた哲学の方法、哲学する（philosophieren）という態度の特質を自分の言葉で鋭く言いあらわしただけなのである。だから、さきの草稿でアリストテレスは、決して西洋哲学史上の重要な思想として、たんなる哲学史研究や文献学的な関心に基づいて取りあげられたのではない。そうではなく、キリスト教によって規定された西洋の文明と歴史をその生産的な可能性において根源的に理解し、現代世界に自分たちが置かれている境遇を洞察するための手引きとして、アリストテレスが主題となっているのである。ルターから中世の教義史、アウグスチヌスと新プラトン主義、パウロと「ヨハネ福音書」を経てアリストテレスまで還るそのねばり強い哲学的思索の道は、一九二二年当時のハイデッガー自身が直面していた現在の諸問題の解明の道と一つに絡み合っている。だから、この作品は当然ながら、新スコラ主義の伝統の中で描かれてきた従来のアリストテレス像に対する根本的な批判、まさしく革命的な批判をふくんでいるわけである。

四　親鸞と曾我量深の哲学的精神

古典の思想に対するこのような哲学的な解釈は、仏教の歴史においてもやはり行なわれてきたのである。それは東西を通じて創造的な思想というものを生み出す母胎とも言うべき仕事である。たとえば親鸞における大乗経典や論・釈の理解を見てもそのことがわかる。そのもっとも注目すべき場合は、『大無量寿経』の下巻に説かれた本願成就文についての親鸞の新しい読み方である。法然までの仏教者たちは等しく、第十八願の成就文をつぎのように読んできた。

あらゆる衆生、その名号を聞きて、信心歓喜せんこと、乃至一念せん。至心に廻向せしめたまへり。彼の国に生ぜんと願ぜば、すなはち往生を得て不退転に住せん。ただ五逆と誹謗正法とをば除く。

ところが、親鸞の読み方では、この願文は二段に分けられる。

あらゆる衆生、その名号を聞きて、信心歓喜せんこと乃至一念せん。

至心に廻向せしめたまへり。かの国に生ぜんと願ずれば、すなはち往生を得《え》、不退転に住せん。

『教行信証』によれば、第一段は「本願信心の願成就の文」と名づけられ、「至心に廻向したまへり」以下の第二段は「本願欲生心成就の文」と呼ばれている。もっとも注目すべきことは、伝統的に「至心に廻向して」と読まれてきた「至心廻向」の四文字が、「至心に廻向したまへり」と読み直された点である。これによって、衆生の信心も至心も願生心もことごとく、衆生の心から発源するものではなく、如来の方から廻向されたもの、衆生に与えられたものとして受けとり直される。廻向の主体が衆生から如来へと転換したのである。経の言葉そのもののこのような革命的ともいうべき新しい解釈によって、親鸞の浄土真宗は浄土教の長い伝統のうちに乾坤一擲の創造的次元を開いたわけである。これは真宗学においては周知の事実であるが、問題はこのような新しいテキストの解釈を生み出したときの原動力は何だったのかというところにある。

それは言うまでもなく、経典に関する親鸞のたんなる文献学的知見ではない。それだけでは「至心廻向」という概念の外殻を破って、その内部に入り、この言葉の生命をとり出すことは、とうてい不可能である。そこにはハイデッガーが「解釈学的状況」と呼んだところのものを踏まえた親鸞の根源的な省察が働いていたと思われる。その省察は、学者がその研究対象について思索するのとは本質的に異なる。自己自身の実存の現実と信心の体験そのものへとどこまでも沈潜するという仕方で、「至心廻向」の四文字の伝統的外殻が解体され、この語が本来もっていた真の意味が開示されたわけである。これは真の意味での哲学的と呼ばれてよい態度である。哲学的思想についての知識ではなく、哲学的精神というものが、親鸞が遂行したいろいろな仏典の理解における重要な要素であると思われる。

これは親鸞の文章の至るところに見出される根本態度であるが、例えば『歎異抄』の中の有名なつぎの言葉にもそれがよくあらわれている。

弥陀の五劫思惟の願をよくよく案ずれば、ひとへに親鸞一人がためなりけり。

『大無量寿経』に説かれた阿弥陀如来の本願は、ひとり人類だけでなく、あらゆる異類をふくめた「十方衆生」を包摂する普遍性をもっている。われわれの世界の内に存在する衆生のみならず、すべての可能的世界の内に存在するものは、ことごとくこの本願力によって救われる。それは如来の本願力がもつ驚くべき普遍性である。しかしながら、もし本願力のこの普遍性の中に親鸞もまた十方衆生の一人としてふくまれるというだけなら、それは本願のたんなる知的理解にすぎない。それだけなら十方衆生の普遍性もヘーゲルが言った「抽象的普遍」にとどまる。その限りでは、如来の本願力は、たんなる観念であって、現実にはたらく生きた力ではない。弥陀の五劫思惟の本願は、そういう抽象的普遍という類概念の特殊化としては限定されえない親鸞という個的実存、他の誰によっても代行されえない、たった一人の親鸞を目がけて起こされた本願として受けとられるときにのみ真実に弥陀の本願である。つまり、十方衆生が救われるから、この親鸞もまたその一人として救われるというのではなく、この「親鸞一人」のための本願であるから、十方衆生のための本願だということである。弥陀の本願がいかなる抽象的概念でもない現実を生かす力としてあらわれるには、このような「親鸞一人」の自覚を通さなくてはならない。

それゆえ、ここで親鸞が言う「よくよく案ずれば」とは、信心について親鸞が外から加えた知的反省ではない。普通、反省とか省察とかいわれる場合は、反省される対象と別に反省する主体が考えられて、反省はそういう仕方での知性のいとなみ、分別と見なされている。浄土真宗の信心の世界についての学問的省察である真宗学も、このようないとなみと考えられているのが普通であるように思われる。しかしながら、ここでの親鸞の省察は、信心に対して外から加わる省察つまり分別や説明ではない。そうではなく、親鸞がそれを生きている信心、あるいは親鸞を生かしている信心そのものが自己自身を反省しているのである。信心についての親鸞の主観的反省ではなく、信心そのものの自己反省、信心の世界の自己展開である。それゆえ、このような反省の力は、親鸞個人の思索力とか知力とかいうものではなく、親鸞が信心において乗託している如来の本願力をその源泉としているのである。それは、親鸞に対して、本願力がそれ自身の本当の源を開示することに他ならない。「よくよく案ずれば」の「よくよく」とは、本願のこのような自己開示に出会うような思惟のあり方を示している。親鸞が信心のことを「信知」というふうに言うのも、その信仰体験がその内部構造として本質的に自覚知をふくんでいるからである。根源的な意味において哲学的なのである。

真宗学者たちの中でこの大事な問題を思索した学者は、私の知る限りでは曾我量深である。例えば「本願の仏地」と題された講演の中で曾我は、真宗学とは何かという問題をとり上げて、つぎのように述べている。

宗学といふものは専ら信それ自身の学である、信の内面なるそれの根元・原理を学するものである。信を離れて仏さまを考へたり、信を離れて仏の本願を考へたり、信を離れて仏さまの救済を考へたり、信を離れて仏の浄土を考へたり、さういふものをいろいろさまざまに諍《あらそ》ふたり論じたりすることが、それが宗学であると考へるなら、それは全く方向を間違つて居る。因と果とを顚倒して居るところの考えであつて、さういふものは何ら宗学と名づけられるものではないと思ふのであります。

正しい宗学とはどういふものであるか。謂つて見るといふと信仰の内面の光景といふものを明らかにして行く。即ち宗教的信仰といふものは一つの玉手箱のやうなものである。その玉手箱をぶちまけて、その中にはどういふ仕掛があつて何が入つてゐるかといふ、真の信仰の内面を信仰それ自身の力を以て、信仰それ自身の有つてゐる信心の知慧を以て、開き出して来る。……それが本当の意味の真宗学といひ、或は宗学と名づくべきものである。

宗学といふものはつまり何であるか、宗学といふものは即ち信心の内容を信心を以て開き出して来ることである。……信自身の中に信自身を照らすところの力がある。同時に信自身の中に信自身によつて照らさるべきところの不可思議の内容といふものがある。……つまり信が信自身を自覚して来るといふことがつまりこの真宗学といふものである。

信の内容といふものは願であります。従つて信心の知慧を以て、信心の内容たるところの願を展開して来る、或は願の展開せるところの相を秩序立つて明らかにして来る。自分が秩序立てるのではなくして秩序整然と信の中に願が展開せられてゐる、その相を描いたるものがつまり真宗学といふものであります。(『本願の仏地』昭和八年、『曾我量深選集』第五巻、弥生書房、一三一頁以下)

衆生の仏性たる信心を目覚ましめる。さうするにはどうしたらよいか。それが仏の問題である。これが五劫思惟の問題である。仏はこの問題の為に永劫の間修行された。仏はその本懐を開かん為に、信楽の中から欲生を開顕せん為に、五劫の思惟を重ねられた。これを明らかにするのが真宗学である。これ以外に真宗学なし。(同、第六巻、四三頁)

これらの文章には、真宗学という学問が生まれる根源と成立基盤そのものに、緊張した問いを向けている曾我の強い情熱がうかがわれる。これはそれまで(おそらく現在も)の伝統教学にはほとんど見られなかった根源的な思惟、すでに何度も言った意味での哲学的な態度である。真宗の教義をすでにでき上がったものとして前提し、それを再構成するために既成の西洋的な論理を借用するとか、西洋から渡来した流行思想を薬味として加えるとかいう種類の表面的な才知の試みではない。そういう仕方では浄土真宗の教えが現代の状況の中で再生することは、とうてい期待できないのである。これからの真宗学にとっての大事は、教義の概念をやたらに精しく分析したり、過去の知識をただ組み合わせたりすることではなく、真宗学がもう一度蘇生できるような新しい開放空間を開こうとする試みである。曾我の論文は真宗学成立の根本条件に触れて

いるわけである。(2)

五　宗教学の問題点と哲学の使命

これまで述べたようなことは、たんに仏教学や真宗学の研究について言われうるだけではなく、ひろく一般に宗教学の研究についてもあてはまるだろう。周知のように、宗教というものが初めて学問的研究の対象となったのは、十八世紀の終わり頃に成立した「宗教哲学」においてである。カント、シュライエルマッハー、フィヒテ、ヘーゲルなどがそれぞれの哲学の立場から宗教の本質を明らかにしようとした。これらのひとびとが宗教を考えたときには、もちろんキリスト教がモデルになっているけれども、キリスト教の信仰や教義を弁護する神学の仕事と同じではない。キリスト教が代表するような宗教が、時代遅れの迷信とか特殊で異常な経験ではなく、人間存在そのものの本質に結びついている普遍的な真理であるゆえんを理性の立場から明らかにする仕事である。一言でいうと、宗教をたんなる因襲や形骸から解放すると同時に、非宗教的もしくは反宗教的な世界観を批判する仕事だったのである。このような宗教哲学は、その後もさまざまな形態をとりながら現代までつづいている。

ところが、十九世紀の中頃になって、このような宗教哲学とは異なった新しい研究が「宗教学」(science of religion) という名の下に登場した。『宗教学概論』(一八七三年) を刊行したマックス・ミューラーがその創唱者とされている。この新しいサイエンスとしての宗教学は、宗教心理学、宗教社会学、宗教現象学、宗教史、比較宗教学、宗教民俗学その他のいろいろな領域にわたって、それぞれに稔り豊かな業績をもたらしたことは言うまでもない。

しかしながら、宗教に関するこれらの経験科学は、宗教の本質ではなく過去ならびに現在の諸宗教の事実と現象だけを研究する。宗教が「いかにあるべきか」というような価値判断を入れずに、諸宗教が「いかにあったか」「いかにあるか」だけを記述せんとするのである。これはヘーゲルまでの宗教哲学が一定の哲学的立場からする宗教の再構成、ときには宗教の独断的な哲学化に陥る危険をもったことを思うならば、当然必要な研究であることはむろんである。

それにもかかわらず、宗教に関するこれらのサイエンスは、一つの重大な欠点を持つことがわかるのである。それは、宗教の真理という問題が、これらのサイエンスにおいては無視されるという点である。宗教の科学的研究にふくまれている、このような根本的な困難はすでにウィリアム・ジェームズによって指摘されたところである。宗教心理学の古典とされる『宗教的経験の諸相』(*The Varieties of Religious Experiences*, 1902)の最終講「結語」の中で、つぎのように言っている。

いわゆる科学者たちは、すくなくとも彼らが科学的研究に従事しているあいだは、まったく唯物論的であって、一般的に言って科学の趨勢は、宗教が承認されるべきだという考え方とは反対方向に進んでいると言えそうである。……その結果、宗教の科学の結論は、宗教の本質は真理であるという主張に敵対するようでもあり、味方するようでもある。われわれの周囲には、宗教はおそらく時代遅れのもの、古代の〈遺物〉の一つ、啓蒙開化された人類がすでに脱却してしまった考え方への隔世遺伝的な逆戻りにすぎない、という考え方が広がっている。そしてこの考え方に、今日の宗教人類学者たちは、たいして反抗しようとしないのである。

ジェームズが指摘した事情は、今日でも依然として存続している。いやしくも宗教を自分の研究対象として選択した以上、その対象の意味や価値を認めた上でのことであるはずなのに、あたかもそれを否定するかのような態度が宗教学者たちを一般的に支配している。宗教は真理なのかそうでないのかという哲学的な問いの経験が宗教のサイエンスに従事する研究者たちを見舞うことが少ないのである。それだけではなく、一般に自然科学者たちが世界観としては無意識的に抱いている唯物論や実証主義的な考え方が、宗教の科学それ自身の内にも反映している。

ここにどうしても、宗教の真理というものを主題的に問う宗教哲学の仕事が必要にならざるをえない理由がある。宗教はそれ以外の人間のさまざまないとなみと異なって、それによって初めて人間が本当に生きることができるいとなみ、生命そのものの根本要求である。宗教のこの真理を明らかにするには、一定の宗教や信仰の真理をすでに前提している宗学（神学）の射程、反対に宗教の真理に無関心なサイエンスとしての宗教学の射程はいずれも短かすぎるのである。宗学（神学）と宗教学とは、それぞれ反対方向へ宗教の真理と情熱的に対面することを回避しがちである。前者はこれを自明のことと見なすことによって、後者は無関心によって回避するわけである。

人間的生と世界の深淵は宗教的であるということができる。宗教は生についての人間の考えではなく、生そのものの事実である。しかしながら、現実の宗教がいつもこのような深淵性を保ちえているとは限らない。それどころか、宗教のこの深淵は絶えず、隠蔽され、変容され、表層化してしまう危険をともなうのである。

とりわけ現代世界においては、宗教的信仰や生き方に対するこのような危険は、過去のどんな時代よりもはるかに深刻になっている。信仰だけではなく、仏教や宗学についての学問的研究の内へもこの危険は侵入してくる。それは全地球的な規模での科学技術と官僚システムによる世界の世俗化という形をとって出現しているからである。宗教的信仰の所在というものをかつてのようにはっきりと見定めることはきわめてむずかしい。このような時代において、哲学するという人間の根本態度の意義はいよいよ増大する。哲学的理性は人間精神の最深部にまでひそかに侵入してくる非宗教的・反宗教的なものに対して、監視の意識を一層鋭くしなければならない。

宗教との関係において今日の哲学がもつこの重要な任務を、例えばヤスパースはつぎのように言いあらわしている。

われわれが信仰の質料、衣服、現象、言葉というふうに呼んだところのものの変貌が期待されなくてはならない。……聖書宗教の永遠の真理は人間の視野の外に見失われた。人間はもはやそれを経験せず、しかもそれに代わりうるだけの思想を考え出してはいない。それゆえ永遠の真理の再構築が要求されるのである。再構築とは、究極的な根源にまでさかのぼって、歴史学的な一過性のものを問題にせず、永遠の真理を新しい言葉の中に登場せしめることである。(『哲学的信仰』 *Der philosophische Glaube*, München, 1954)

哲学者は神学者や教会に向かって、彼らが、どのようにすべきかを言うことはできない。哲学者は基盤というものを用意して、精神的状況の空間を彼らが感知することを助けることができるだろう。このような空間の中で、哲学者がつくり出せないところのものが自然に育成してくるであろう。(同)

ヤスパースは主としてヨーロッパのキリスト教の現状を念頭において発言しているのであるが、われわれの仏教の現在についても、おそらくこれと同じようなことが言えるだろう。

註

（1）この草稿は、かねてから『ナトルプ報告』という名で一部のハイデッガー研究者たちの間でその存在が知られながら、消失したものと見なされてきたものである。執筆の時期は一九二二年の秋と推定されるが、一九八九年の『ディルタイ年鑑』の第六号（*Dilthey Jahrbuch für Philosophie und Geschichte der Geisteswissenschaften hrsg.* von Fritjof Rodi, Bd. 6/1989, Göttingen）に初めて公開された。ガダマーなどが指摘しているように、一九二〇年代初期のハイデッガーの思想、とくに『存在と時間』（一九二七年）成立の過程に関して、無視できない重要な資料である（ハイデッガー『アリストテレスの現象学的解釈』高田珠樹訳、『思想』一九九二年三月）。

（2）この著作は西田幾多郎によっても注目されたことがわかる。たとえば西谷啓治に宛てた西田のつぎのような手紙が残っている。「『本願の仏地』といふのは一寸面白いとおもひます。此書は何処でお求めにや。京都で此種の本何処にあるか。『救済と自証』といふのが面白いのではないか。親鸞後、真宗のドクトリン形成の歴史の本も御見せ下され度。御序でに田中の宅へ」（昭和十七年八月十日）「『本願の仏地』は手に入れたが『親鸞の仏教史観』は文栄堂出版なるも非売品とあるが君はいかにして手に入れしか」（同年八月二十八日）（『西田幾多郎全集』第十九巻、岩波書店）。
　西田よりも早く真宗の信仰や思想の究明に接近していた西谷が西田に曾我量深の著作を紹介したと推察される。西田は曾我の考え方の哲学性に注目したのであろう。

あとがき

本書は宗教哲学に関する十一の論文を集めたものである。大部分は前著『宗教と詩の源泉』（法藏館、一九九六年）を公けにした頃から昨年の秋頃までに書いた論文であるが、その他に「キェルケゴールとフィヒテにおける反省の問題」（一九六七年）、「生死の視角」（一九七六年）、「ヨーロッパ精神の運命」（一九七九年）など、すでに旧稿に属するものも入っている。この三篇のうち第一番目の論文は、今から三十六年も前の未熟なもので収録するのにためらわれたが、それでもその当時の自分の姿を示すものであることも事実である。ヴッパータールのW・ヤンケ教授の推挽があって「国際ヨハン・ゴットリープ・フィヒテ協会」の機関紙 "Fichte-Studien Band" 7（1995年）に、そのドイツ語訳が掲載されたことなども思いあわせて、そのままの形でここに加えることにした。十一篇とも「初出一覧」に示したように、いろいろな本や雑誌に一度発表した論考であるが、今度本書を編むにあたり、全体にわたって目を通し、どれにも多少の加筆や修正を施した。

本書は「I　現代の運命」「II　絶対者と聖なるもの」「III　日本の宗教と哲学の使命」の三部から成っている。これはとりあつかわれた問題の種類に従って分けたのであるが、同時に現在の著者の思想的関心が集中している三つの領域を呈示した結果にもなっている。

第二部はフィヒテ哲学を中心とするドイツ観念論についての研究である。私の哲学研究の出発点は、フィヒテの『知識学』に関する問題であった。西洋哲学史において、おそらく最も難解で、しかも魅力的な古典の一つと思われる『知識学』の根本思想とその発展の運動を追跡したいという願望は、現在もなお著者の心の中に生きつづけている。われわれが「自己」という名で呼ぶところのものの正体を根源的な仕方で掘り下げ、同時にその自己それ自身の根源に出会おうとした哲学的思索の典型の一つは、誰よりもフィヒテに見られると思うからである。処女作『フィヒテ研究』（一九七六年）の序に私は、「本書はフィヒテ哲学についての一応の決算にすぎないのであって、今回不透明なままで残された問題点は、他日何らかの理解の形をとるまでは、著者を休息させないであろう」と記さざるをえなかった。この部を構成する四つの論文は結局、この問いの意識の持続の線上に生まれたものである。フィヒテやシェリングやヘーゲルの体系をもはや過去のものとなった思惟の記念碑としてとりあつかう文献解釈の立場に満足しないで、今日のわれわれが直面する課題を解くために自分自身の思惟の軌道と交差する立場に身をおこうと努めたつもりである。哲学研究というものは、もともとそういう性質のものではないかと言われたら、そのとおりであるが、現代哲学の情況は必ずしもそのようになっていないとも思われるので、あえて蛇足をつけ加えた次第である。

第一部には、現代文明を生きている人間にとって最も基層的なものと考えられるいくつかの問題の中から、「科学技術」「真・善・美と聖」「死」「神話」の四つをとりあつかった論文を集めている。このうち、最後の「神話と理性」は、かねてから関心を抱いていたシェリングの「神話の哲学」についての自分自身の理解に役立てるために執筆した論文である。あとの三篇はいずれも、それぞれの機会に指定されたテーマと枚数の制限のもとに書いた論文であるため、正直なところ種々の不備を持つことはまぎれもないようである。第一と第三の論文であつかった問題に関心を持たれる読者は、私が別の著書に発表した論考などと併せ読む労をとっていただけたら幸いである。

第三部の諸篇は、日本の哲学思想と仏教、とりわけ浄土教の思想に関するものである。「西田幾多郎の宗教思想」は、二〇〇〇年六月三日、京都大学で開かれた「西田・田辺記念講演会」での講演記録に加筆訂正して、『日本の哲学　第十号　特集　西田哲学の現在』（日本哲学史フォーラム編、二〇〇〇年）に掲載されたものである。西田哲学の体系の心臓部とでもいうべきものは宗教思想であるという見方に賛成する人は少なくないと思われるが、そのことの意味を改めて現代世界の文脈の中で問いなおそうとした試論である。「三木清における親鸞とパスカル」は、「京都哲学撰書」第二巻『三木清「パスカルと親鸞」』に付した解説文である。「悲哀における死と再生」は、日本人の死生観と親鸞の浄土真宗とのつながりを明らかにしようとした論考で、『日本の美学』29（ぺりかん社）の特集「死　再生への序」に掲載のさいは、「古事記から仏教へ」という副題がついている。最後に「仏教研究批判と哲学の使命」は、『季刊仏教』No. 49（法藏館、二〇〇〇年）の特集「日本仏教の課題」に寄稿した論文で、仏教研究のあるべき態度に関する提言をふくんでいる。現代にしか生きられない研究者が過去のテキストの真理に出会い、それを現代に再生させるためには、研究者においてどういうことが起こらなくてはならないか。あらゆる宗教研究や仏教研究は今日、この根本的な問いの挑戦にさらされていると考えざるをえない。

われわれの人生と万物は移り過ぎてゆくとは誰もが言う。しかし、いったい何に対して移り過ぎてゆくのだろうか。過ぎてゆくという感知が成り立つためには、過ぎてゆかないところのものが、何らかの仕方で知られていなくてはならないのではないか。過ぎてゆくものの他には何も無いというだけなら、過ぎてゆくということ自体が何のことだかわからないだろう。流れ去るものは、じつは流れ去らないものを一種の河床にして、その上を流れるのである。そういう底なき底を「永遠なるもの」と呼ぶことにしたい。われわれの短い人生も歴史も自然も、そういう意味での永遠なるものの場所の中で初めて過ぎゆくものとして可能になるのであろう。本書の諸論文において、著者は結局そのようなものの形を模索しつづけて来たように思う。

なお、本書の刊行にあたっては、中嶋廣氏のお世話になった。前著の編集のときと同様のきめ細かい配慮に心からの感謝をささげたい。

二〇〇二年四月

大峯　顯

初出一覧

I

ヨーロッパ精神の運命―技術の問題のために―（『西ヨーロッパと国際関係』晃洋書房、一九七九年九月、所収）

聖なるものの復権のために（大橋良介編『ドイツ観念論との対話』第一巻、ミネルヴァ書房、一九九三年一〇月、所収。原題「真・善・美と聖」）

生死の視角―現代における死の問題―（『理想』第五一九号、理想社、一九七六年八月、所収）

神話と理性（京都宗教哲学会編『宗教哲学研究』第二号、北樹出版、一九八五年一月、所収。原題「神話の問題―シェリングの『神話の哲学』について―」）

II

絶対者の探究（大峯顯編『ドイツ観念論との対話』第五巻、ミネルヴァ書房、一九九四年一月、所収。原題「絶対者は思惟のうちにあらわれるか」）

フィヒテにおける神と自己（日本フィヒテ協会刊『フィヒテ研究』第十号、晃洋書房、二〇〇二年一二月、所収。原題「フィヒテの宗教哲学における神と自己」）

キェルケゴールとフィヒテにおける反省の問題（キェルケゴール協会刊『キェルケゴール研究』第四号、創文社、一九六七年六月）独文 Problem der Reflexion bei Kierkegaard und Fichte, Fichte-Studien Band 7, S. 60～70, Editions Rodopi B. V. Amsterdam-Atlanta GA 1995

知的直観の哲学とエックハルトの神秘主義（上田閑照編『ドイツ神秘主義研究』創文社、一九八二年二月、所収。原題「知的直観と神秘主義」）

III

西田幾多郎の宗教思想（〈日本哲学〉フォーラム編『日本の哲学』第I号、昭和堂、二〇〇〇年一一月、所収）

三木清における親鸞とパスカル（大峯顯・長谷正当・大橋良介編、京都哲学撰書　第二巻 三木清『パスカルと親鸞』解説　燈影舎、一九九九年一一月、所収）

悲哀における死と再生（「日本の美学」編集委員会編『日本の美学』第29号、ぺりかん社、一九九九年七月、所収）

仏教研究批判と哲学の使命（『季刊仏教』NO 49、法藏館、二〇〇〇年二月、所収。原題「仏教研究批判―哲学に何ができるか―」）

大峯　顯（おおみね　あきら）
1929年奈良県に生まれる。59年京都大学大学院文学研究科博士課程修了。71～72年ハイデルベルク大学留学。80年大阪大学教授。龍谷大学教授、浄土真宗教学研究所長を経て現在、大阪大学名誉教授、放送大学客員教授。文学博士。専攻、宗教哲学。著書『フィヒテ研究』（創文社）、『花月の思想』（晃洋書房）、『親鸞のコスモロジー』『宗教と詩の源泉』『花月のコスモロジー』（いずれも法藏館）他多数。

永遠なるもの―歴史と自然の根底―
二〇〇三年五月一五日　初版第一刷発行
著　者　大峯　顯
発行者　西村七兵衛
発行所　株式会社 法藏館
京都市下京区正面通烏丸東入
郵便番号　六〇〇―八一五三
電話　〇七五（三四三）五六五六
振替　〇一〇七〇―三―二七四三
印刷・製本　シナノ

ISBN4-8318-3819-5　C1010　Printed in Japan